实践近知丛书

绿色矿业的探索与创新（1999—2019）

湖州市自然资源和规划局　组织编写
龚西征　韩三为　编　　著

人　民　出　版　社

序一　湖州经验正当时

湖州是全国矿政管理领域践行“绿水青山就是金山银山”理念的样板地、模范生。

我在国土资源部工作期间，对湖州绿色矿业探索发展就有所耳闻。湖州市是国土资源部党组联系点，湖州按照部党组“积极探索，大胆创新，全面推进，重点突破，创出经验”的总体要求，在矿产资源规划编制实施、矿产资源有偿使用、绿色矿山创建、矿山生态修复、矿地综合利用等领域大胆改革创新，在全国有比较大的影响和知名度。我到中国矿业联合会工作之后，对湖州绿色矿业探索发展有了深入的了解。按照原国土资源部、自然资源部的部署，中国矿业联合会承担一项非常重要工作就是大力推进全国绿色矿业发展。2017 年 5 月，中国矿业联合会组织召开“中国矿业循环经济暨绿色矿山”论坛，论坛贯彻落实国土资源部等六部委《关于加快绿色矿山建设的实施意见》（国土资规【2017】4 号）精神，主题是“发展绿色矿业，建设绿色矿山”。原国土资源部规划司推荐湖州市人民政府在论坛介绍全国首个绿色矿山建设地方标准，专题发言得到了与会代表的一致好评。会后，湖州市矿山企业综合治理办公室主任龚西征同志邀请我到湖州考察绿色矿山建设，2018 年 4 月，我带领中矿联的同志到湖州实地考察了新开元青山石矿、康诚平山石矿、中国建材（南方）大煤山石灰石矿三个国家级绿色矿山和南太湖产业聚集区长兴分区废弃矿区生态修复、长兴龙之梦废弃矿地综合利用项目等现场，和湖州市委常委、常务副市长杨六顺同志作了深入交流，对湖州市 20 年来大力推动绿色矿业发展有了全面了解和深刻体会，决定 2018 年“中国矿业循环经济暨绿色矿山”论坛放在湖州召开。这一年 6

月 28 日，论坛在湖州顺利举行，会议的主题是“为经济发展助力，为绿水青山增彩”，龚西征同志代表湖州市作了题为“两山引领 政府主导 全域推进 矿地融合——湖州绿色矿业探索发展的实践与展望”的主旨报告，给我留下了深刻的印象，得到了 1200 余名与会代表的好评，与会代表还考察了“绿水青山就是金山银山”理念诞生地—安吉余村、绿色矿山企业及废弃矿地修复利用项目现场，一致认为：“湖州在矿业绿色探索发展方面做了大量卓有成效的工作，取得了令人振奋的成果，让我们看到了矿业重塑形象的曙光”。

湖州绿色矿业 20 年的探索发展，形成了“两山引领、政府主导，生态集聚、科学布局，标准先行、全域推进，矿地融合、产业衔接”特色鲜明的矿产开发与生态文明协调发展的新路子。我认为湖州主要做法和成效，有以下四点：一是湖州最早编制实施矿产资源规划，是矿产资源开发秩序整顿效果明显的地区。1999 年 5 月，全国首个矿产资源规划湖州规划批准实施，提出“禁采区关停、限采区收缩、开采区集聚”分区管理理念，在 2003 年，湖州开始以四铁精神（铁的决心、铁的措施、铁的手段、铁的纪律）整治整顿矿山，“多、小、散、乱、污”问题得到了根本解决。二是湖州最早提出绿色矿山建设理念，是全域建成绿色矿山的地区。湖州 2005 年提出“资源利用集约化、开采方式科学化、生产工艺环保化、企业管理规范化、闭坑矿区生态化”绿色矿山建设五化标准，2016 年开展绿色矿业示范区建设，市域内矿山全部建成绿色矿山，传统矿业实现转型、转业。三是湖州最早构建绿色矿业发展制度管理体系，是矿产资源管理机制、制度较为完备的地区。湖州通过制定规划、出台政策性文件和建立完善管理机制等举措，逐渐形成了一整套完整的具有鲜明湖州特色的绿色矿山建设规范制度体系。出台了矿产资源规划、绿色矿山建设、矿山生态修复、矿山开发秩序整顿等方面的一系列规范性政策文件，构建起了政府、企业、社会共同参与的矿产资源管理、矿山生态环境保护与治理新机制。四是湖州最早发布实施了绿色矿山建设地方标准和系统全面开展废弃矿山生态修复，是矿产资源管理标准建设、矿山生态修复创新示范的地区。湖州 2002 年开始废弃矿山治理试点，宜耕则耕、宜林则林、宜景则景、宜建则建，建立生态修复专业公司，系统全面治理废弃矿山，创新废弃矿山生态修复技术规范。绿色矿山建设经过试点探索、全域建设，进一步完善绿色矿山建设“五化标准”，2017年3月发布全国首个绿色矿山建设地方标准——《绿色矿山建设规范（DB3305/T40—2017）》。湖州绿色矿业20年探索发展，坚持“绿水青山就是金山银山”和新发展理念指引，矿业发展实现了根本转变，实现了“绿水青山就是金山银山”转化。在湖州生态文明思想已经深深地植入人心。湖州绿色矿业20年的探索发展为全国矿业发展提供了可复制、可推广的“湖州经验”。

2005年8月15日，时任浙江省委书记习近平在浙江安吉余村提出“绿水青山就是金山银山”科学论断。2020年3月30日，习近平总书记再次来到安吉余村，总书记指出“实践证明，经济发展不能以破坏生态为代价，生态本身就是经济，保护生态就是发展生产力”。湖州绿色矿业20年发展变革，正是践行习近平总书记“绿水青山就是金山银山”理念的生动实践。龚西征同志长期从事湖州矿产资源管理工作，是湖州绿色矿业探索发展的直接参与者，韩三为同志是中国自然资源报资深记者，他俩一起编写《绿色矿业的探索与创新（1999—2019）》，从湖州矿产资源管理的规划、政策、专题、案例等方面对湖州1999年以来绿色矿业发展探索进行了全面总结回顾，再现了湖州绿色矿业发展的历程，是一件大好事。这本书的出版对全国正在深入推进的绿色矿山建设具有重要的现实意义。

推广绿色矿山“湖州经验”正当时。我很高兴作序并热忱推荐。

原国土资源部总工程师，中国矿业联合会会长

寿嘉华

2020年9月20日

序二　湖州：矿业改革的先行者

湖州是“绿水青山就是金山银山”理念诞生地，绿色矿山发源地，全国绿色矿业示范区。湖州自1999年开展国土资源部矿产资源规划试点以来，全面开展矿山整治、整合，大力推进绿色矿山建设，系统修复废弃矿山生态，加快矿地资源综合利用，成功实现了从传统矿业向现代矿业的转型。

湖州绿色矿业发展探索经历了20年，大体分为三个阶段。

第一阶段是1999—2004年，这一阶段的主要任务是：全面整治矿山多、小、散、低、乱，实现矿产资源开发秩序基本好转。这个阶段主要工作有：开展国土资源部地市级矿产资源规划编制实施试点，创新提出“禁采区关停，限采区收缩，开采区集聚”分区管理，实施矿产资源有偿使用改革，以“四铁”精神（铁的决心、铁的纪律、铁的措施、铁的手段）整顿关闭小矿山，开展废弃矿山生态修复试点，禁采区矿山基本关闭，矿山数量从868家削减至612家，完成废弃矿山治理56处，实现了矿山开发秩序基本好转。

第二阶段是2005—2015年，这一阶段的主要任务是：坚持生态环境优先，深化矿产资源开发秩序整顿、开发整合，全面建设绿色矿山，系统地开展废弃矿山生态修复，实现矿产资源开发秩序根本好转。湖州在前五年矿山综合整治的基础上，成立了正县级矿山企业综合治理办公室，提出“减点、控量、集聚、生态”的工作思路，创新提出并全域建设以资源利用集约化、开采方式科学化、生产工艺环保化、企业管理规范化、闭坑矿区生态化为内容的“五化”绿色矿山，组织实施国土资源部工矿废弃地复垦利用试点，大规模系统地开展废弃矿山生态修复，禁采区、限采区矿山全部关闭，矿山数量减少至56家，绿色矿山建成率达到94%，完成废弃矿山生态修复221处，创造了新开元青山石矿、康诚平山石矿、中国建材（南方）大煤山石灰石矿等绿色矿山典型和仁皇山、堂子山、砂村等废弃矿山生态修复典型。

第三阶段是2016年——至今，这一阶段的主要任务是：按照践行“绿水青山就是金山银山”理念样板地、模范生的要求，高质量建设绿色矿业发展示范区，把湖州打造成为全国绿色矿业发展的典范。湖州提出“从紧从严、依法依规”管理矿产资源和“生态优先、总量控制、自用为主”的矿山企业综合治理工作思路，实施全国绿色矿业发展示范区建设“157”行动，创新闭坑废弃矿地综合利用，实施废弃矿山生态修复“一年启动，两年攻坚，三年扫尾”清零专项行动。矿山总数削减至47家，其中建筑石料矿山削减至27家，建筑石开采总量从峰值1.62亿吨降至4730万吨。全市生产矿山全部建成绿色矿山，纳入全国绿色矿山名录库25家，完成“两路两侧”重点区域废弃矿山生态修复56处，成为全国绿色矿业发展的靓丽风景线。

回顾湖州绿色矿业探索发展和建设实践的20年，成绩无疑是巨大的，探索之路无疑是艰辛的。绿色矿业的探索发展是一个复杂的系统工程，是矿产资源管理领域社会治理能力现代化的创新。开展矿山综合整治，推进矿业绿色发展，涉及各方利益的重大调整，各种矛盾交汇，各种利益交织，改革攻坚难度巨大。我在市里分管矿山管理这项工作，在县区工作时还直接参与矿山整治、整合、关停，有切身的体会。湖州之所以能取得这样的成绩，是历届市委、市政府坚持以习近平生态文明思想为指引，举生态旗、打生态牌、一张蓝图绘到底，一任接着一任干的结果，成绩来之不易。

龚西征同志长期从事市矿产资源管理工作，亲历湖州矿山综合整治、绿色矿山建设、废弃矿山修复，是湖州绿色矿业探索实践的直接参与者，牵头组织编著《绿色矿业的探索与创新（1999—2019）》一书，回顾记述湖州绿色矿业探索发展经历，诠释介绍湖州矿业领域践行“绿水青山就是金山银山”理念的做法和经验，是一件大好事。

本书的出版对全面深化矿产资源管理改革，推进绿色矿业发展有重要的现实意义。

中共湖州市委常委、市人民政府常务副市长

杨六顺

2020 年 9 月 23 日

目 录

序一　湖州经验正当时……彭齐鸣 001
序二　湖州：矿业改革的先行者……杨六顺 004

第一章　绿水青山就是金山银山……001
　第一节　千疮百孔的发展代价……004
　第二节　阵痛后的反思……005
　第三节　绿水青山就是金山银山……009
　第四节　美丽乡村不是梦……011

第二章　规划篇：一张蓝图绘到底……017
　第一节　万事开头难……018
　第二节　绿色矿山创建……023
　第三节　全面实施绿色矿山……034
　第四节　可复制的绿色矿业示范区……043

第三章　施政篇：一任接着一任干……054
　第一节　整治：不待扬鞭自奋蹄……055
　第二节　整合：攀登新的高度……062
　第三节　生态：华丽转身的起点……068
　第四节　转型：站在改革前沿……076

第四章　专题篇：绿色矿山转型的历史坐标……………………………… 085
第一节　擎起一片蓝天……………………………………………………… 085
第二节　种瓜得瓜，种豆得豆……………………………………………… 089
第三节　划时代的厚礼……………………………………………………… 094

第五章　专题篇：生态修复造福一方百姓………………………………… 101
第一节　回归绿水青山……………………………………………………… 101
第二节　无中生有造地……………………………………………………… 108
第三节　引入社会资本治理………………………………………………… 112

第六章　案例篇：矿山整合与行业整治…………………………………… 117
第一节　历史性的跨越……………………………………………………… 118
第二节　整合助推资源高效利用…………………………………………… 121
第三节　整治与整合的辩证法……………………………………………… 124

第七章　案例篇：典型绿色矿山寻找利益共同点………………………… 130
第一节　绿色智慧矿山……………………………………………………… 131
第二节　绿水青山三笔账…………………………………………………… 135
第三节　“绿色”红利滚滚来……………………………………………… 140

第八章　案例篇：矿山村转型、转业……………………………………… 145
第一节　余村：美丽乡村不是梦…………………………………………… 146
第二节　菰城村：生态文化的回归………………………………………… 150
第三节　砂村：废弃矿地建园区…………………………………………… 155
第四节　东衡村：废弃矿地筑新村………………………………………… 158

第九章　案例篇：矿山治理示范工程……………………………………… 163
第一节　仁皇山废弃矿山治理示范工程…………………………………… 164
第二节　敢山废弃煤矿（井）治理示范工程……………………………… 167

第三节　南太湖废弃矿区治理示范工程……170
第四节　外山废弃高陡边坡治理示范工程……174
第五节　大煤山矿生态修复示范工程……177

附　录……181
附录一　湖州绿色矿业探索与发展 20 年（1999—2019）大事记……181
附录二　主要新闻报道选……204
附录三　与青山绿水同行……253

后　记……259

第一章　绿水青山就是金山银山

湖州是“绿水青山就是金山银山”理念诞生地，绿色矿山发源地，全国矿产资源管理制度改革创新的先行者。湖州在长达20年的绿色矿业发展探索实践中，践行“绿水青山就是金山银山”理念，率先编制实施矿产资源规划、全力推进矿山企业综合整治、全面实行矿产资源有偿使用、绿色矿山建设、废弃矿山生态修复和矿地资源综合利用，成功地实现了矿业转型、转业，为全国矿产资源保护和开发利用提供了可复制、可移植、可推广的湖州经验。

湖州是长江三角洲区域经济一体化的重要组成部分，与上海、杭州呈等腰直角三角形状，东面上海，南面杭州，湖州正处于90°角的位置，经济辐射条件极为优越。湖州紧靠太湖南端，河网密布，水路和陆路交通运输便利。湖州东部为平原，西部为山区，矿产资源主要是建筑石料和石灰岩，是长江三角洲重要的建材基地。坊间曾流传“上海一幢楼，湖州一座山”，既表明了湖州在支撑一线城市大规模发展中的重要地位和作用，也道尽了湖州的绿水青山在追逐GDP经济发展模式下遭受到矿产资源掠夺性开采所付出惨重代价的惋惜。

20世纪末，湖州在国土资源部①、自然资源部和原省国土资源厅、省自然资源厅的大力支持下，启动了矿产资源管理制度改革，拉开了波及全省、

① 国土资源部：1998年3月，九届全国人大一次会议决议组建国土资源部。2018年3月，十三届全国人大一次会议决议国土资源部改组为自然资源部。本书为保持史料原貌均使用当时机构名称。

全国的矿山自然生态环境治理序幕，在接下来的逐步深化和逐步规范的自然生态环境建设中，湖州始终处于全国的试验、示范和领军地位。

在长达 20 年的时间里，湖州发生了一些人们耳熟能详的重大事件：1999 年 5 月，《湖州矿产资源保护与开发利用规划（1999—2015 年）》获得批准并实施。这是全国最早的一部矿产资源规划。“规划分区”理论的提出，既是矿山布局和矿业结构调整的重要依据，也是全国矿业整治、整合的先声；2005 年 8 月，时任浙江省委书记的习近平同志在湖州市安吉县余村调研，提出了著名的“绿水青山就是金山银山”理念。这一理念不仅在十五年来的实践中得到了深刻认证，而且已经成为全国保护生态环境与经济社会协调发展的重要指导思想；2005 年 12 月，湖州率先推出创建绿色矿山，成为传统矿业向现代矿业转变的重要标志；2008 年初，湖州市安吉县率先提出“美丽乡村计划”，出台了《建设“中国美丽乡村”行动纲要》。在国家有关部委的倡导下，“美丽乡村”迅速遍及全国，成为广大农村发展经济，共创美丽家园的共同行动；2020 年 3 月 30 日，习近平总书记再度到余村调研，对安吉县践行“绿水青山就是金山银山”理念，发展绿色经济给予充分肯定。

图 1–1　绿水青山就是金山银山（项飞摄）

无论从时间的顺序，还是实践的目的、内容和因果关系看，始于1999年的湖州矿产资源管理制度改革，都与上述重大事件的发生有着不可分割的内在联系。它或是事件的发端；或是助推事件发展的动力所在；或是事件得以发展普及的“试验田”。

在《湖州市矿产资源保护与开发利用规划（1999—2015年）》中，对遍布全市各乡镇村的868个矿山实行“规划分区管理”，首次提出了禁采区关停、限采区收缩、开采区集聚的“三区”管理理念。禁采区矿山关停，成就了以余村为典型的湖州矿业的转型、转业，并成为“绿水青山就是金山银山”理念的发祥地；限采区矿山收缩、开采区矿山集聚，推进湖州矿山布局和矿业结构调整，也为2005年全国矿产资源开发秩序整顿和规范、2007年全国范围的矿产资源开发整合提供了成功范例。

《湖州市矿产资源总体规划（2005—2015年）》是第二轮规划，“打造绿色矿山”作为一个独立章节赫然在目。这也是我国在业内首次提出的新理念，绿色矿山即：资源利用集约化、开采方式科学化、生产工艺环保化、企业管理规范化、闭坑矿区生态化，从根本上彻底颠覆了传统矿业粗放的生产方式，把矿山生产全过程纳入了“绿色”的标准化轨道。需要强调的是，打造绿色矿山，并非空穴来风。早在第一轮规划实施中，“规划分区”成就了绿色矿山创建的基础条件，并逐步形成绿色矿山建设的雏形。

《湖州市矿产资源总体规划（2011—2015年）》是第三轮规划，提出了坚持生态优先，全面实施绿色矿山建设工程，将绿色矿山创建作为新设矿山的准入条件之一，凡具备绿色矿山建设条件的矿山都必须按要求创建绿色矿山，至“十二五”期末创建率达到70%以上，基本形成全市绿色矿山格局的目标。这轮规划对于矿山企业实现转型升级意义重大。不仅如此，它还推动了湖州相关产业和下游产业的现代化、智能化发展。

《湖州市矿产资源规划（2016—2020年）》是第四轮规划，将“国家级绿色矿业发展示范区”建设单列一章（国务院批准的《全国矿产资源规划（2016—2020年）》将湖州列为绿色矿业发展示范区试点），提出了本轮规划末期，将建成矿业转型升级示范区、绿色矿山建设标准化示范区、矿地综合利用示范区、矿企和谐诚信示范区、矿山科学进步（智慧矿山）示范区的发展目标。它的历史功绩在于为全国矿业从传统生产向现代化生产转变、矿业转业提供了可复制、可移植、可推广的样板。

二十年弹指一挥间。湖州四轮规划全部落地，开花结果。据《2019年湖州市矿产资源开发利用统计年报》，全市矿山企业47家，全部达到国家绿色矿山建设规范标准。其中，大型矿山42个，中型矿山4个，实现矿业总产值637190万元，税金77729万元。第一轮规划的基准年（1997年底）相应数据为：全市矿山企业868家，集体、个体、私营及其他经济成分的小矿山企业占97%。矿业总产值59712万元，利税总额5136万元。

曾经“灰头土脸”的湖州，通过四轮规划的实施，终于实现了华丽转身，远山近水渐渐靓丽起来：全国文明城市、国家卫生城市、中国优秀旅游城市、国家环保模范城市、中国十大魅力城市、国家园林城市、全国城市综合实力百强市、国家森林城市、中国最幸福城市……一顶顶桂冠套在湖州头上。

然而，在一顶顶桂冠下，我们看到的却是三步一个坎，五步一道沟的艰辛历程。

那是一段不能忘记的日子，一段不能忽略的历史！

第一节　千疮百孔的发展代价

改革开放后，浙江省经济如脱缰野马迅速发展，从全国排位第十二，迅速向前攀升，并长期保持着快速发展的节奏。但是，在经济飞速发展的背后，给生态带来了影响，人们看到的是“天不蓝、水不清、空气不再清新”，自然生态环境恶化。湖州也是如此。

湖州是长江三角洲经济圈十四个城市之一，位于浙江省北部、太湖南岸，市域面积5820平方公里，辖吴兴、南浔两区和德清、长兴、安吉三县，常住人口300万人。

湖州原本是一座生态环境优美的城市，属太湖流域生态涵养区域，元代诗人戴表元的佳句：“行遍江南清丽地，人生只合住湖州”，流传了几百年；“桑基鱼塘”的生态循环经济是农耕时代智慧的结晶，更是现代经济社会得以发展的重要基因；湖州也是一座文化底蕴深厚的城市，有着 4700 余年的文明史和 2300 余年的建城史，是中国丝绸之源、茶之源、湖笔之源、瓷之源、酒之源的发祥地。遗憾的是，这一切弥足珍贵的生态资源、人文资源在 20 世纪末，遭到了破坏，令人扼腕顿足！

湖州“五山一水四分田”的生态格局，蕴藏着丰富的矿产资源，其中，以非金属建筑材料备受市场青睐。湖州地处长三角腹地，也是沪杭宁三大城市的腹地，连接着城市群南北两翼，是贯通长三角与中西部地区的重要节点城市，这一重要的地理位置和四通八达的铁路、公路、水路交通网络，为湖州建筑材料外运提供了得天独厚的条件。随着改革步伐的加快，城乡建设需求日趋加大，矿产资源开采总量受市场拉动急剧攀升。同时，有水快流的观念，也极大地刺激着穷怕了的老百姓，一时间，采石场、石料厂、水泥厂、石灰窑、砖瓦窑遍地开花。靠山吃山，似乎天经地义！

矿业经济快速的增长固然可喜，但也过早地让人们尝到了自然生态环境遭到破坏的恶果：近千座生产矿山（包括黏土砖瓦窑），分布在湖州中西部的山川水域，青山被挖得满目疮痍，空气混浊、水土流失、水体污染、航道堵塞、道路破损、事故频发，严重影响着湖州人民的工作和生活质量。严酷的现实告诫着人们矿业再也不能走粗放发展的路子。

第二节　阵痛后的反思

“自断财路”，是湖州反思后迈出的第一步。1999 年 5 月，为了迅速扭转“布局无序、开采无度、生态破坏、资源浪费、环境污染”的矿山生产现状，《湖州市矿产资源保护与开发利用规划（1999—2015 年）》获得批准，并进入实施。

20 世纪末，全国建材市场需求呈上升趋势，2000 年至 2010 年增长率为 10.5%；2000 年至 2015 年间，长三角特别是上海需求旺盛，1999 年上海建筑石料需求量 3000 万吨、水泥需求量 1200 万吨。湖州的非金属矿产品及制品主要销往上海和苏南地区。湖州生产的 70% 建筑石料和 50% 水泥制品流向上海。对于商家来说，巨大的需求，无疑也预示着巨大的收益。

但是，在《湖州市矿产资源保护与开发利用规划（1999—2015年）》中，有两份表格引人注目：一份是《湖州市各矿种产量和加工产品情况表》（1997年）。表下载明：建筑石2919.37万吨；石灰石1565.53吨。另一份是《湖州分矿种规划目标一览表》（2005年），表下载明：建筑石3100万吨；石灰石1600万吨。也就是说，规划实施的五年期间，主要建筑材料是增加的。

其实，这个变化从湖州市第二产业GDP中也能看出端倪：1999年，92.53亿元；2000年，101.67亿元；2001年，100.32亿元；2002年，109.77亿元。在规划开始实施前三、四年里，经济缓慢增长，甚至出现了负增长，这在当时全国各地都在追逐GDP的情形下，矿业是湖州两大传统支柱产业之一，没有点壮士断腕的豪气，是万万做不到的。而缓慢增长甚至负增长的背后则是来自方方面面巨大的压力。

《湖州市矿产资源保护与开发利用规划（1999—2015年）》的核心是“三区划分”：禁采区关停、限采区收缩、开采区集聚。通过三区推进矿山布局和结构调整，关闭小矿山，整治“多、小、散”，推动矿山生态环境好转。规划实施无论涉及哪一块，都离不开成本：关停和限产需要成本、企业搬迁集聚需要成本、人员分流需要成本、产业升级需要成本、历史遗留的废弃矿山治理需要成本，几乎所有的一切都和成本连在了一起。那么，怎么办？未来矿业如何发展？

湖州设计了几套解决方案：首先，矿山综合整治，以“四铁”精神，用铁的决心、铁的措施、铁的手段和铁的纪律整治小矿山，治理多、少、散、乱。严格法律规定，对于开采期限到期、开采量到量的矿山一律关停；对于储量较小、开采规模不大的矿山，采取关小整大的办法，关掉小矿山，整合大矿山；对于开采环境、技术达不到法定规范的，坚决停掉，保留优质矿山；对于整合或留下的优质矿山，采取以留补停的办法，即保留下的矿山要承担对关停矿山的一定补偿。第一轮规划实施后的三年间，由于政策对头、措施得力、管理到位，取得了初步成果：全市矿山从1998年底的868家，减少到2003年底的612家，关停小矿山256家，其中禁采区74家，交通沿线56家，风景旅游区46家。到第四轮规划结束前一年2019年，湖州矿山总数仅为 47 家。

其次，实行矿产资源有偿使用，全面建立矿产资源有偿使用制度。2001 年 11 月，曾经主持过“深圳土地第一锤”的拍卖师陈少湘，敲下湖州矿业权拍卖第一锤——湖州石母岭矿，储量 400 万吨，以 418 万元的价格成交。拍卖会在湖州大会堂举行，中组部、国土资源部全国矿产资源管理市长研讨班领导现场观摩。在随后的一年时间里，湖州采矿权拍卖“锤声”不断，全市共出让采矿权 431 个（含黄砂矿），采矿权出让收入近 2 亿元。之后，湖州矿业权市场不断规范，2011 年建立湖州市矿业权交易中心，2014 年实现矿业权网上交易。

图 1–2　2001 年 11 月，中组部、国土资源部全国国土资源市长研讨班现场观摩湖州市采矿权拍卖（袁航摄）

最后，开展废弃矿山生态修复。废弃矿山治理是湖州的另一创新。在漫长的矿业开发史中，只开发不修复，湖州前后就有 400 余座废弃矿山，分布在湖州大地上。为适应“长三角”和“南太湖”区域经济发展战略，还江南湖州山清水秀，湖州从 21 世纪初开始治理废弃矿山。湖州创新“政府主导、企业主体、市场化运作”废弃矿山治理管理机制，“宜林则林、宜耕则耕、宜景则景、宜建则建”治理废弃矿山，至第四轮规划结束前 2019 年，湖州共治理废弃矿山382个，废弃矿山全部清零，实现生态、土地和安全的三大目标，为湖州走出“土地瓶颈”做出了巨大贡献。

再次之，推进生产矿山生态环境建设。生产矿山严格落实“谁破坏、谁治理”，落实矿山企业自然生态环境治理责任，建立生产矿山缴纳治理保证金(备用金）制度，边开采边治理，从矿山生产环节保证矿山生态环境建设，杜绝产生新的废弃矿山。矿山治理备用金制度是第一轮规划实施期间的一个制度创新，是促进矿山生态建设的有力抓手。湖州坚持“谁开发谁保护、谁污染谁治理、谁破坏谁恢复”，由矿山企业承担矿山自然生态环境保护与治理的资金，矿山企业与国土资源主管部门签订矿山自然生态环境治理责任书，同时缴纳矿山自然生态环境治理备用金，治理备用金应当不低于治理费用。矿山企业在取得采矿权后开采之前，按照开采规模和开采强度，预先支付一定数量的具有保证金性质的备用金。矿山企业有义务对植被进行恢复，验收合格后，返还备用金。如果矿山企业不履行义务，闭坑（或边开采，边复绿，边验收）验收不合格的，则由政府矿山管理部门组织矿山生态恢复，备用金不予返还，成为政府矿山生态治理基金。这项制度在后来的实践中不断完善，2018年改为矿山地质环境治理恢复与土地复垦基金。

湖州市委、市政府强力推动，是四轮规划得以落地的保证。矿产资源管理改革探索初期，湖州围绕着第一轮规划的实施，出台了一系列文件作为政策文件，如《加强矿山自然生态环境建设工作的实施意见》《湖州市矿产资源保护与开发利用规划管理实施办法》《湖州市矿业布局和结构调整细则》《湖州市矿产资源综合利用实施细则》《关于开展矿山综合整治的通知》等，基本保证了矿山生态环境建设有法可依，有章可循。之后几轮规划的实施也是如此。湖州市委、市政府一张蓝图绘到底，一任接着一任干，举生态旗打生态牌，是湖州矿产资源管理改革取得成功的最基本经验。

湖州是原国土资源部党组工作联系点，也是原国土资源部和省国土资源厅矿产资源总规划编制实施试点市，在原国土资源部、自然资源部和原省国土资源管理厅、自然资源厅的大力支持下，建立了完整的工作体系，创立了完善的政策制度体系，形成了与市场紧密联系的工作运作机制，从而迅速控制并逐步扭转了矿山生态环境持续恶化的被动局面。

第三节　绿水青山就是金山银山

据1997年统计，矿山企业868家，当年矿石开采总量5020万吨；全市乡及乡以上独立核算非金属矿采选业工业总产值59712万元，工业增加值19424万元，利税总额5136万元；全市乡及乡以上独立核算非金属矿及其延伸产业工业总产值344314万元，工业增加值93340万元，利税总额5136万元。

上述三组数字说明了几个问题：首先，开采总量与效益不成比例。究其原因，是开采不规范、设备简陋、技术落后，难以按照矿石质量和用途进行分采、分类、分级，由此造成资源浪费。其次，采选业附加值明显低于延伸产业：总产值低于10.47个百分点；工业增加值低于12.62个百分点；利税总额低于12.43个百分点。延伸产业也存在着对矿产品市场缺乏了解，产销不对路，设备老旧，工艺落后等问题，使潜在的经济效益得不到应有的发挥。

湖州通过对湖州矿业经济深层分析，矿山关闭、矿产资源开发集聚和矿产业转型升级就成了第一轮规划期间的必然选择。安吉县余村便是湖州矿业转型、转业的缩影。

余村算是矿山开采环境污染"重灾区"。余村紧靠世界级的天荒坪抽水蓄能电站，在规划实施前，余村人靠山吃山，开山炸石，办水泥厂，不长时间就成了安吉首富村。但是，由此给周边环境也带来了严重污染：山体被挖得满目疮痍，不见了绿色；空气中整日弥漫着灰尘和硝烟，村民长期不能开窗，不能晾衣服，尤其到了梅雨季节更是遭罪；水体浑浊，鱼虾少了，就连千年的银杏王都不结果……昔日的小桥流水，绿树青山，温润的南国小山村，转瞬间被阴霾吞没。

余村矿山所处位置，是天荒坪风景旅游区，恰好都在规划禁采区范围内。这就是说，规划实施后，全部矿山、水泥厂都要关停。事实也正是如此，2003年底，余村封山关矿、关厂，往年村集体300多万元的收入，直落至21万元，村集体一班领导的压力可想而知。但他们更清楚的是，响应规划，封山护河关厂，已是唯一的选择，否则，将无颜面对列祖列宗，更无法面对子孙后代。

2005 年 8 月 15 日，时任浙江省委书记的习近平同志到安吉调研。按照事先安排，原本在余村停留 20 分钟，不作讲话，但初显成效的矿山自然生态环境治理和余村人“借景生财”的发展理念，留住了他的脚步，望着草长莺飞，满山翠绿的景色，习近平动情地说，下决心停掉一些矿山，这是高明之举。绿水青山就是金山银山！几天后，习近平在《浙江日报》发表《绿水青山就是金山银山》评论，说：“如果能够把这些生态环境优势转化为生态农业、生态工业、生态旅游等生态经济优势，那么绿水青山就变成了金山银山。绿水青山可以带来金山银山；但金山银山却买不到绿水青山。绿水青山与金山银山既会产生矛盾，又可辩证统一。”

图 1–3 “两山理念”诞生地——安吉 · 余村（何永春摄）

如今，余村经过 20 年的生态建设，由治而美，由美而富，由富而治，形成了良性循环，已经变成了一座天然大花园，走出了一条生态美、产业兴、百姓富的可持续发展之路。走进余村，村口小桥边上矗立着一块巨石，上面镌刻着“绿水青山就是金山银山”几个大字，诉说着这里曾经发生过的一切；走过小桥，美丽的景色纷至沓来：荷花山景区竹林如海；果蔬采摘园清香沁人；荷花山漂流水花飞溅……余村文化礼堂、山地徒步体验区、水库生态旅游区、五彩田园观光区、矿山遗址公园、创意产业园、美丽宜居区，当你踏上余村的土地，尽管你第一次来余村，却由不得你不喜欢它！

第四节　美丽乡村不是梦

2003 年，浙江以“农村生产、生活、生态”环境改善为重点，开展了“千村示范，万村整治”行动。这年 4 月，习近平同志第一次到湖州调研，在得知湖州自第一轮矿产资源规划实施后，禁采区所有矿山全部关闭，矿山生态环境恢复已经取得阶段性成果后说，“生态建设是一项长期任务，不可能一蹴而就，我们要一任接着一任干，一年接着一年抓，决不能松懈，更不能反复”。习近平同志说，“南太湖带是环太湖唯一一处原生态的宝地，一方面我们要大力开发，另一方面一定不能造成新的污染，在开发过程中，不能形成败笔”。

“绿水青山就是金山银山”理念极大地鼓舞了湖州广大农村“二次创业，再建辉煌”的信心。安吉县余村是典型代表，在随后的十五年里，余村度过了生态转型期，通过产业引导，全村旅游产业逐步扩大，游客量迅速攀升，2016 年，余村被评为国家 3A 级景区，2017 年进入了国家 4A 级景区创建名单，绿色产业结出累累硕果。2019 年，全村实现国民生产总值 2.76 亿元；农民人均收入 49598 元；村集体经济收入 521 万元。一幅经营型开放式村庄大景区的画卷正徐徐展开。

2007 年 10 月，党的十七大胜利召开，提出：“要统筹城乡发展，推进社会主义新农村建设。”2008 年湖州市安吉县正式提出“中国美丽乡村”计划。在美丽乡村建设中，安吉把目光紧紧锁定在“生态环境”上，对已有矿山进行关停、收缩、集聚、整合、整治，全面修复废弃矿山生态，同时深挖“三片叶子一把椅子”的传统产业优势：17 万亩茶园，牵起 1.5 万种植户，跨进富裕的大门；近年来，通过产业融合，竹制品从毛竹、竹笋、凉席，发展到地板、家具、竹纤维纺织材料、饮料等七大系列3000多品种，带动全县人均收入增加7800元；竹海之间，乡村旅游、休闲养老等特色业态不断涌现。2019年全县接待旅游人次2087.44万人次，其中接待境外游客22.6万人次，旅游收入388.2亿元，农村常住居民人均可支配收入3.35万元。

在“绿水青山就是金山银山”理念引领下，湖州矿业发生了翻天覆地的变化，取得了世人瞩目的成绩。涌现出一大批像余村那样的美丽乡村，如吴兴区菰城村、德清县砂村、东衡村、长兴县陈湾村等，由矿山村蜕变为美丽乡村，为中国社会主义新农村建设探索出一条创新的发展之路。

吴兴区是湖州市政府所在地，是江南富庶之地，以前和江苏的吴县、吴江县并称“三吴”。吴兴区作为湖州的首位区，努力践行“绿水青山就是金山银山”理念，不断探索矿业绿色发展的道路。湖州市的矿山整治、矿产资源有偿使用、绿色矿山建设和系统的废弃矿山治理都开始于吴兴。1999年5月第一轮规划实施后，吴兴区打响矿山综合整治第一枪。2001年9月5日，湖州市政府召开第一次市区矿山整治工作动员大会，发布《湖州市政府关于对市区矿产资源开采进行整治的通告》，全面启动矿山开采整治，明确规定了市级太湖旅游度假区、南郊风景区、高速公路、国道、省道两侧300米可视范围和仁皇山新区等矿产资源禁采区范围内矿山，在2003年12月31日前收回，一场轰轰烈烈的矿山整治从吴兴区开始。

2002年8月30日市政府再次召开市区矿山整治工作会议，总结第一阶段矿山关停工作，部署第二阶段矿山整治任务，市四大班子领导参加，市政府和吴兴区（城区）、南浔区、菱湖区签订矿山关停责任书。2004年8月12日，湖州市政府印发《关于开展矿山企业综合整治的实施意见》，13日，发布《关于开展矿山企业综合整治公告》，9月24日，印发《关于进一步做好矿山企业综合整治工作的通知》，矿山整治在全市范围内开展，湖州市的矿山企业综合整治一直持续到2019年，实现矿业秩序的根本好转。湖州市委、市政府这样的部署，是完全明白矿山整治的艰巨性，关矿工作的困难性。这是革自己的命，从自己眼皮子底下开始，充分体现市委、市政府的矿山整治的决心。

吴兴区通过几轮整治，关停整合、优化布局、扶优扶强、调整结构，矿山数量从1999年185个减至2019年6个，单个矿山平均年开采规模从1999年6.6万吨提高到2019年214.8万吨，矿山已全部集中到规划开采区，形成了矿产资源规模化集约化开发的格局。

在开展矿山整治的同时，2005年12月吴兴区率先在新开元、鹿山坞、康城开展绿色矿山创建试点，探索绿色矿山建设之路，经过15年努力，全区所有矿山都建成绿色矿山，实现矿产资源集约高效利用、矿区环境规范整洁美观、企社关系和谐融洽。新开元青山石矿、康诚平山石矿成为全国绿色矿山标杆，绿色矿山品牌在全国打响。

因地制宜系统地开展废弃矿山生态修复。2002年吴兴区最先开展仁皇山、堂子山废弃矿区治理。仁皇山废弃矿区位于湖州中心城区仁皇山新区，毗邻市行政中心，北倚仁皇山，通过边坡喷播复绿、宕底错落平整绿化等方式建成面积120多亩的公园，成为市民休闲健身的场所，该矿山生态修复示范项目入选2017年中宣部、国家发改委、中央军委政治工作部、北京市委联合主办的“砥砺奋进的五年”大型成就展。

湖州南大门吴兴区埭溪镇是湖州市矿业大镇，20世纪八九十年代除了农业就是开矿，卖石头，曾有30余家大小矿山，2002年起开始矿山整治工作，对辖区内矿山陆续实施关停整合，对关闭矿区利用省低丘缓坡开发、部工矿废弃地利用等试点政策，实施生态修复，平整出土地，保障美妆产业平台发展需求，累计复垦废弃矿地3000余亩，成为美妆产业基地，埭溪镇实现了华丽转身，变身成为举世闻名的美妆小镇。妙西镇也是吴兴区一个矿业镇，经过矿山整治建立原乡小镇，变身省级西塞山旅游度假区。

吴兴区道场乡菰城村，位于湖州南郊风景区内，是2300多年前战国时期的湖州城——菰城所在地。该村原有11家矿山，是典型的矿山村，全村有80%共1800人从事矿山开采。1995年湖州南郊风景区设立后，村内矿山先后关闭，实施修复治理，复垦了不少耕地，菰城村一改旧貌，成为美丽山村，2019年被评为“浙江省生态文化基地”。

德清县位于杭嘉湖平原西部，素有“名山之胜、鱼米之乡、丝绸之府、竹茶之地、文化之邦”的美誉。近20年来，德清通过矿山综合整治，实现矿业经济结构调整和矿业转型转业，全县采矿权数量已由20世纪90年代的134个减少到9个，已全部建成绿色矿山，年开采量也由7000万吨减少到1927万吨，留下了160多处矿业用地，废弃矿区面积达4.57万亩。2012年以来，德清县严格按照“宜耕则耕、宜建则建、宜林则林”，编制了废弃矿地综合开发利用专项规划，并根据废弃矿地资源的交通区位、地形地貌、工程地质等条件，统筹考虑规划衔接、现状地类、开发条件等因素，将全县4.57万亩废弃矿地规划为矿地开发建设区块、耕地补充区块和生态造林区块，废弃矿地开发利用“立足当前，着眼长远”。这些废弃矿地成为德清县新的发展空间，德清县洛舍镇砂村、东衡矿区综合治理就是成功的典型，实现了矿山村的蜕变。

图1–4　废弃矿区建新村（德清县洛舍镇东衡村）（施立农摄）

长兴县位于湖州北部，濒临西太湖，扼守着浙江北大门。现如今，长兴县太湖边有个亮丽的地方，叫龙之梦，一个和矿山整治有缘的项目。这是一个仅用了三年时间，投资250多个亿兴建起的450万平方米的建筑群落，是一个汇集了星级酒店、太湖古镇、影剧院、野生动物园、海洋世界、大马戏场、盆景园、欢乐世界、会展中心、湿地公园、养老公寓等于一体的超大型旅游度假区。其规模是上海迪士尼乐园的4倍，分为宴会会议、文化演艺、游乐中心、养老以及太湖药师道场等五个区片；拥有27000间客房、70000

张床位、20000个停车位、68000个演艺席位、30000平方米的宴会会议厅，年接待游客可达3000万人次，是全国乃至全球宴会会议设施和旅游业态最齐全的综合性文化旅游休闲度假区。

图1–5　利用废弃矿地打造龙之梦钻石大酒店（建设中）

可是，谁能想到，原先就是这个濒临太湖的小山岙里，周边几个村子800多户村民每天都在这开山采石，直至陈湾矿山关闭，留下了一座山体裸露、边坡陡峭、宕底崎岖、破败不堪的废弃矿山。2002年，长兴县开始了全面的矿山综合整治，治理大面积的废弃矿山，针对原陈湾矿及周边七个废弃矿坑的地理条件，因地制宜、因矿施策，历时四年，累计投资100多万元，终于形成了太湖水、湿地水和矿坑水相互映衬，弁山与矿坑崖壁相映成趣的三水一崖独特景观。

2006年，长兴县结合农村土地综合开发项目，对原陈湾矿废弃宕底及周边废弃矿坑实施矿地复垦，累计投入复垦资金400多万元，完成整治面积近20万平方米，新增耕地近260亩，极大地改善了区域生态环境。

2015年，上海长峰集团董事长童湘泉相中这一弯碧绿矿坑水，投资在三水一崖的废弃矿坑碧潭边建设钻石酒店，兴建“太湖龙之梦乐园”，项目设计巧妙借用了原区域裸露山体、植被与废弃矿坑形态和现状，依山造势，依水造景，把错落有致的现代建筑群落高度融合于山水之间，呈现出一派秀丽迷人、妙趣横生的自然景象。实现了生态效益、社会效益和经济效益多丰收。

陈湾废弃矿通过治理实现华丽转身，入选自然资源部第一批10个社会资本参与国土空间生态修复案例。这只是长兴县20年来坚持不懈实施矿山自然生态环境治理中的一个成功案例。据统计长兴县引入社会资本约300亿元，推动矿山生态修复产出经济效益。长兴县在矿山综合整治中，在生产矿山中全面开展绿色矿山建设，实行生产矿山边开采边治理，建立智慧监管，对每一座矿山都量身定做一份《绿色矿山明细》，每个月要与矿山负责人见面沟通，每10天到矿山核验一次指标落实情况，对逾期未完成矿山生态建设的限期整改。他们就是通过这些过细的环节，一步步推进矿山企业转型升级，推进矿山企业现代化管理进程，最终实现从传统矿业向现代化矿业迈进。长兴现有的19个矿山，已全部迈进了“绿色矿山”行列。

湖州始于1999年的矿产资源管理制度改革走过了20年艰辛历程。这座古老的城市，在经历了一场无异于灾难性的、掠夺性的矿产资源开采后，正在痛苦的修复中拨开迷雾，渐渐亮丽起来。湖州正建设美丽乡村的升级版，我们期待着梦想成真的那天！

第二章　规划篇：一张蓝图绘到底

规划是龙头。湖州市矿产资源规划是按照可持续发展的要求，对区域内矿产资源保护与开发利用所做出的整体安排。从首轮规划编制到三次修编，前后经历 20 年。目前，湖州正着手第五轮规划修编。

我国矿产资源规划起步较晚。1998 年湖州作为国土资源部试点市开始编制第一轮规划，1999 年 5 月实施；2000 年浙江省编制并实施了第一轮规划（2000—2005 年）；2001 年 4 月《全国矿产资源规划》获得国务院批准实施；2002 年底，全国 31 个省级矿产资源规划获准实施；2004 年全国有 343 个地级市规划完成编制。至此，全国范围内的市县矿产资源规划编制才全面启动。

20 世纪 70 年代末，我国的改革开放率先在广大农村拉开序幕。随后，社队企业风起云涌，靠山吃山，靠水吃水，有水快流，“样板田”迅速发酵：以集体经济为代表的苏南模式、以家庭经济和专业市场为代表的温州模式、外向型经济发展的珠江模式、双轨并进复合经济结构的昆山模式等等，成为广大农村非农业经济发展的旗帜，拉动着落后且贫穷的农村经济前行，使整个国民经济迅速走出低谷，社会转向温饱。当然，与经济快速发展共生的还有对自然资源和生态环境的严重破坏。湖州便是在不得不忍受自然资源破坏和生态环境污染中拉动 GDP 攀升的。

湖州位于南太湖流域，与苏南模式发祥地“苏锡常”仅一水之隔；与温州模式的发祥地同处一省，具有兼收并蓄、博采众家的天然优势。在改革开放前的 20 年间，湖州各项经济指标迅速增长。与此同时，自然生态环境也受到破坏。其一，矿产资源开发没有规划，矿产资源没有实行有偿使用，生产无序，乡镇、村、农户及国有、集体、私有企业一窝蜂上山开矿，多、小、散、乱、污严重；其二，矿产资源开采监管滞后，导致乱挖滥采迅速蔓延；其三，采矿和选矿设备简陋，技术手段落后，造成大量资源浪费；其四，只开采，不复绿、不复垦，由此无序的矿山开采导致湖州这座美丽的城市，滑向硝烟弥漫、遍地疮痍的灾难窘境。

矿产资源开采秩序的混乱，很大程度上反映出规划缺失的问题。1995年底，国务院在全国范围开展了矿产资源开发秩序整顿。整顿持续到1998年。这一年，湖州被原地质矿产部确定为规划试点市，开始着手规划编制。1999年5月《湖州市矿产资源保护和开发利用规划（1999—2015年）》获得批准并实施。在随后的20年里，湖州每一次修编，都是自我加压的过程。恰恰是这种不畏艰险，敢为天下先的精神，使得湖州始终站在全国矿产资源管理改革发展的最前沿。

规划是湖州矿业经济得以健康发展的关键所在。规划为湖州矿业自身发展开辟了新路，也开创了全国绿色矿业发展的先河，为全国的矿业经济发展提供了丰富的经验，有力地诠释了“绿水青山就是金山银山”的发展理念——保护与发展是经济社会发展的必然选择。

本章从湖州矿产资源四轮规划创新实施的角度来介绍湖州矿业绿色探索发展。

第一节　万事开头难

万事开头难。第一轮规划起草于1998年，获得批准实施是1999年。作为全国率先编制的最早的规划，缺少参照物是第一难：既要对国家矿业发展方向有个正确认识，还要从湖州经济、社会、环境等诸方面，尤其是矿业发展状况有个完整把握，进而才能从宏观层面定性、定位、定向；再就是从何入手？好在全国矿产资源开发秩序整顿后，国务院接着下发了三个“办法”，即《矿产资源开采登记管理办法》《探矿权采矿权转让办法》和《矿产资源勘查区块登记管理办法》，于是，湖州锁定“矿产资源开发秩序整顿”这个抓手，提出了“规划分区”这个让人耳目一新的理念，掀开了规划篇章的第一页。

第一轮规划最大创新点是规划分区。即“禁采区关停，限采区收缩，开采区集聚”。千万不要小看这短短的15个字，它包含着巨大的内含：矿山布局和产业结构调整、矿山企业开发整合、矿山开采秩序整治、淘汰落后产能以及绿色矿山创建的预热等。它就像夜幕中的一个亮点，把光芒送到很远很远的地方。

第一轮规划开宗明义“为了加强湖州市矿产资源宏观调控，优化资源配置，有效监督管理矿产资源勘查开采活动，切实保护与合理开发利用矿产资源，制定本规划”。规划的指导思想明确为，贯彻“在保持经济增长的同时，控制人口增长，保护自然资源，保持良好的生态环境”的基本国策，加快矿产资源利用方式和管理方式的转变，谋求经济效益、资源效益、环境效益和社会效益相统一……从这段话的表述来看，比较准确地反映了当时国家大的经济发展思路。规划除了提到近期和远期、局部和整体、开发和保护的关系，还提到要“控制总量，合理布局，调整结构，依靠科技进步，拓展矿产品的延伸产业，发展深加工，开发新产品，提高矿产资源综合利用水平”。规划提出矿产资源管理要坚持资源开发与环境可持续发展、资源开发与节约并举、“科技兴矿”与市场导向、处理好行政与市场的关系、利用市内外两方面资源发展矿业及其延伸产业和可操作性等原则。这个思路几乎贯穿了湖州20年规划实践的始终。

规划比较详细地介绍了湖州市的自然地理与区域经济发展状况，矿产资源概况，矿产资源开发利用情况，非金属矿产品市场需求情况和发展战略。介绍了规划基准年1997年，全市的矿产资源开发利用基本情况，详尽分析湖州非金属矿产品市场需求情况和发展前景。对湖州经济辐射半径内区域的矿产品市场需求做了分析，认为：2000—2015年期间，长江三角洲地区特别是上海，由于第三产业的加快发展，将带动建筑业和建材产品的市场需求。比较客观地分析了湖州在矿产资源保护与开发利用中存在的主要问题，这些问题也是第一轮规划要重点解决的突出矛盾。即：一是对矿产资源保护与开发利用研究不够，潜在经济效益未得到充分发挥；矿业开发布局和产品结构不尽合理。二是矿山数量多、规模小，开发不规范；设备简陋、技术落后；难以按照矿石质量和用途进行分采、分类、分级，造成资源浪费。三是矿山企业对矿产品市场变化情况分析不够，缺乏相应对策。矿产品供需平衡失调，企业之间竞相压价，大矿生产能力不同程度地闲置，企业效益得不到充分发挥。四是矿业开发与环境保护协调不够紧密。采剥作业方式粗放，破坏资源、植被和自然景观，生态环境恢复困难；水路、陆路交通线两侧露天采矿，造成水土流失，淤积航道，影响景观。这些都是湖州要抓紧解决的问题。

要解决这些问题，第一轮规划提出，要控制总量、合理布局、调整结构、优化配置、规模生产；优矿优用、一矿多用、综合利用。面向市场开发新产品，延长加工链，提高附加值，变资源优势为经济优势；保护和合理开发利用矿产资源，提高资源利用率，促进矿业和国民经济可持续发展；矿业开发与环境协调发展，实现矿业秩序根本好转。规划除对矿业及延伸产业和非金属矿采选业工业总产值、工业增加值和利税总额等，按五年一个目标分三期做出明确规定。同时也提出，2015 年建成华东地区最大的建筑石料生产基地和重要的水泥生产基地各一个；2010 年建成全国精致膨润土生产基地、全国硅灰石针状粉生产基地各一个，建成华东地区重要的石英砂生产基地之一，浙江省重钙生产基地和浙北饰面石材生产基地各一个；2015 年硅灰石针状粉生产基地和重钙生产基地分别成为全国硅灰石针状粉出口基地和全国重钙生产基地。

第一轮规划还明确提出矿业开发与环境保护协调发展目标，按照近期、中期和远期三个时间段，对主要道路、河流和旅游线路、自然景观、规划开发区和其他区域内需要保护的文物古迹、景点、景观矿山关闭目标，以及关闭矿山的复垦或恢复植被都提出了具体保护标准。

规划三区划分和实施是第一轮规划的核心。规划分区管理是纲。正如毛泽东同志所说，“拿起纲，目才能张，纲就是主题。”实施第一轮规划就是要抓这个纲。规划区分为规划开采区和规划禁采区。规划开采区和规划禁采区之外的地区，为其他区域。在实践中，人们更习惯称这一地区为“限制开发区”，所谓限制，既有时间上的限制，也有空间上的限制，更有开采矿种、开采数量，以及开采设备和技术等诸多方面的控制要求。这就是矿产资源规划三区划分的创新。

第一轮规划按可持续发展原则。矿产开发与环境保护相协调，有利于经济效益综合发挥；法律法规准入原则。法律法规禁止采矿的区域，不得划为规划开发区；与相关规划衔接原则和地域界限与地质相结合原则等，划定7个规划开采区和7个矿产资源开发利用基地。把矿产资源相对集中，具有资源的可靠性；矿产品有市场需求，有较稳定的流向渠道和所依托的后续加工产业；易于形成规模化经营，能够使资源利用方式从粗放向集约转变；有较便利的交通运输条件区域划为开采区。

第一轮规划划定8个禁采区和一个属于永久性保护的"长兴灰岩标准剖面"区，禁采区范围是市级和市级以上风景旅游区、文化遗址或景观、景点相对集中，有利于旅游发展的地区；重要地质遗迹；重要公路、旅游线路两侧直观可视范围；国家规定不得开采矿产资源的其他地区。8个禁采区是：洞山风景旅游区、顾渚山风景旅游区、太湖旅游度假区、南郊旅游度假区、防风故国旅游区、莫干山风景名胜区、天荒坪风景名胜区、龙王山自然保护区。

规划对开采区的区域范围、主要矿产种类、储量及开采量都做了比较详细的限定。规定在禁采区内不增加新矿点，现有的矿山分期分批进行搬迁或关闭。搬迁或关闭矿山应当进行土地复垦、植被恢复；对于禁采区内开采不造成生态环境影响的矿泉水、地热等资源，在征得规划实施部门和有关部门同意后，可进行保护性开发，没有"一刀切"。

为进一步推进矿业产业结构布局调整，规划明确了矿山最小规模，这也是湖州的创新，为矿山整治关闭提供了依据。根据规划7个开发区已知资源地质状况、开采技术条件和开发利用现状，遵循总量控制，集约化、规模化开发的原则，按照矿种确定了新建矿山的最小规模。依据最小规模对已有小矿山分期分批通过关停、调整、改造，逐步提高开采规模，建筑石最小规模2005年前为30万吨，2010年前为50万吨，2015年前为100万吨。

第一轮规划从管理体系、依法行政、政府引导和地质勘察等四个方面给予规划实施制度保障。强调了规划执行的刚性原则，规划目标纳入湖州市国民经济及社会发展计划；因本地社会、经济的发展，需要对规划进行局部调整的，须报原批准机关批准。除进一步强调了刚性落实规划"三区"外，规划特别提出"扶优汰劣"措施，这是后续矿山整治的一条重要措施。还单列

"谁破坏，谁治理"，规定闭坑矿山必须进行土地复垦、植被恢复工作，矿山企业应制定矿山植被恢复，土地复垦等治理方案，实行边开采边整治。

到2003年实现第一轮规划的近期目标，湖州矿山布局发生明显变化，矿山从遍地开花向规划开采区集聚。全市矿山从1998年的近868家，减少到2003年底的612家，关停小矿山256家，其中，禁采区74家，交通沿线56家，风景旅游区41家；开采规模单个矿山平均年开采规模从规划实施前的4.9万吨，提高到2003年的17.6万吨。规划确定采发区的矿山平均开采规模已超过25万吨。全市矿山投入技改资金15亿元，更新改造了落后的工艺设备和开采技术，提高了资源利用效率，减少了资源浪费；第一轮规范实施时期，湖州开展矿产资源有偿使用改革，这也是一项重大改革创新，采矿权使用从无偿变成有偿，出台一系列深化矿产资源有偿使用的政策文件。至2003年底，全市共出让采矿权431个，出让金收入近2亿元。

第一轮规划期间的2002年，湖州选择有代表性的废弃矿山开始废弃矿山治理试点，探索废弃矿山生态修复的工作机制。2003年全面启动废弃矿山治理工作，有计划地开展矿山生态环境治理恢复，并与矿地复垦相结合，走出了一条矿山治理、生态修复新模式，收到显著成效。依据2005年底统计，全市完成60个废弃矿山治理工程，累计增加各类用地280万平方米，边坡复绿面积达70万平方米，取得初步治理效果和社会效益。

2003年8月，湖州在全国矿产资源规划实施工作座谈会上介绍第一轮规划实施成果，有四个必须的经验：其一，实施规划必须建立一个权威的组织领导机制。湖州是国土资源部党组的工作联系点，矿产资源规划实施是联系点的主要工作内容。为此，湖州市成立了专门班子，由市政府领导及有关部门负责人组成领导小组，明确各有关部门在规划实施中的职责，并在县乡政府建立相应的工作机构，保障规划的实施。其二，必须建立一个良性的投入运作机制。无论是布局结构调整，还是矿山生态环境治理，都需要资金的投入。湖州市采用"四两拨千斤"的资金运作方式，建立起一个良性的投资运作机制，充分调动各方面的积极性，促使规划的有效落实。其三，必须建立一个明确的目标责任制。实施规划是各级政府职责，市政府与各县（区）政府签订国土资源管理目标责任书，将实施规划的主要指标纳入其中，并延伸到乡镇，将规划责任目标落到实处。其四，必须建立一个有效的矿产资源宏观调控机制。规划的实施，既要靠政府主导，又要靠市场引导，从而确保规划的实施顺利进行。

图 2–1　2003 年 8 月，湖州市在全国矿产资源规划实施工作座谈会上介绍矿产资源规划实施工作（图片来源：《浙江国土资源》杂志）

第一轮规划的规划分区管理，对于调整优化矿山布局，有序推进矿产资源开发整合，提高矿山集约化、规模化、生态化水平具有重要意义，为 2003 年开始的大张旗鼓地矿山综合整治，绿色矿山建设奠定了基础，揭开了序幕。

第一轮规划于 2003 年提前完成，湖州市规划获得国土资源部规划成果一等奖。

第二节　绿色矿山创建

2004 年，湖州第二轮规划提前进入修编。原因只有一个：形势逼人。

以第二轮规划基准年 2003 年数据为例，第一轮规划所制定的经济目标已经基本实现：矿山数量从868个减少到2003年的612个，减少率为29.5%；单个矿山年生产规模从1999年的4.99万吨提高到17.62万吨；2003年，采掘业产值23.26亿元，比第一轮规划基准年1997年增长了17.28亿元；延伸产业产值57.15亿元，增长了12.72亿元；拉动第三产业产值19.20亿元，矿业及相关产业总产值99.61亿元，占规模以上工业总产值的17%；矿业增值税累计11.71亿元，与1999年相比，增加了9.36亿元，年均增长32.20%。

与第一轮规划相比，第二轮规划相对成熟，尤其是在宏观把控上更加贴近湖州市提出的“创建生态市”，以及从“苕溪时代”迈向“太湖时代”的发展目标，第二轮规划名称为《矿产资源总体规划》。

第二轮规划最大亮点：“矿山自然生态环境保护和治理”，是这个时期的矿产资源管理重点工作，有很多创新，具有非常深刻的现实意义。在前五年的规划实践中，湖州开始了前无古人的、系统的矿山开采秩序整顿矿产资源有偿使用制度的建立；成功地完成了废弃矿山生态修复试点，全市大范围的矿山自然环境保护和治理即将全面启动。规划提出，湖州矿产资源开发利用将还清历史欠账，不欠新账。

图2–2　2004年4月，浙江省矿山自然生态环境保护与治理现场会在湖州召开（图片来源：《浙江国土资源》杂志）

问题是：下一步怎么操作？湖州第二轮规划提出的办法是："谁破坏，谁治理"，第一轮规划创新建立的矿山生态环境治理保证金制度（在第二轮规划中改为"备用金制度"）必须不折不扣地坚持下去；矿山整治也必须不折不扣坚持下去，淘汰小、散、乱、污矿山，使得开采区矿山的集聚效应、规模效应已经显现，实现矿山开采技术进步成为可能；要解决矿山开采的生态环境问题，必须实现绿色开采。第二轮规划创新提出绿色矿山，生产矿山必须满足"绿色矿山创建"标准。湖州绿色矿山呼之欲出。

创新"绿色矿山创建"理念，让人们再一次领略了湖州敢为人先的气魄。

绿色矿山在西方已有百年历史，但概念与今天说的有本质上的差异：最早的绿色矿山就是矿山绿化。20世纪末，"以人为本"频频见诸报端，举世关注。以人为本，就是要唤醒人类回归大自然。

湖州提出的绿色矿山创建"五化标准"是：资源利用集约化、开采方式科学化、生产工艺环保化、企业管理规范化、闭坑矿区生态化。这五个标准，哪一个离得开科学技术？哪一个离得开真金白银？绿色矿山创建哪离得开矿产资源管理者的担当？所以说，湖州具有敢为人先的气魄！

那么，湖州的底气从哪来的呢？

第一轮规划实施发挥了重要作用。首先，矿山布局和矿业结构得到优化。基本上实现了禁采区关停、限采区收缩、开采区集聚的规划目标，矿产资源供需保持基本平衡。禁采区内露采矿山提前两年关停，全市矿山数量减少了三分之一以上。矿山年生产规模扩大，初步形成了规模化生产，集约化经营的新格局。其次，采矿权全面实现有偿取得。自2001年开始实行采矿权有偿使用制度，实现"招拍挂"公开方式出让，至2003年底，累计收取采矿权出让金4亿多元；最后，矿山自然生态环境建设全面启动。湖州市和各县区都分别编制了《矿山自然生态环境保护和治理专项规划》，"矿山自然生态环境治理备用金制度"全面实施，仁皇山等废弃矿山治理试点取得成功。

单从数字上看，第一轮规划实施的成果的确鼓舞人心。但它还不足以让湖州"底气十足"。关键在于第一轮规划实施期间，湖州市委、市政府出台了一系列针对矿业开采秩序好转和矿业经济健康发展的政策规定，确保了规划目标提前落地，由此在社会上营造了一个足以形成公众共识的氛围：政府受益、企业受益，老百姓受益，一呼百应的社会效应才有可能显现，这才是真正的底气！

针对第一轮规划在实施中所存在的突出矛盾，第二轮规划强调了“三调整一增加”，第一是指导思想的调整，充分体现以人为本，全面、协调、可持续的发展观。围绕生态市建设的要求，重点突出生态建设，强调在保护中开发，严格控制总量，从而达到人与自然的和谐，实现资源效益、生态效益、经济效益和社会效益的统一。

第二就是规划目标的调整。第二轮规划考虑国家和本省宏观经济背景和湖州市基础设施、环境容量的实际情况，普通建筑石料矿产资源开采总量，明确在2003年的基础上每年以20%的速度递减，到2010年，矿产资源开采总量控制在5810万吨左右，矿业及延伸产业总产值100亿元左右。

第三是禁采区、开采区的数量和范围也做了调整。第二轮规划确定了7个禁采区和4个开采区。与第一轮相比，开采区数量减少了2个，面积减少了371.39平方公里，减幅达70%；7个禁采区面积扩大到1070平方公里，比第一轮增加了618平方公里，扩大了1.4倍，接近市域面积的五分之一。增设了3个限采区，面积达336平方公里。

由此可见，第二轮规划的重点工作是围绕湖州“四城联创”，即创建全国文明城市、国家环保模范城市、国家园林城市和建设生态市，进一步缩小开采区、扩大禁采区，严格按照“五化标准”，全力推进绿色矿山创建。通过绿色矿山创建实现矿山开采与自然的协调、经济的可持续和保护与开发并举。第一轮规划的实践，给人们带来观念上的变化是非常深刻的。

第一轮规划实施五年间湖州矿业发生巨变，矿产资源细化管理卓有成效。但湖州矿业开发问题依旧不少，归纳起来有三个方面。

首先，矿业开发与自然生态环境保护之间的矛盾日益突出，多、小、散、乱、污仍然存在。一方面，经济社会的快速发展，对资源开发以及生态环境保护形成重大压力；另一方面历史欠账过重，生态修复、恢复困难重重。其次，矿山布局和矿产资源开采总量与当前经济社会发展要求不相适应。而经济社会发展对矿业又有很强的依赖性，矿山开采总量偏大，减少矿山数量和控制开采总量阻力很大。最后，矿产资源综合利用水平不高，利用方式不尽合理，土地破坏严重。主要是没有系统地开展建筑石料矿产资源地质调查，建筑石料矿产资源地质勘查程度普遍较低，一些矿产难以按矿产资源质量和用途分类、分采，造成资源浪费。

因此，第二轮规划提出要坚持以人为本、全面、协调、可持续发展观；坚持在保护中开发，在开发中保护；实现资源效益、生态效益、经济效益和社会效益相统一。坚持统筹兼顾，正确处理矿产资源开发利用与自然生态环境保护及相关产业协调发展的关系；坚持保护与开发并举，处理好保护与利用的关系；坚持宏观调控与市场配置，正确处理市场手段与行政手段之间的关系；充分发挥市场配置资源的基础性作用，坚持依法管理矿产资源，健全完善管理制度，促进矿产资源保护和合理利用的法制化、规范化和科学化；坚持效益统筹，坚持生态效益、社会效益、经济效益和资源效益相统一；坚持科技进步与创新，通过科技进步和新技术应用，改造落后生产工艺，优化结构，降低产品成本，提高产品附加值。

时期不同，任务不同，观念认识发生了深刻转变，湖州矿产资源开发利用找到了一个生态保护与开发利用的结合点：绿色矿山这个全新的理念。第二轮规划实施创建绿色矿山，以此来实现矿业开发与生态环境协调发展，最大限度地促进矿业开发与自然环境的协调；推进优化矿业结构，提高矿产资源开发利用水平，实现数量扩张型向质量效益型转变；推动调整矿山布局，控制开采总量，实现矿产资源开发利用与经济社会发展相协调。

建设绿色矿山，第二轮规划提出：矿业开发与生态环境保护相协调，建立矿山生态环境保护的监督管理机制，全面实施矿山生态环境治理备用金制度，严格执行矿山生态环境影响评价制度，按照“谁开采，谁治理”的原则落实责任。实现生产矿山达到“绿色矿山”和应治理废弃矿山生态环境治理率 80% 的要求。

严格控制矿产资源开采总量。实现保护和开发相协调，矿业及延伸产业实现“两个低于”，即实现产量的增长低于产值的增长；产值的增长低于利税的增长。

建立 5 个矿产资源开发利用基地。进一步提高矿产资源开发利用水平，最大限度降低对自然生态环境的破坏程度，建成建筑石料、石灰岩、轻(重)

钙粉、石英砂和全国精致膨润土环保型生产基地。

全面推行矿产资源综合利用。拓宽矿产品的延伸产业，提高矿产品的附加值，走出一条资源节约型的矿业发展之路，明确石灰岩矿产资源综合利用率达 92%。建筑石料矿产资源综合利用率达到 97% 以上。

规划分区划定有较大调整，三区的划分更为细致，明确区内仍留存矿山企业的数量，开采强度和限期关闭的时限。实操性超过上一轮规划。特别是禁采区的划定与上一轮规划相比，严谨，具体，且没有遗漏。对生态环境具有不可恢复的影响，矿产资源开发应当避让的地区；市级及其以上的旅游、环保、交通、水利、城镇建设、林业、水资源保护区等相关规划中需要保护的地区；铁路、高速公路、国道、省道、航道等主要交通干线两侧直观可视范围，一、二级城镇规划区周边可视范围等划入禁采区。同时，还增加了一个重要内容："对生态环境具有不可恢复的影响，矿产资源开发应当避让的地区。"这就是说，只要预期对自然生态环境具有不可修复的可能，就不能开采。

规划划定分区对开采区和限采区的位置分布、拐点坐标、各矿种储量、规划期内允许开采的数量都做得比上一轮规划更为详尽。如禁采区：南太湖禁采区（省级旅游度假区）内还有 1 个矿山，将在规划近期内关闭；南郊禁采区（市级风景旅游区）有矿山 7 个，将在规划近期内关闭；莫干山防风故国禁采区（国家级风景名胜区）有矿山 14 个，将在规划近期关闭；顾渚山禁采区（县级风景旅游区）有 2 个矿泉水企业，对生态环境基本无影响；灵峰山禁采区（县级风景旅游区和城镇保护区）有 9 个矿山，将在规划近期关闭；天荒坪禁采区（市级风景名胜区）有 5 个矿山，将于规划近期关闭；龙王山禁采区（国家级自然保护区）矿山全部关闭；禁采地段：景区、景点、景观、地质遗迹保护区、饮用水源、文物古迹、铁路、高速公路、国道、省道、航道等主要交通干线两侧直观可视范围，一、二级城镇规划区周边可视范围内，禁止采矿活动。

第二轮规划对矿山布局调整做更加具体详尽规定。在规定了新建矿山最小规模基础上，规划近期内，禁采区和禁采地段内的矿山全部关闭；规划近期内，限采区不设置新的采矿权，不再扩大生产规模，现有矿山采矿权人占用的矿产资源储量开发完毕，收回采矿权；可保留部分特殊矿种或符合绿色矿山条件和安全生产等要求的矿权，但必须逐渐降低开发强度，并采取有效措施保护自然生态环境；规划近期内，开采区着重进行矿业结构调整，改造小矿山，发展深加工；按规定采取自然生态环境保护与治理措施，生产规模达到最小规模要求；规划近期内，其他区域严格控制新办矿山；严禁在耕地内取土制砖，推广页岩、淤泥、尾矿等替代黏土制砖工艺，逐步调整砖瓦厂布局，控制黄砂开采总量，规范开采方式，确保行洪排涝和航运安全。在矿业结构调整方面，提出培育和规范大型建材石料、优质水泥、精制膨润土、石英砂和轻重钙粉生产基地。

第二轮规划实施的重中之重是矿山自然生态环境保护与治理，“打造绿色矿山”，绿色矿山这个提法是第一次出现在地方政府规范性文件中。

绿色矿山的概念最早出现在十九世纪英美等西方国家。当时，主要基于对环境的美化上，操作方式和技术要求相对简单，在开采中注意对植被保护和矿区周边环境的保护。二次大战以后，由于经济社会急速发展，人们开始从自然资源的稀缺性和不可再生性，意识到合理有效地利用资源，因而这一时期的“绿色矿山”跳出了简单地美化环境的概念，上升为一种资源理念。人类社会进入当代后，资源已经成为制约各国经济发展的瓶颈，与此同时，由于工业的发展所造成的严重污染，也愈发受到广泛关注，综合利用自然资源，节能减排，保护环境，催生了以人为本的价值观，在这个基础上，科技创新聚成人类可持续发展的共识。

2003 年，时任中共中央总书记的胡锦涛提出了“科学发展观”的理念，坚持以人为本，树立全面、协调、可持续的发展观，促进经济社会和人的全面发展，“按照统筹城乡发展、统筹区域发展、统筹经济社会发展、统筹人与自然和谐发展、统筹国内发展和对外开放”的要求推进各项事业的改革和发展。在这一重要思想和方法论指导上，“绿色矿山”理念逐渐成熟，2004 年，湖州在修编矿产资源规划时，将“以人为本，全面、协调、可持续的发展观”写入规划的指导思想，将“绿色矿山”独立成篇。

绿色矿山建设是一项复杂的系统工程。在第一轮规划实践的五年中，湖州矿业开发利用总体水平和可持续发展潜力，以及维护生态环境平衡的能力明显增强，为打造绿色矿山提供了丰富的实践经验和理论保障。第二轮规划提出了“资源利用集约化、开采方式科学化、生产工艺环保化、企业管理规范化、闭坑矿区生态化”五项标准。应该说，是当代中国最早提出的绿色矿山内涵和标准。

2005 年 10 月，第二轮规划获得批准。同年 12 月，湖州市政府出台了《关于创建绿色矿山的实施意见》，正式提出了创建绿色矿山的指导思想，总体目标，绿色矿山的基本条件，将“绿色矿山的五化标准”，细化为 24 项具体标准，按照“证照齐全、管理规范、诚信守法、规模经营、自愿申报”的原则，分建筑石料、石灰石、膨润土三大类，选择湖州新开元碎石有限公司青山矿、鹿山坞矿业有限公司鹿山坞石矿、中国建材（南方）水泥有限公司大煤山石灰石矿等 7 家矿山企业做试点，编制了建设方案，采取“一年试点先行”“三年全面铺开”的步骤大力推进绿色矿山试点工作。2007 年湖州再次组织开展第二批绿色矿山试点，湖州丰华矿业有限公司等十家企业参加。

湖州绿色矿山的稳步推进，对全国范围内推广绿色矿山起到了很好的示范和引领作用。2007 年中国国际矿业大会在天津召开，原国土资源部徐绍史部长提出“发展绿色矿业”的倡议。认为，转变传统意义上以单纯消耗矿产资源，牺牲环境为代价和高耗能为特点的开发利用方式，从根本上转变发展方式和经济增长方式，真正实现资源合理开发利用与环境保护协调发展，绿色矿山已成为矿山企业发展的必然选择。

2008 年 11 月，中国矿业循环经济论坛在广西举行，中国矿业联合会与 11 家大型矿山企业倡导发起签订《绿色矿山公约》，得到许多矿山企业广泛肯定和积极响应。

2009 年 1 月，国家发改委、国土资源部联合发布《全国矿产资源规划（2008—2015 年）》。规划指出，为全面贯彻党的十七大精神，深入落实科学发展观，切实落实节约资源和保护环境的基本国策，促进我国矿业持续健康发展，提高矿产资源对经济社会可持续发展的保障能力，实现全面建设小康社会宏伟目标，要发展绿色矿业。在规划中提出了发展“绿色矿业”的明确要求，并制定了“2020 年基本建立绿色矿山格局”的战略目标。

2009 年 1 月，中国矿业联合会四届五次常务理事会召开，为坚持科学发展观，规范企业行为与加强行业自律，履行企业社会责任，推进绿色矿业，构建资源节约型、环境友好型社会，大会通过了《中国矿业联合会绿色矿业公约》。

2009 年 10 月，中国国际矿业大会在天津召开。时任国务院副总理李克强致信大会，他在信中说，“新的形势下，中国政府将把增强资源保障能力作为保持经济长期平稳较快发展的一项重要任务，立足国内，加大地质找矿力度，增加资源储备和供应，推动科技创新，发展绿色矿业和循环经济，提高资源开采和利用效率，为促进世界可持续发展做出新贡献”。

2009 年 11 月，中国矿业联合会、国土资源部规划司在烟台举办“2009 年中国矿业循环经济论坛”，论坛的主题是“绿色矿山”。在论坛上，国土资源部规划司负责人介绍：为全面落实全国矿产资源规划，做好绿色矿山建设工作，推动矿业可持续健康发展，国土资源部近期将从积极推进绿色矿山建设试点和建立标准体系、研究出台相关鼓励支持政策两大方面、七项措施，重点推进绿色矿山建设工作。

2010 年 5 月，中国矿业联合会发布中国矿山企业《2009 年社会责任报告》，高度赞扬了矿山企业为中国经济社会发展做出的巨大贡献，但也提出了明确要求，继续坚持“节约资源、保护环境”的要求，积极推进绿色矿山建设，坚持以人为本的原则，保障安全生产，积极促进矿山与社区的和谐。

2010 年 8 月，国土资源部发布了《关于贯彻落实全国矿产资源规划发展绿色矿业建设绿色矿山工作的指导意见》，随文附带了《国家级绿色矿山基本条件》。这是国土资源管理最高机构发出的第一份建设绿色矿山的明确要求，成为全国绿色矿山发展的指导性文件。

2010 年 9 月，中国矿业联合会在山西大同举办“2010 中国矿业循环经济论坛”，主题为“绿色矿山建设，资源综合利用”。主要内容：研究和探索我国矿产资源开发与环境保护协调发展，资源综合利用与发展循环经济和绿色矿业，科技创新与加快矿产资源开发利用结构调整等重大问题的新理念、新思维、新方法、新模式、新举措和新经验；总结和介绍矿业企业在矿产共伴生资源，低品位和难选冶矿产资源，尾矿、赤泥、煤矸石、粉煤灰等综合利用，地下残煤气化与利用等新技术、新工艺、新方法、新设备，以及实践成果与经验；宣传创建绿色矿山的重要意义，总结和介绍矿山企业在建设绿色矿山、推进绿色矿业发展工作中的成功做法、成果、经验与体会。

2010 年 9 月，国土资源部就“发展绿色矿业，建设绿色矿山”有关问题答记者问，进一步明确绿色矿山的概念，并指出绿色矿业已成为矿山企业发展的必然选择。

2010 年 10 月，国土资源部、中国矿业联合会在湖州召开首批国家级绿色矿山试点评选工作会议，湖州新开元碎石有限公司经理姚绍武代表全国首批国家级绿色矿山签订发布《绿色矿山公约》。

2011 年 3 月，国土资源部公布了首批“绿色矿山”试点单位名单，共 37 家，湖州新开元青山石矿和鹿山坞石矿榜上有名。之后原国土资源部连续三年评选公布四批 661 家国家绿色矿山试点单位，湖州市共 8 家。同年 7 月，中国地质科学院、中国地质大学、中国矿业联合会发布《国家级绿色矿山建设规划技术要点和编写提纲》。这是一份对已有绿色矿山建设经验的总结，也是一份未来绿色矿山建设与评选的重要指导性文件。

2011 年 11 月，中国矿业联合会第五次会员代表大会召开，首批绿色矿山试点企业授牌。

2012 年 4 月，国土资源部公布第二批“绿色矿山”试点单位名单。183 家单位为国家级绿色矿山试点单位。

2012 年 6 月，国土资源部发出通知，到 2015 年建设 600 个以上试点矿山，形成标准体系及配套支持政策措施；2015 年至 2020 年，全面推广试点经验，实现大中型矿山基本达到绿色矿山标准、小型矿山企业按照绿色矿山条件规范管理，基本形成全国绿色矿山格局的总体目标。新办矿山达不到绿色标准将不能获批。

2014 年 10 月，湖州市政府在第十六届中国国际矿业大会绿色矿山论坛上作典型发言。

2015 年 5 月，《中共中央、国务院关于加快生态文明建设的意见》正式将绿色矿山写入文件，标志着这项工作上升为国家战略。

2017 年 3 月，湖州发布全国首个绿色矿山地方标准《绿色矿山建设规范》。

2017 年 5 月，原国土资源部等六部委印发《关于加快建设绿色矿山的实施意见》，全面推进绿色矿山建设工作，提出绿色矿山建设三大目标，“基本形成绿色矿山建设新格局，探索矿业发展方式新途径和建设绿色矿山发展工作机制”，文件明确了绿色矿山政策支持措施。

2018 年 6 月，自然资源部发布已通过全国国土资源标准化技术委员会审查的《非金属矿业绿色矿山建设规范》等 9 项行业标准进行公告，于 2018 年 10 月实施。这 9 个规范是：《非金属矿行业绿色矿山建设规范》《化工行业绿色矿山建设规范》《黄金行业绿色矿山建设规范》《煤炭行业绿色矿山建设规范》《砂石行业绿色矿山建设规范》《陆上石油天然气开采业绿色矿山建设规范》《水泥灰岩绿色矿山建设规范》《冶金行业绿色矿山建设规范》《有色金属行业绿色矿山建设规范》。

同年 6 月，“中国矿业循环经济暨绿色矿山论坛”在湖州市召开，会议主题“为经济发展助力，为绿水青山增彩”。

2019 年自然资源部建立全国绿色矿山名录库，湖州有 25 家经绿色矿山入库。12 月全国绿色矿山建设现场会在安徽省铜陵市召开，湖州市政府在会上做典型介绍。

从 2005 年湖州第二轮规划提出“打造绿色矿山”以来的 13 年间，绿色矿山创建得到了全国的积极响应，并逐步走上正轨，其示范和引领效果令人振奋。随着《全国矿产资源规划（2008—2015 年）》及 9 项“绿色矿山建设规范”的出台，全国矿业经济转型升级的序幕徐徐拉开。准确地讲绿色矿山建设应该是传统矿业经济向现代矿业经济转型。在这个过程中，由于地域文化和区域经济上的差异，绿色矿山建设发展很不均衡，但转型、转业是必然的，迟早的。

第二轮规划明确“打造绿色矿山”的理念，对于生产矿山提出的要求是：矿山企业必须向国土资源管理部门提交经批准的地质勘察储量报告、矿产资源开发利用方案（含矿山生态环境保护方案）、环境影响评估报告、水土保持方案，在地质灾害易发区内的矿山需编制地质灾害危险性评估报告。采矿权人必须预设矿山闭坑后的土地利用和生态环境恢复，将矿地开发和生态环境恢复措施作为重要内容之一纳入矿产资源开发利用方案。经审查认为采矿活动对生态环境负面影响大或遭受破坏后难以恢复治理的，不得开采矿产资源。矿山企业的环保和安全基础设施建设要与矿山的建设同时设计、同时施工、同时投产。矿山企业要加大科技投入，积极采用先进的采选工艺与方法，提高资源的综合利用水平，“废渣、废水、粉尘”达标排放，减轻对环境的影响和破坏。矿山企业应当采取边开采边治理的措施，保护良好的生态环境。

在第二轮规划中突出强调了废弃矿山生态修复，这也是绿色矿业发展的一个重要方面。

根据第一轮规划实践中存在的突出问题，做了有针对性的具体要求，提出了坚持轻重缓急，分期分批进行废弃矿山土地复垦、植被恢复；坚持因矿制宜，宜耕则耕、宜林则林、宜景则景、宜复垦建设用地则复垦建设用地，充分利用闭坑矿山的每一寸土地，并将废弃矿区开发的土地纳入土地利用总体规划；坚持综合施策，采取综合治理、分类施治；坚持多元投入，在治理资金的投入上，鼓励社会资金投入废弃矿山生态环境保护与治理等具体要求，推进废弃矿山治理。

废弃矿山生态修复的这些工作思路，不仅从时间、空间、方法、方式和资金保障上对废弃矿山生态修复提供了有力支撑，而且废弃矿山治理始终和土地相联系，在使土地资源得到有效利用的同时，也使投资者从新增耕地指标置换中获得收益，实现了资金的良性循环。这既是一项重大创新，也是“闭坑矿地综合整治模式”的雏形。

第三节　全面实施绿色矿山

用五年的时间打好基础，再用五年的时间试点推广，一条通向绿色矿业发展的路径已经烂熟于心，于是在第三轮规划中，湖州全面实施绿色矿山尤为抢眼。从绿色矿山创建试点，到全面实施绿色矿山建设，这是湖州矿产资源管理制度改革创新的大手笔，展现了湖州的胆识与胸怀。

我们可以对上一轮规划实施工作做简单地回顾。到 2009 年底，湖州实现矿业总产值24.15亿元，与2003年比，增长了152%；矿山总数328个，比2003年减少了46.4%。其中，禁采区内矿山基本关闭，限采区和开采区分别减少了37.2%和15.5%，限采区收缩和开采区集聚效应明显；全市建筑石料矿山平均年开采规模达到53万吨；全市累计收缴治理备用金2.78亿元，占全省累计数的31.2%；规划期内实施“百矿示范，千矿整治”，需治理的废弃矿山210个，到2009年已经完成185个，治理率达到88.1%；建成绿色矿山26个，其中省级13个，国家级绿色矿山试点单位2个。以“四铁”精神整治矿山，关小整大，扶优扶强，推进矿产资源开发整合，矿业开发秩序好转，多、小、散、乱、污问题明显改善。矿业权市场更加规范，2006—2009年收取出让金9.4亿元。第二轮规划目标基本实现。

第三轮规划提出，全面实施绿色矿山建设工程，将绿色矿山创建作为新设矿山的准入条件之一，凡具备绿色矿山条件的矿山都必须按要求创建绿色矿山，至“十二五”期末创建率达到70%以上，累计创建各级绿色矿山50个以上，基本形成全市绿色矿山格局。

为了实现这一目标，第三轮规划重申了坚持“在保护中开发，在开发中保护”的原则，提出以生态优先为前提，以加快转变矿业发展方式为主线，以普通建筑石料、石灰岩、膨润土、地热矿泉水等优势矿产资源为重点，对全市矿产资源勘查、开发利用与保护进行全面规划。

按照矿产资源规划确定的生态优先的规划目标体系，提出了矿业经济总量、矿石开采总量、矿权设置、规模结构调整、资源利用效率、矿山生态环境治理和绿色矿山等约束性、预期性指标；按照进一步调整优化矿业布局，促进产业结构转型升级，加快资源开发规模化、集约化的思路，划定禁采区、开采区。

第三轮规划提出要建立矿山生态环境保护与治理的长效机制和管理体系，严格实行矿山生态环境治理责任制，把建设“绿色矿山”贯穿于矿业开发全过程。

这样的提法是符合湖州实际的。第二轮规划实施以来，湖州在优化矿山布局和矿业结构、改善矿山环境和矿业秩序、规范矿业权市场、绿色矿山建设等方面取得了成效。但在实施过程中仍存在一些问题，最主要的是关矿目标没有全部实现。当时设想通过设置限采区来实现关矿，将很多矿山纳入了限采区，实施过程中因矿山涉及企业、所在乡（镇）村，牵涉的利益单位、群体较多，村民“靠山吃山”，在矿山打工、入股的情况普遍存在，乡镇财政对矿山存在一定的依赖性，尤其是矿山比重大的乡镇。因此，关停矿山成效不明显。矿业开发与自然生态（地质）环境保护之间的矛盾仍显突出，相关配套制度不够完善，少数地区和矿山企业保护生态环境认识还不到位，加之日常监督不够等，矿产资源开采总量偏大，使得一些地区矿产资源、植被、自然景观破坏，水土流失，河道淤积的状况仍然比较严重。矿业转型升级速度不够快，还没有出现能够引领湖州矿业发展的龙头企业，优势骨干企业仍是少数。矿产资源综合利用水平总体还不够高，利用方式尚不够合理，矿产品结构还比较单一，优势矿产品深加工尚未真正形成规模化、产业化。部分矿山在矿产品波动时股权转让频繁，易于造成潜在的市场风险和社会不稳定因素；采矿及相关产业属高耗能，政府节能减排压力大；等等，也是存在的突出问题。

但是，从湖州经济社会发展的实际情况来看，矿产资源开发还是有较大需求的，矿山全部关停不切合实际。从湖州以及周边区域市场辐射半径在规划期内的矿产资源市场供需来看，首先，湖州“十二五”期间将进一步强化生态城市，美丽乡村，特色产业，和谐民生建设。同时，把湖州作为长三角交通节点城市进行建设，五年内在交通和城市基础设施上投资 980 亿元，2015 年全社会固定资产投资达 1350 亿元左右。其次，“十二五”期间，湖州开采的建筑石料、石灰岩等大宗非金属类建材产品，其市场需求仍主要受周边地区（长三角中北部）的基础设施和房地产投资影响。分析表明，2009 年，上海、杭州、嘉兴、苏州、无锡、常州等六大城市交通等基础设施投资大于 4109 亿元，房地产投资约 3850 亿元，当年房屋竣工面积约 19256 万平方米，由此测算上述六大城市房地产投资用建筑石料 1.2 亿吨；交通等基础设施用混凝土骨料约 8000 万吨，两项合计 2 亿吨左右。

“十二五”期间两项合计，建筑石料，湖州及周边地区房地产和基础设施投资仍将保持较高水平，需求量在 2 亿吨左右，其中湖州供应量在 65%

左右。石灰岩，湖州市水泥产量连续五年稳定在1350万吨左右，年消耗石灰岩1620万吨，加上粉体行业、电厂对脱硫用灰岩需求增加，石灰岩年均需求2500万吨。

这就是“十二五”时期湖州矿产资源开采的实际需求。对建筑石料、石灰石等矿产品较高的市场需求为湖州矿业经济持续发展提供了市场保证。但过大的矿山开采对生态文明建设和节能减排带来新的压力。

因此，第三轮规划在指导思想上，出现了许多新的概念和提法。如全面实施“创业富民、创新强市”总战略；“以科学规划为主题，以加快转变经济发展方式为主线”；“依靠体制创新、科技创新和管理创新，加强矿产资源开发管理，严格控制开发总量，强化矿山地质(生态）环境保护与治理恢复，加快矿业转型升级，推进矿业经济又好又快发展，达到矿产资源勘查开发与自然、社会相和谐”，为湖州建设“富饶、秀美、宜居、乐活的现代化生态型滨湖大城市贡献力量”；等等。

从湖州经济社会发展趋势看，这一调整是必要的，也是适时的。湖州作为长三角和中部地区的节点城市，伴随着高铁时代的到来，区位优势进一步明显。同时，经过多年的改革发展，湖州已经进入工业化和城镇化的全面加速期，持续投入的积累效应逐步释放，消费结构升级加快，内生动力不断增强，已经具备了实现新跨越的基本条件。所以，要抓住机遇，顺势而上，加快自身发展。

与第二轮规划相比，第三轮规划有两个明显特点：一是突出了“环境优先”和“减点控量”；二是突出了“矿地兼顾”。明确了在综合利用矿产资源的同时，要兼顾土地的开发、复垦、利用。而矿地结合的实践活动，早在第一轮规划实施中就开始了，这也是湖州在矿山整治中的一个大胆创新实践，为湖州经济发展走出“土地瓶颈”做出了巨大贡献。

第三轮规划没有沿用第二轮规划分期、分类、分矿种设定目标的方式。而是从不同方面设定目标，在表述上也有不同：特别是，第二轮规划“严格控制矿产资源开发总量”，第三轮规划“开发总量得到合理调控”。比较而言，后者更关注协调性和实操性，提出了“矿产资源开发秩序根本好转”，这也是第二轮规划所没有的。应该说，通过第一和第二轮规划十年间的矿山整治，矿产资源开发秩序已呈好转趋势，再用五年时间实现根本好转是可行的，这也是把湖州建设成“富饶、秀美、宜居、乐活的现代化生态型滨湖大城市”的必要保证。

关于矿产资源开发利用与保护，增加了“矿产资源开发利用调控方向”和“矿业产业结构调整与转型升级”等内容，共四方面。

第一，矿产资源开发利用调控方向。根据湖州矿产资源开发利用的特点，以及市场需求，提出“减点控量”：建筑石料进一步提高高铁骨料、高等级公路面料等精品石料的比例，提出了合理普通石料控制目标。同时提高矿山集约化程度，建筑石料矿山数量由 2009 年的 143 个减少至 71 个以内。石灰岩重点发展脱硫、冶金溶剂、轻重钙粉加工，提出合理开采总量控制目标，矿山数量控制在 30 个以内。2015 年，全市矿山总数控制在 255 个以内，固体矿产开采总量控制在 9320 万吨左右。

第二，矿产资源开发利用布局与规划分区。突出“矿产资源节约、集约利用和矿地综合利用”和“自然生态保护优先”。在规划分区条件中，开采区基本条件与上轮规划设定的基本条件有明显不同。开采区确定的条件：“有查明储量的矿产地，并有一定前景且开发的经济技术条件较好；矿产品有市场需求，有稳定的流向和所依托的后续加工产业，已形成或易于形成规模化经营，具备资源利用方式从粗放型向集约型转变的条件；矿地有综合利用条件；资源开发对自然生态环境影响较小，或虽有影响但采后易于治理的矿产分布地区。”

我们注意到：第一句有三个要点：查明储量、有前景、技术条件较好。而第二轮的表述是：“矿产资源分布相对集中，具有资源可靠性”，侧重点不一样；第二句的要点是：市场、稳定流向、后续加工、易成规模、具备转型条件。第二轮表述是：“易于形成规模化经营，能够使资源利用方式从粗放型向集约型转变”，具备转型条件和能够使其转变，在语义上前者更具约束性。这些认识上的深刻，与前两轮的规划实践是分不开的。

第三轮规划划定 10 个小范围开采区，10 个开采区的位置、矿种、储量、本轮规划基准年开采量、矿山企业数量，以及未来五年规划期内的开采规模、矿产品产量、矿山控制数量等，用数据做了比较详细的规划。对于处在

《湖州市地质灾害防治规划（2009—2015 年）》区域内的矿山，要求编制《矿山地质环境保护与恢复治理方案》，并严格按照评审后的《方案》实施。对重点划定的 8 个禁采区位置、面积、现状、矿山数量、关闭时限或保留情况等做了描述和规定。其他禁采区域规定“禁采区之外的满足禁采区（含禁采地段）基本条件的区域，禁止采矿活动”。

第三，矿业产业结构调整与转型升级。提出“集聚、生态”和“扶优、扶强”，扎实推进矿业产业结构优化调整。引导矿山企业通过兼并、联合、重组等方式进行整合，逐步形成一批开采规模大、装备设施好、开发水平高、市场竞争力强的优势矿山企业促进矿产资源向骨干优势企业集聚，从而进一步提高矿产资源开发的规模化、集约化水平，促进矿业转型升级；规划期内，除按矿山规模结构、产品结构、技术结构要求对落后产能进行淘汰外，对能耗高、环境影响大的小型加工机组、优质原矿外卖矿山等，坚决予以淘汰，积极鼓励矿山采用低能耗、安全性强且环境污染小的输送带进行矿产品短途运输。

（1）矿山规模结构调整。规划期内全市矿山总数控制在 255 个以内；全市建筑石料矿山总数控制在 71 个以内、核定年生产规模总量到 6320 万吨左右；全市的大、中型矿山比例达到 70% 以上。

（2）非金属矿产品结构调整，提出进一步提高普通建筑石料、黄砂等乙类矿产资源利用率；加强石灰石、膨润土、石英砂岩等产业化程度较高的优势矿产的保护性、深度化开发；以产品升级为导向，提高硅灰石、方解石（大理岩）等特色优势矿产的开发利用水平；鼓励矿泉水、地热等对环境影响小的资源开发。

（3）采选企业技术结构调整，提出所有采矿企业应及时进行技术改造，采用新技术、新方法、新工艺，提高矿产资源开发利用水平。露天开采的建筑石料和石灰岩等矿山严格采用自上而下台阶式分层开采，潜孔钻中深孔爆破，并进一步提高矿山的机械化作业水平，做到规模化开采，工厂化运作、生态化生产。建筑石料矿山进行技术改造，采用先进的开采设备和加工工艺，以提高资源利用率和产品附加值。

（4）矿产资源开采准入条件。规定新建矿山实行严格准入制度。新建矿山必须符合矿产资源规划分区；矿山必须经过地质勘查并达到相关矿种准入条件规定的勘查程度；矿山占有资源储量必须与生产规模与服务年限相适应；矿山必须具有独立的法人资格并且有与其规模相适应的注册资金和技术人员配备；必须按照绿色矿山标准进行建设；不得凹陷开采；严格执行环境保护、安全生产等相关规定和要求；新建矿山必须达到规划确定的最小矿山规模。

第四，提高矿产资源利用效率。优化矿山布局，实现资源转型。大型普通建筑石料矿布局调整和设置采矿权时，必须与土地利用、低丘缓坡开发、城市建设规划相结合。即矿产资源向土地资源、景观资源转变；优矿优用，综合利用。甲类矿产以优矿优用和资源综合利用为核心。石灰岩资源分布区，要求灰岩（大理岩）用于脱硫冶金辅料、轻重钙粉制造等，严禁优质石灰岩用于普通建筑石料生产。膨润土应根据不同品质和理化性能分采分用，并做好综合利用低品位矿。石英砂岩重点做好伴生的耐火黏土资源的综合利用。明确目标，提升利用水平。规划末期露采矿山开采回采率不低于 95%，硐采矿山不低于 80%；资源综合利用率达 92% 以上。要求采选企业“三废”达标排放，推动废弃矿渣在建筑石料、填方用料、复垦用土等方面的利用，结合新型墙体材料生产和水泥掺烧新工艺，加强选矿尾矿砂的综合利用实现无尾矿生产，矿山废水要求处理后循环使用。

矿山“三率”（采矿回采率、采矿贫化率、选矿回收率）直接反映了矿产资源回收利用水平。我国“三率”水平普遍偏低，相对于金属类，非金属类要高出许多，但仍然不能达到“吃光榨尽”水平。可喜的是，在本轮规划期末，湖州绝大多数绿色矿山都达到了 95% 以上，甚至 100%。

矿业权市场建设在第三轮规划中单列成章，这是湖州第二轮规划全面实行矿产资源有偿使用后进一步规范矿业权市场的需要。

1. 规范矿业权市场机制，建立健全矿业权出让制度。根据国土资源部和浙江省国土资源厅关于建立健全矿业权有形市场的统一部署和要求，进一步完善采矿权市场并加强采矿权二级市场的管理，加快推进探矿权市场，形成统一、开放、竞争、有序的矿业权市场体系。提出充分体现：“有序有偿、供需平衡、结构优化、集约高效”的原则。发挥市场机制促进资源勘查开发，体现国家对矿产资源的所有权。

2. 科学合理设置投放采矿权。按照政府调控与市场配置相结合的原则，在加强矿产资源登记、统计工作和市场供求分析基础上，以生态市建设为要求，按照规模化开采、工厂化运作、生态化生产的思路，在提高矿山生产规模、合理矿山布局的同时，进一步大力压缩矿山数量，实现供需基本平衡，稳定和提升矿产品价格，提高开发利用水平，维护各方权益。

第三轮规划实施期间，2011 年 10 月，湖州市机构编制委员会办公室印发《关于设立市矿业权交易中心的批复》，11 月，印发《湖州市矿业权交易管理工作细则》，湖州建立湖州市矿业权交易中心，实现市、县矿业权同一平台交易。2014 年 6 月出台《湖州市矿业权网上交易有关制度》《湖州市矿业权网上交易的公告、须知、成交确认书等格式文本》的文件，湖州市县矿业权实现网上交易。

非常值得一提的是第三轮规划明确提出“生态优先”，提出“合理开发利用矿产资源、坚持预防为主、防治结合方针，依靠体制创新、科技创新和管理创新，建立矿山勘查、开发全过程的地质（生态）环境保护与治理管理体系，全面创建‘绿色矿山’，有序安排未治理废弃矿山的治理工作，确保不负新账，逐步还清老账，最大限度地减轻矿业活动对生态环境的破坏，最大限度地提高矿山生态环境治理的综合效益”；建立矿山地质（生态）环境保护与治理恢复的长效机制，建立矿山生态环境保护与治理管理体系，制定实施方案，全面实施矿山自然生态环境保护与治理规划。建立和完善矿山自然生态环境，矿山地质灾害监测信息网络系统，对采矿活动诱发的水资源污染、水土流失和矿山地质灾害及时采取有效防治措施，严格实行矿山自然生态环境治理责任制。

第三轮规划除生态优先外，全面创建绿色矿山和建立矿山勘查、开发全过程的地质（生态）环境保护与治理管理体系，都是新的概念和新的提法。而此时，全国的绿色矿山创建尚在试点阶段。

把创建绿色矿山的理念贯穿矿业开发始终。生产矿山的地质（生态）环境保护与治理恢复的重点是：“边开采、边治理、边复绿”，在采选活动中，要求全面落实加工机组封闭、完善除尘措施、矿山道路硬化、废水处理、清水回用、淤泥干化利用等治理措施，减轻对周边环境影响，重申开采方式科学化、资源利用高效化、企业管理规范化、生产工艺环保化、矿山环境生态化标准。在原五化的基础上，创新提出全面建设绿色矿山的九个基本条件：依法办矿、规范管理、综合利用、技术创新、节能减排、环境保护、土地复垦、社区和谐、企业文化等，实现规范开采，保护环境，节约资源，服务经济转型和社会发展要求。将绿色矿山创建作为新建矿山的准入条件之一，要求凡具备绿色矿山创建条件的矿山都必须按要求创建绿色矿山，至“十二五”期末，基本形成全市绿色矿山格局。

图 2–3　国家级绿色矿山——湖州新开元碎石有限公司全景

矿地融合开发也是创新，矿地融合开发利用是矿产资源和土地资源综合开发利用，矿山布局、开采设计，不仅仅是矿产资源开采利用，还要与未来土地利用相结合。特别是废弃矿山治理，更要体现这一思路，废弃矿地综合利用对具有土地开发利用潜力的矿区进行综合治理活动，是湖州在废弃矿山治理中的一个创新实践活动（第五章有专门介绍）。2013 年 4 月，湖州工矿废弃矿地复垦利用试点工作方案经省政府报原国土资源部，2014 年 10 月，湖州被列为“国土资源部工矿废弃地复垦利用试点”。

第四节　可复制的绿色矿业示范区

第四轮规划是湖州矿业全面走向高质量发展的决胜时期。湖州提出的几个目标让人瞠目。十五年实践积累，湖州底气十足。

这些目标是：第一，废弃矿山生态修复全部清零。湖州历史上共有 400 多座废弃矿山，从 2002 年底开始，湖州像蚂蚁啃骨头一座座地治理，到第三轮规划结束，还有 128 座废弃矿山需要治理，其中两路两侧重点区域需治理矿山 56 座。

第二，规划期内绿色矿山建成率达到 100%。

第三，实施绿色矿山建设标准化工程。凭借多年绿色矿山建设的坚实基础，要使绿色矿山建设纳入标准化行列——制定地方标准。

第四，启动国家级绿色矿业发展示范区建设。到 2020 年，要将湖州建成全国矿业领域生态文明建设的样板区、矿区环境修复的试验区、资源合理利用和先进技术装备运用的展示区、生态保护和矿地和谐的模范区、资源开发与经济社会协调发展的先行区。形成一套可复制、可推广、可移植的绿色矿业发展建设“湖州经验”。

第四轮规划在第三轮全面实施绿色矿山基础上，提出了“国家级绿色矿业发展示范区建设”。

前景是光明的，道路是艰辛曲折的。但世界上没有哪座山会比人高，湖州已经准备好了，必须完胜！

在第三轮规划实施期间，2012 年，浙江省出台了《矿产资源规划编制实施办法》；2013 年出台了《浙江省矿产资源管理条例》；2014 年《浙江省湖州市生态文明先行示范区建设方案》获得国务院批准，国家发改委、财政部、国土资源部、水利部、农业部和国家林业局等六部委联合下发了《关于印发浙江省湖州市生态文明先行示范区建设方案的通知》；2015 年浙江省国土资源厅下发了《关于做好第三轮市、县矿产资源规划编制工作的通知》。根据上述法律文件以及湖州发展方向和目标，湖州开始编制第四轮矿产资源规划，并于 2017 年获得批准实施。

第四轮规划目标有较大的调整，这是与国务院原则同意《浙江省湖州市生态文明先行示范区建设方案》的思路与框架和国家发改委等六部委要求将《方案》实施纳入长江三角洲地区区域合作协调机制，探索生态文明建设与经济、政治、文化、社会建设高度融合的实现路径有密切关联。

《湖州生态文明先行示范区方案》指出，近年来，湖州深入实施“生态立市”战略，在产业转型升级、节能减排、太湖水环境综合治理、美丽乡村建设等方面走在全国前列，“十一五”期间超额完成浙江省人民政府下达的节能减排任务，入湖河流断面水质连续五年全部保持 III 类标准，初步探索了一条经济社会发展与环境保护相互促进的发展新路。

在这个基础上，《方案》提出的建设目标是：“到 2015 年，生态文明建设取得显著成效。人均地区生产总值达到 8.3 万元，服务业增加值占地区生产总值比重达到 42%；单位地区生产总值能源消耗和二氧化碳排放分别较 2010 年下降 19.5% 和 21%，化学需氧量、二氧化硫、氨氮和氮氧化物排放总量分别较 2010 年减少 11.1%、13.6%、12.5% 和 16.7%；年用水总量不超过 19 亿立方米，万元工业增加值用水量较 2010 年下降 25%，水功能区水质达标率不低于 71%，入太湖断面水质全部达标，城乡生活垃圾全部实现无害化处理；森林覆盖率提高到 51.5%。”

到 2020 年，生态文明建设水平全国领先。符合主体功能定位的开发格局基本形成，绿色产业体系初步建立，城乡一体化发展基本实现，全社会生态文明理念明显增强，单位地区生产总值能耗和主要污染物排放总量大幅下降，形成可复制、可推广的生态文明建设“湖州模式”。

《方案》在主要任务中，强调推进绿色矿山建设。要求“严格实施矿产资源规划，优化矿山布局与结构，深入推进矿产资源开发整合，全域推进绿色矿山建设，不断提高矿山建设标准和水平，推动矿产资源高效利用、矿山节能环保和矿地和谐，切实转变资源利用方式，引领传统矿业转型升级，积极创建国家绿色矿山示范区，新建矿山严格按照绿色矿山标准进行规划、设计和建设，既有在产矿山加快改造、提升为绿色矿山，到 2015 年，绿色矿山建成率达到 70% 以上”。

“推进国家工矿废弃地复垦利用试点，到 2015 年，废弃矿山恢复治理率达到93%；力争到2020年，废弃矿山恢复治理率提高到97%。在水土条件良好的宜耕废弃矿地垦造耕地1.50万亩，在宜林的山区矿地复绿造林1.05万亩。”

《方案》在优化能源结构、节约集约利用土地、合理利用水资源、大力发展循环经济、构建自然秀美的生态环境体系、实施清洁水，清洁空气和清洁土壤行动、加强传统生态文化保护与发展、构建系统完整的制度保障体系，以及大力推进示范工程：农村人居环境改善、水生态文明建设、绿色生态屏障建设、绿色出行系统建设、绿色农产品基地建设、节能环保产业基地建设、乡村旅游发展、绿色生态城建设等诸多方面，对矿产资源开发、绿色矿山建设也提出了相关要求，成为第四轮规划修编的重要依据。

第四轮规划重点是绿色矿山创建实现了华丽转身——国家“绿色矿业发展示范区”建设，全域建设绿色矿山；继续推进国家工矿废弃地复垦利用试点。

第三轮规划实施至2015年，湖州矿业经济基本实现了绿色发展，开采总量得到合理控制，效益不断提高，采选业总产值75.04亿元（其中采选业直接生产总值21.3亿元），非金属矿物制品业总产值为282.10亿元，分别占规模以上工业总产值的1.84%、6.91%，在全市33个主要工业门类中分别占第17位和第4位。2015年全市规模以上非金属矿采选业利税12.26亿元、利润6.18亿元，分别占规模以上工业利税和利润的比例为3.1%和2.44%，均高于浙江省平均水平。矿山布局更趋合理，矿山总数61个，比2009年的328个减少267个；矿业结构优化，56个固体矿山，大中型矿山51个，占91.1%，平均规模为130.3万吨，规模效益、集约利用成效明显；矿山生态环境明显改善，全域推进矿业绿色发展，累计建成绿色矿山63个，完成废弃矿山生态修复308个，复垦矿地3.5万亩，矿山开采秩序更加规范有序。基本完成了第三轮规划主要目标任务。但是，第三轮规划在实施中存在的主要问题是：矿山生态环境问题依然存在；矿地综合利用水平有待提高；矿业转型升级有待进一步加强。

随着经济发展步入新常态，增速趋缓，更多注重提质增效，经济建设对砂石土类矿产资源需求趋于平缓，以建筑石料、水泥用灰岩等建材类矿山为主的湖州矿业，将会面临需求总体趋于平缓的局面。湖州建材类矿产资源丰富，保障程度高。第四轮规划进一步分析提出“十三五”矿产资源管理总体基调是“从严从紧、依法依规”“生态优先、总量压缩、自用为主”，普通建筑石料控制规划期内年平均规模约4700万吨；石灰岩规划期内年平均消耗约2000万吨；其他固体矿产规划期内年需求量在300万吨左右。

第四轮规划提出了以“四个全面”战略布局为统领，以创新、协调、绿色、开放、共享五大发展理念为引领，以“八八战略”为总纲，按照湖州市国家生态文明先行示范区建设总体要求，坚持“生态优先、总量压缩、自用为主”“从严从紧、依法依规”，围绕着“近期减点控量，远期全面关停”的总体目标，以转变资源利用方式，推动矿业转型转业（注意，转业的概念首次提出）及绿色发展为主线，以国家绿色矿业发展示范区建设为平台，积极推进国家工矿废弃地复垦利用试点工作，走出湖州特色的“环保建矿、科技强矿、生态美矿”的绿色矿业之路和“转型升级、综合利用、产业融合”的绿色发展之路。

第四轮规划坚持生态优先，统筹保护开发；坚持以经济社会发展需求为导向，增强资源保障；坚持节约集约，促进高效利用；坚持改革创新，推动转型升级；坚持从严从紧，依法规范。相比之下，本轮规划更加务实，更加贴近实际。在以经济社会发展需求为导向中，强调“围绕建筑石料和石灰岩的勘查开发，以多赢效益、资源转型、有效供给为原则优化空间布局，提升开发和保护水平，增强矿产资源的供给保障能力”；在坚持节约集约，促进高效利用中，强调“落实生态优先战略，牢固树立节约集约循环利用的资源观，提高节矿标准，倡导合理用矿，加强废弃资源综合利用，以资源利用方式转变推动绿色发展”；在坚持改革创新，推动转型升级中，强调“找矿、开矿和治矿各个环节加强新技术、新方法的应用，增强科技创新的支撑作用，鼓励企业开展技术创新和智能化生产加工，优化和延伸产品链条，全面建设绿色矿山”；在坚持从严从紧，依法依规中，强调矿产资源管理要“阳光矿政，诚信监管”。

与第三轮规划相比，第四轮规划目标更符合湖州经济社会实际。一是矿业开发总量调控更合理。到2020年，矿业总产值预期达到22亿元。上轮规划为31.62亿元；固体矿产矿山数量控制在48个以内（其中，建筑石料矿山数量控制在27个以内）。年开采总量控制在6706万吨（其中，建筑石料年开采总量控制在4406万吨）。上轮规划中，固体矿产开采总量为9320万吨，其中建筑石料为6320万吨。二是全域建设绿色矿山。到2020年绿色矿山建成率达100%。省级及以上绿色矿山数量占全市绿色矿山总数的60%以上。三是全面完成《浙江省矿山生态环境保护与治理规划（2016—2020年）》明确的128个矿山生态环境治理任务，实现矿地综合利用；四是矿山布局和矿业结构更优化。到2020年，经营性矿山全部集聚在开发区，建筑石料、石灰岩和膨润土开发基地布局更合理，大中型矿山比例达到92%以上。五是矿山开发利用水平更高。到2020年，全市所有矿山矿产资源开发利用工艺、技术和设备符合矿产资源节约与综合利用鼓励、限制、淘汰技术目录的要求，露天矿山开采回采率达到100%，资源综合利用率达到99%，矿山固废处理率100%，废水循环利用率100%，粉尘达标排放。六是矿产资源开发秩序更规范。矿业权市场体系更完善，矿地和谐，实行将采矿权出让制度。

第四轮规划对禁采区（含禁采地段）概念的内涵做了定义，而且还对外延做了明确，在前三轮规划中，都只是对一些区域或地段作了限定，而没有对禁采区做概念上的描述。如第一轮规划："①市级和市级以上风景旅游区、文化遗址或景观、景点相对集中，有利于旅游发展的地区；②重要地质遗迹；③重要公路、旅游线路两侧直观可视范围内；④国家规定不得开采矿产资源的其他地区。"又如第二轮规划："对生态环境具有不可恢复的影响，矿产资源开发应当避让的地区；市级及其以上的旅游、环保、交通、水利、城乡建设、林业、水资源保护区等相关规划中需要保护的地区；铁路、高速公路、国道、省道、航道等主要交通干线两侧直观可视范围，一、二级城镇规划区周边直观可视范围；重要地质遗迹保护区；军事禁区；国家规定不得开采矿产资源的其他地区，属于国家政策或上级规划确定的禁止开采矿种。"再如第三轮规划："禁采（保护）矿种分布区、地质灾害危险区、基本农田保护区、自然保护区、森林公园、地质公园、旅游度假区、地质（矿业）遗迹保护区、历史文物名胜古迹所在地、军事要地、城镇规划区以及水源地、公墓园区及其周边地区。禁采地段是指相关法律、法规明确规定的交通干线、通讯光缆、高压线路、河流（河砂开采除外）等线型分布的禁采范围。”

第四轮规划明确禁采区：“规划禁采区是指在规划期内根据相关法律法规、国家产业政策、经济社会发展及资源环境保护的要求获国家特殊需要等，受经济、技术、安全、环境等多种因素的制约，禁止进行矿产资源开发的区域或地段。”“规划禁采区主要包括湖州市自然保护区、风景名胜区、饮用水水源保护区、森林公园、Ⅰ级保护林地、国家级生态公益林、地质公园、地质（矿产）遗迹保护区、旅游度假区、历史文物和名胜古迹所在地、军事要地、城镇规划区等国家和地方不得开采矿产资源的范围。”“禁采地段包括国省道公路、铁路、航道两侧可视范围及其他线型设施两侧一定距离以内国家和地方规定不得开采矿产资源的范围。”

在这一概念下，第四轮规划还对禁采区做了四项禁止性规定，这一强制性规定也是历次规划中所没有的。“自然保护区内禁止从事任何采矿活动；自然保护区外除矿山生态环境治理、地质灾害治理或在工程红线范围内的建设项目等经批准的工程，涉及矿产资源开采可设置采矿权外，禁止任何固体矿产开发活动，地热、矿泉水等液体矿产的开发利用须经严格论证，并征得相关部门同意。禁采区中，自然保护区核心区和缓冲区内禁止从事采矿活动，自然保护区试验区禁止从事除财政全额出资以外的探矿活动；其他禁采区，禁止新设商业性固体矿产探矿权，已设商业性固体矿产探矿权有序退出。一般的基础性地质调查研究工作不受禁采区的限制。”规划设置之严密、态度之强硬、力度之强势，既让人们感受到了在三轮规划十五年实践中，局部利益与生态环境保护激烈冲突，由此不得不采取最严厉的制约，也让人们深刻体会到开发与保护逐步走向协调的艰辛。

与禁采区一样，第四轮规划对规划开采区概念定义也做了明确：“规划开采区是指有查明储量的矿产地，并有一定的开发前景且经济技术条件较好；矿产品有稳定的市场需求，已形成规模开采或具备规模开发的基础；资源开发对自然生态环境影响较小，或虽有影响但采后易于治理的区域。”相比较，这个定义更清晰，也易于把握。例如第三轮规划提到的“有稳定的流向和所依托的后续加工产业”，已包含在“矿产品有稳定的市场需求”之中；又如“具备资源利用方式从粗放型向集约型转变的条件”，这层意思除了已包容在指导思想中，而且作为一个基本条件，实践中也不易把握，容易流于形式。

第四轮规划首次提出了区块的概念，采矿权设置区块，在以往规划中是没有的。“开采规划区块是指为指导采矿权设置所划定的规划开采空间单元。一个开采规划区块即为一个拟设采矿权矿区范围。规划期间拟设置的普通建筑用砂石黏土矿采矿权必须预先设置开采规划区块。”湖州市本级规划分区和开采规划区块设置区划结果作为附件列入规划，更显具体。市本级划定为 3 个禁采区，总面积 304.27 平方公里，较上一轮规划禁采区面积增加了 12.3%；4 个小开采区，是省级规划中石料开采区的主要组成部分，总面积 18.49 平方公里，与第三轮规划相比，开采区面积减少 17.31%。规划禁采区和开采区以外的区域为限采区，面积 1245.65 平方公里。

规划以四款原则划定采矿权区块：满足需求原则。即开采规划区块划定须充分考虑区域性的资源需求与资源有效供给的辐射半径等因素，其资源储量、年开采量和服务年限应能有效满足区域资源需求，确保供需平衡；因地制宜原则。开采规划区块划定须综合考虑资源赋存状况、环境承载能力、区位与交通运输条件、周边环境条件及社企和谐等因素，反复比较，择优选取，做到因地制宜；科学合理原则。开采规划区块划定须严格遵循规划分区管理原则，按照资源合理开发利用、矿山生态环境保护、安全生产以及矿地综合利用等要求，进行科学论证，合理划定区块范围；统筹兼顾原则。开采规划区块划定须进一步论证矿产资源置换土地资源的可行性，统筹考虑最终境界和宕底标高、土地利用现状以及今后利用方向等因素，兼顾资源开发与土地利用、地质灾害和安全隐患消除，区域发展等各类效益。

上述划分原则实质上是对规划开采区按照矿山范围的进一步细分，使矿业权的设置更加科学合理深度安排。在这些原则指导下，又规定了区块划定的条件，选址须充分考虑环境效益，优先考虑可夷平式开采的区域及其他资源转型效益明显的区域；区块范围的划定必须根据地形地貌特征和地面附着物的分布情况、权属情况等有利“净矿”出让、有利尽量少留边坡、有利矿山的合理开发作业布置、有利矿山地质环境的恢复治理、有利矿地资源的综合利用。区块范围应根据模拟最终境界划定。这样为建设绿色矿业示范区奠定了先决条件。

矿山准入条件和第三轮规划相比，更加细化和准确，为严格管理提供了方便。共五条：资源储量条件。规定：新建矿山占用资源储量必须经过地质勘查，提交的资源储量报告必须经过评审、备案和登记；矿产资源储量规模和矿山规模相适应。开采规模条件。规定：经营性建筑石料矿山最小开采规模不小于 50 万吨 / 年；水泥用灰岩矿山最小开采规模不小于 100 万吨 / 年。规划布局条件。规定：矿山布局必须符合本规划分区要求，坚持生态环境保护优先；必须与居民点、工厂等建筑物和公路、输电线路等公共设施保持足够的安全距离；禁止在主要交通干线视觉范围内正面直接进行矿山开采作业。资源利用效率条件。规定：编制的矿山开采设计或开发利用方案，设计指标应符合资源实际，不得低于国土资源对相应矿种的最低要求；石灰岩资源勘查开发实行“优矿优用”，氧化钙大于或等于 45% 的，严禁作普通建筑石料开采。环境保护和安全生产条件。规定：矿山企业必须履行环境影响评价审批、环境保护和安全措施“三同时”手续，按规定编制矿山地质环境影响评价报告（表）、矿山地质环境治理方案、矿山安全生产评价报告等，按规定缴纳矿山自然生态环境治理备用金。露天开采矿山必须按照自上而下台阶式开采。对拟出让时间较长的矿山，采取自上而下划界，分段出让的方式进行出让，保证自上而下台阶式开采的基本条件……这些条件的设定，无疑抬高了新建矿山的门槛，对于全面实行绿色矿山建设，保证国家级绿色矿山先行示范区的顺利展开，具有极其重大的意义。

矿产资源开发利用管理不乏创新。在采矿权市场建设中，提出了“净采矿权出让制度”，“净矿”出让是湖州加强矿业权市场建设的创新。“净矿”出让其本质就是要求政府主动作为，以用林用地有保障无干扰无阻碍无纠纷地顺利进场勘查开采作业为标准。凡出让前期政策处理不到位的，不予出让。“净矿”出让，既能有效保护国家所有权，也兼顾了矿业权人和当地群众的合法权益。

在矿产资源开发监督管理中，也有创新。湖州提出阳光矿政、智慧监管和信用矿山。矿产资源监管采取“矿产资源储量消耗实测、矿产资源开采督察、矿山企业信用监管”办法，加强矿山企业和工程项目开采情况的定期监测和动态实测，严控开采的总量和节奏；建立矿山开采视频监控系统、矿山粉尘在线监测系统；为进一步加大对违法开采打击力度，提出“纵向到底、横向到边、任务到矿、责任到人”的监管责任体系，切实做好“一矿一人一册”工作，及时掌握矿山开采动态；提出了加强采矿权人信用监管，建立采矿权人信用机制等。

国家级绿色矿业发展示范区建设是重头戏。湖州是全国第一个以地级市为单位的生态文明先行示范区，也是《全国资源型城市可持续发展规划(2013—2020年)》明确的资源型（成熟型）城市之一，在上两轮规划绿色矿山建设的基础上，结合湖州自身特点，提出了国家级绿色矿业发展示范区建设，全域建设绿色矿山。按照规划设计，到2020年，湖州将建成全国矿业领域生态文明建设的样板区、矿区环境修复的试验区、资源合理利用和先进技术装备展示区、生态保护和矿地和谐模范区、资源开发与经济社会协调发展的先行区。为了实现上述目标，第四轮规划做了具体安排。

1. 全面提升绿色矿山建设水平。全域推进绿色矿山建设，核心是绿色矿山标准化。新建矿山必须按照绿色矿山标准进行规划、设计和建设，依法执行环境影响评估制度。采矿权人应向国土资源管理部门提交经过评审论证的矿产资源开发利用、矿山生态（地质）环境恢复治理方案、矿山土地复垦方案、环境影响评价报告（表）等。新建矿山环保基础设施、水土保持设施和安全设施要与矿山建设同时设计、同时施工、同时投产。采矿权人应与国土资源管理部门签订矿山生态（地质）环境治理责任书，同时缴纳矿山生态环境治理备用金，承担矿山生态治理责任。

生产矿山要加快转型升级建设，达到并提高绿色矿山标准。基本要求是：开采方式科学化：露天矿山应采用自上而下分台阶开采，中深孔爆破，并进行粉尘控制，严格控制开采面高度、坡度和台阶高度；资源利用高效化；企业管理规范化；生产工艺环保化：采用湿式作业、输送带实行加罩封闭、加工机组实现全封闭、安装除尘装置、废水处理、清水回用、淤泥干化利用等；矿山环境生态化：场地和道路全部硬化、轮胎冲洗、矿山启用城市智能渣土车、石料运送下船安装套筒升降式输送装置，并配备有喷淋和洗尘设施、矿山边开采边治理。

根据上述标准，到2020年全市绿色矿山建成率达100%；省级以上绿色矿山数量占全市绿色矿山总数60%以上。

2. 全面优化矿业布局结构。规模结构调整：到2020年全市大中型矿山比例达到92%以上，省百强矿山企业达到14家以上。从三个方面实现产品结构调整：鼓励和扶持建设大型矿山企业，采用先进开采方式和生产工艺，优矿优用，开发高附加值矿产品；加大矿泉水、地热的开发力度，打造名水品牌，提高知名度和经济效益；延伸矿产品产业链，抓住新兴建筑产业化的发展契机，依托建筑材料类矿山重点发展以预制建筑构件为中心的新兴建筑产业链，促进产业转型升级；技术结构调整：鼓励引导矿山企业加大技改投入，推进技术创新，采用国内外先进适用技术和设备，提升矿产资源开采加工水平，实施安全标准化管理，提高矿产品附加值，综合利用剥离物、共伴生矿、尾矿、废渣等，循环利用废水，达标排放废气。到2020年全市所有矿山矿产资源开发利用工艺、技术和设备符合矿产资源节约与综合利用鼓励、限制、淘汰技术目录的要求，开采回采率达到100%，资源综合利用率达到99%；固废处置率100%，废水循环利用率100%，粉尘达标排放，万元矿业产值能耗、水耗、建设用地面积均低于同期全国工业平均水平；在矿产资源开发利用方面取得20项以上专利成果；矿产资源开发利用总体水平在同类矿产中领先。

3. 全面推进矿山生态环境修复。对于生产矿山，基本沿用上轮规划要求，边开采、边治理、边复垦；对于废弃矿山，计划治理128个废弃矿山，重点是“两路两侧”重点区域56座废弃矿山生态修复。在具体操作上提出，要结合国土资源部工矿废弃地复垦利用试点，创新机制，加大投入，遵循“宜耕则耕、宜林则林、宜建则建、宜景则景”的原则，因地制宜，分类治理。

4. 稳步推进工矿废弃地复垦利用工程。主要是对各区县的重点任务及项目做了比较具体的安排。对于预期可能复垦的土地做了评估：可形成建设用地约计4000公顷。

5. 增强矿业开发对区域经济社会发展的支撑力。提出要结合建筑科学进步，突出建筑产业化和土建产业化对建设原材料的更高要求，适应当前经济社会对新型建材的需求，进一步扩大资源优势区域矿业经济规模，延伸产业链条，优化升级产业结构，打造开发利用基地升级版，推进太湖南岸地热资源勘查开发。

图 2–4　吴兴区东林镇原华阳矿治理后，变身花卉种植基地

6. 构建完善绿色矿业发展长效机制。提出要总结示范区建设经验，形成可复制、可推广的一套绿色矿业发展制度和一个绿色矿山建设标准。

第四轮规划进一步强化规划的法律地位，推行矿产资源管理目标责任考核。强调"《规划》确定的约束性指标，具有法规效力，应逐年推进，并分解落实到各县（区）、各部门，纳入绩效考核"。强调信息化管理，加强信息系统建设提高管理效力。要求充分利用数据库平台，数据联网，整合矿山开发利用数据逐步建立起集矿业开发数据信息、地理信息、矿山实时视频和定期遥感影像等为一体的信息系统，及时高效地进行矿山管理。从法理上讲，规划是具有强制力的。但在现实中，"规划跟着领导走"屡见不鲜，一任领导，一个思路，贻误了很多发展机会。湖州矿产资源管理改革之所以取得成功，一个重要经验就是一个规划管到底；一任接着一任干。

第三章　施政篇：一任接着一任干

一张蓝图绘到底，一任接着一任干，保障了目标的一致性和政策的连续性，是湖州矿产资源管理制度改革创新的基本经验。在充分尊重湖州实践前提下，自然资源部、省自然资源厅给予湖州很多及时、有效的引导和支持，是湖州矿产资源管理制度改革创新的重要保障。

从 20 世纪末的 1999 年湖州实施《湖州市矿产资源保护和开发利用规划（1999—2015 年）》算起，湖州绿色矿业发展探索已 20 年，历经沟沟坎坎，却硕果累累，盘点成就的过程总是欣喜的。但是，今天的所有成就在当时都是一道道难题：有些是前人留下的，需要后人解决；更多的难题却是“自找”的——因为要前行，就要充分预期到未来会有许许多多的可能和不可能。一旦问题出来，就要有人担当，担责。

改革创新好比登山，没有哪座山比人高。问题是，如果你不去登山，永远在山脚下徘徊，那么就永远达不到山的高度。爬山要有路径，没有路径就要逢山开道，遇水搭桥，还要讲究方法。同样是爬山，拙劲和巧劲的结果是不一样的，最后是坚韧不拔的信念。开弓没有回头箭，游移不定，半途而废都不足取。

湖州矿产资源管理制度改革创新的成功，是市委、市政府坚持一张蓝图绘到底，一任接着一任干的结果。湖州矿产资源管理制度改革创新，没有市委、市政府的坚强领导，没有相关部门的通力协作，是很难取得成功的。回望过去，几乎每到湖州绿色矿业发展探索的关键节点，都会看到市委和市政府的坚强领导。

本章共四节，介绍湖州市出台的矿产资源管理政策、制度，从中可以看到湖州市委市、政府对绿色矿业发展的坚强领导。绿色矿山创建和废弃矿山治理方面政策是湖州矿产资源管理改革创新的重要内容，本书在第四、五章专题描述，这里不再赘述。

第一节　整治：不待扬鞭自奋蹄

1999 年 5 月，《湖州市矿产资源保护与开发利用规划（1999—2015 年）》获得批准并实施，标志着持续 20 年的矿产资源管理制度改革创新扬帆启程。

第一轮规划的核心内容是“规划分区”，提出这一创新理念的法律依据，是《中华人民共和国矿产资源法》等国家四部重要法律法规以及国务院在全国矿业秩序整顿后发布的三个文件，即《矿产资源勘查区块登记管理办法》《矿产资源开采登记办法》和《探矿权采矿权转让管理办法》。

当时，全国矿业秩序整顿刚刚结束，国务院三个管理办法正在试行。始于八十年代中期的矿产资源勘查、开采登记管理工作，反映了当时历史条件下矿业开发的需要。随着经济形势的改变，很多缺陷和弊端逐渐显现出来，要使“统筹规划、合理布局、有效保护和合理开发矿产资源”这个基本方针得到贯彻落实。这次换证绝不是“以旧换新”，而是要“旧貌换新颜”：改变以往落后的开发状况和管理水平，转向适应社会主义市场经济发展需要的、高水平的开发管理；换证只是手段，它必须与有效保护和合理开发利用资源紧密联系在一起，贯彻节约资源的方针，要对矿山企业的资质和开采方案进行审查，只有达到一定的规模、一定的生产技术水平和资源利用水平的矿山企业，才能换发新证；对于达不到条件的矿山企业一律不得换发新证。要通过换证工作，取消一批生产力落后、资源利用水平低的矿山企业，充分发挥骨干矿山企业的优势和作用，实现有效保护和合理开发利用资源的目的。这个思路的核心点是：保护与合理开发利用矿产资源；矿山保优汰劣。至此，以换证为契机，将无序开采的矿山、矿点梳理、整合、关闭，实行分区管理，就顺理成章了。

湖州“‘九五’计划和2010年远景目标纲要”认为，经济总量依旧偏小，结构不尽合理，发展方式粗放，是制约湖州经济发展的主要问题。“纲要”同时认为，湖州南太湖旅游资源丰富，依托南太湖和莫干山国家风景名胜区开发旅游经济，前景非常看好。《纲要》提出：“九五”期间，湖州要实现从计划经济向社会主义市场经济转变；经济增长方式从粗放型向集约型转变；要以科技进步、规模经营、优化结构、科学管理为重点，加快技术创新、组织创新和机制创新，促进产业升级；要加快开发旅游业，重点开发小梅口旅游度假区、湖州南部、天荒坪、莫干山风景名胜区和顾渚山、南浔旅游区……无论是宏观的转变，还是微观的建设、改造和整治，矿产资源管理“规划分区”制度的设立无疑是一个重要举措：规划禁采区，就是以法律的名义，禁止在这一区域内从事勘查和采矿作业，从而使这一区域内的设施、历史遗存和自然景观得到有效的保护；规划开发区就是通过科学论证，通过集聚的途径，实现矿业布局和矿业结构的调整，实现产业升级换代，最大限度节约资源和保护环境；规划限采区，就是在一定区域和时限内，通过有效控制产能，使企业逐步退出该区域，进而使生态环境得到有效保护。所以说，“规划分区”是湖州推进矿山综合整治的重要抓手，要实现分区管理必须要有政策支持。

政策引导——实践创新——总结规范——制度创新——指导实践，是贯穿于湖州矿产资源管理制度改革创新逐步走向深入的路径，政策文件是一条保障线。湖州第一轮规划，不仅有新的理念——规划分区，还有新的制度——备用金制度（当时的提法是矿山治理保证金），以及新的机制——鼓励机制，等等。一年后，即2000年4月，这些创新精华被《浙江省矿产资源管理条例》所吸收，这不单单是一种肯定，更使该规划的权威性得到提升，使其进步的理念在更大范围传播。《条例》第六条规定：“探矿权、采矿权可以通过行政许可、招标投标或者拍卖等方式有偿取得”；第八条规定：“编制矿产资源规划应当坚持开发与保护并重的原则，正确处理矿产资源开发利用与经济发展、其他自然资源利用和生态环境保护的关系，合理控制矿产资源开发总量，优化矿业结构，提高矿产资源利用水平”；第九条规定：“矿产资源规划应当划定本行政区域的规划禁采区、规划限采区和规划开采区的具体范围，并予以公告”；第十六条规定：“矿山开采规模应当与矿产资源状况相适应，严格限制小型矿山企业的发展，鼓励和扶持矿山企业规模化、集约化经营，确保矿产资源合理利用”；第二十三条规定：“露天开采石矿、石灰石矿等矿产资源，必须严格按照批准的开发利用方案和采矿设计建立开采台阶，采剥作业必须遵守由上而下，分水平开采的原则”；第二十四条规定：“采矿权人应当在领取采矿许可证的同时与地质矿产主管部门签订矿山自然生态环境治理责任书，并分期缴纳治理备用金，治理备用金应当不低于治理费用”；等等。

湖州矿产资源管理制度改革创新的思路是非常清晰的：目的就是要给人们创造一个舒适、幸福的工作和生活环境。要达到这个目的，就要对现有的矿山布局和矿业结构进行科学的调整，由此实现产业升级和转型，并在这个基础上提升经济效益，降低生产成本，最大限度地节约能耗，降低污染排放。实现上述这些目标，首先要改变固有的与生产力发展不相适应的旧观念、旧体制、旧机制。所以，从改革伊始，湖州市委、市政府就牢牢抓住这个关键环节，从体制创新、机制创新和制度创新入手，强有力的推动改革前行。

在矿产资源管理体制创新上，湖州不仅是全国规划编制试点市，而且还是国土资源部党组的工作联系点。湖州的每一步实践和探索，都必然与国家层面有所联系。同时，湖州为继续深化矿业秩序整顿成果，协调各方合力推进改革顺利进行，加大改革工作力度，专门成立了矿产资源规划领导小组，2003 年又专门成立矿山企业综合整治领导小组，负责协调所有与矿产资源规划实施相关联的部门，印发《湖州市矿山企业综合整治领导小组成员单位工作职责的通知》，明确各单位职责，全力推进规划各项工作的实施。湖州的矿产资源管理改革是全社会通力协作的结果。

在矿产资源管理制度创新上，第一轮规划实施期间湖州市先后出台了《关于加强矿山自然生态环境建设工作的实施意见》《湖州市矿产资源保护与开发利用规划管理实施办法》《湖州市矿业布局和结构调整实施细则》《湖州市矿产资源综合利用实施细则》《湖州市普通建筑用砂、石采矿权出让管理办法》《关于开展矿山企业综合整治的意见》等规范性文件，保证了矿产资源规划实施有法可依，有章可循。

全面实行矿山生态治理备用金制度。这项制度在湖州第一轮规划中的提法是“保证金制度”。2000年颁布的《浙江省矿产资源管理条例》称“备用金制度”。在政策语言环境下，两者有着本质不同：前者是承诺性的，属于法律范畴；后者是经济预期，是生产发展过程中的重要环节。对于矿山企业，要求在签订矿山自然生态环境治理责任书，并缴纳治理备用金后方可开工建设。2004年，湖州市先后下发了《关于加强矿山生态环境建设工作的意见》《关于严格执行矿山自然生态环境治理备用金制度的通知》，建立严格的矿山自然生态环境治理备用金制度，要求所有矿山企业必须严格按照浙江省《关于矿山自然生态环境治理备用金收取管理办法的通知》和2004年湖州市《关于加强矿山自然生态环境建设工作的意见》规定，缴纳矿山自然生态环境治理备用金，对于持证矿山在办理变更、延续登记手续时，应缴交经调整的治理备用金后办理。对拒不缴交或无力缴交的矿山企业要依法查处，直至关闭矿山并注销采矿许可证。把自然生态环境治理作为矿山生产过程的一个重要环节，是湖州矿业发展理念的重要转变。

“备用金制度”在设立初期，很多人不理解，认为这是增加企业负担。当时，各种名目的“费”的确压得很多企业透不过气来，所以收缴非常困难。但“备用金制度”与之不同，它与《民法通则》，以及2007年颁布的《物权法》相符，矿产资源为国家所有，因开采而破坏，则采矿权人必须承担生态恢复的义务。至2004年，全市已收取备用金2629万元。

全面推行矿山生态环境治理制度。湖州矿山生态环境治理是一个统称，它由废弃矿山生态环境治理和生产矿山生态环境治理两部分组成。废弃矿山治理主要指历史遗留下来的废弃矿山和依照规划政府要求提前关停的矿山，治理主体是政府；生产矿山生态环境治理的主体是采矿权人。对于废弃矿山治理，主要是落实治理主体和资金问题，运行机制创新就显得尤其重要。这就需要创新运作机制和资金筹措机制。2004年4月，湖州印发《湖州市人民政府关于加强矿山自然生态环境建设工作的通知》，明确各县区政府对本行政区域内废弃矿山治理负总责，明确废弃矿山治理资金筹措渠道。同时，湖州市委、市政府还决定，由市国土资源局牵头组建了“湖州新绿源矿山生态建设有限公司”，作为一个介于政府和市场之间的专业废弃矿山治理管理公司，通过市场化运作，负责编制治理方案、工程招标、工程监督管理、筹措建设资金，有计划、分步骤地对废弃矿山进行治理。2003 年 3 月，省级废弃矿山生态环境治理示范工程正式开工，2003 年 9 月，湖州着手编制市、县《矿山生态环境保护与治理规划》，次年全部完成，规划的实施，不仅加快废弃矿山治理的进度，更重要的是规范了修理治理的工艺流程，逐渐形成了可复制的四种模式（详见第五章）。至 2004 年第二轮规划修编时，全市废弃矿山治理工程已开工 24 个，总投资 1.13 亿元，治理总面积 251 万平方米，边坡绿化面积 75 万平方米，复垦面积 180 万平方米。完成废弃矿山生态治理项目 16 个，治理面积 160 万平方米，复垦土地 2000 余亩。2004 年 4 月全省矿山自然生态环境保护与治理现场会在湖州召开。

图 3–1　省百矿示范工程——堂子山废弃矿山生态修复工程（施工中）

全面建立矿产资源有偿使用制度。2001 年 7 月，湖州市政府依据《矿产资源开采登记管理办法》第九和第十三条规定，颁布了《湖州市普通建筑用砂、石采矿权出让管理办法》，随后，湖州市政府办公室下发了《湖州市普通建筑用砂、石采矿权出让实施细则》，2001 年 11 月，中组部和国土资源部在杭州联合举办以加强矿业权市场管理为主题的第七期全国矿产资源管理市长研讨班，期间观摩了湖州市石母岭建筑石矿采矿权的拍卖，该采矿权以 418 万元成交，采矿权的成功拍卖，引起了与会全体代表的强烈反响。随后不久，全国范围的矿产资源有偿使用制度全面铺开。

2001 年底，湖州市政府第 44 次常务会议研究讨论了《湖州市普通建筑用砂、石采矿权出让管理办法》出台后的实施情况，在详细听取了市国土资源局关于矿业权“从无偿到有偿”需要有一个“平稳过渡期”的意见后，一致同意将 2002 年作为过渡期，要求在过渡期内，全面完成采矿权从原来的行政授予向有偿出让转变。同时，规定了过渡期内协议出让的价格，过渡期内协议出让最低价格，建筑用石料 1 元/吨；石灰石 1.3 元/吨；宕渣 0.8 元/吨。这可以看作是全国最早的采矿权基准价，之后经过三次修订，现已经建立矿业权基准价制度。过渡期内，每个乡镇搞一个“招拍挂”试点，为来年“招拍挂”全面铺开做好准备，使得这项工作得到有序推进。出让金在扣除拍卖成本和上缴财政额度后，留市 60%，返还乡镇 40% 用于矿区生态环境治理。2002 年 5 月、2003 年 5 月、2004 年 9 月湖州市政府又印发《湖州市区采矿权有偿使用工作实施意见》《进一步加强吴兴区南浔区采矿权有偿使用的通知》和《加强采矿权转让管理的通告》。

湖州大力推进矿产资源有偿使用制度，实现采矿权从政府授予到有偿使用，最终全面实行矿业权的招、拍、挂，既是保证国家所有权的完整，有偿使用也是实现有效合理利用和保护矿产资源的重要途径。湖州在“东林镇石母岭建筑石矿采矿权拍卖”取得成功和一年有偿使用过渡期基础上，2003 年开始全市全面实行采矿权有偿使用。湖州市矿产资源管理领导小组第一次成员会议特别强调：新办矿山必须实行公开出让。在市委、市政府和国土资源部、省国土资源厅的关怀和指导下，湖州的矿产资源有偿出让稳步推进，并迅速进入常态化，据统计，到 2002 年底，全市共出让采矿权 431 个，其中招标、拍卖、挂牌 16 家，采矿权合同总收入近 2 亿元，为矿山生态环境治理启动提供了资金保障。

在全面开展矿山综合整治工作创新上，2001 年 8 月，市政府转发了《湖州市矿业布局和结构调整实施细则》和《湖州市矿产资源综合利用实施细则》，成立了“矿产资源保护与开发利用规划实施领导小组”，统一领导全市的矿产资源规划实施工作。在《湖州市矿业布局和结构调整实施细则》中，明确要求严格控制普通建筑用砂、石及石灰石开采总量；明确划定了规划禁采区内矿山企业关停时间表。在《湖州市矿产资源综合利用实施细则》中，明确提出了到 2005 年底，全市矿产资源综合利用率要达到 80%；2010 年达到 90% 以上。

为鼓励矿山企业提高开采技术水平，实现规模化、集约化生产，提高矿产资源综合利用水平，政府给予矿山企业一定的鼓励政策。《关于鼓励和扶持吴兴区南浔区规模矿山企业的若干意见》规定：“矿山企业年生产规模在 100 万吨以上的；采用由上而下、分水平台阶开采的，实施中深孔爆破技术的；按要求编制矿产资源开发利用方案，并严格按照方案组织实施，资源综合利用率达到 90% 以上的”，可以享受鼓励和扶持政策。

第一轮规划期间矿山综合整治，特别是关矿任务非常艰巨。2002 年 8 月湖州市政府召开市区矿山整治工作部署会，启动市区矿山整治。2003 年 7 月召开全市矿山企业综合整治动员大会，提出以“四铁”精神整治矿山，印发《关于湖州市区第二阶段矿山关停整顿工作意见的通知》，提出第二阶段关矿任务。2003 年 8 月，根据湖州“建设生态市，实施可持续发展战略”和浙江省“百矿示范、千矿整治”的工作部署，湖州市政府印发《关于开展矿山企业综合整治的实施意见》《关于矿山企业综合整治的通告》，全面开展矿山企业综合整治，整治非法和严重违法的矿山企业；生态环境保护措施不到位，废水排放达不到国家标准、粉尘和噪音没有得到有效治理；水土流失严重、安全措施不到位，存在安全事故隐患；超量开采、没有按照批准的规模组织生产；矿石运输存在遗撒，污染道路和河流等行为。2004 年 10 月，为加快湖州生态市建设步伐，湖州市政府再次发力整治，印发《关于推进矿山企业综合整治工作的意见》，提出推进矿山企业综合整治坚持不批新矿、加快废弃矿山治理进度、推进采矿权市场化建设等 16 条措施。湖州矿山企业综合整治的意义尤其深远：整治顺应了全省开展“千村示范、万村整治”“百矿示范、千矿整治”大环境，是对1998年换发新证以来工作的“回头看”，有力地助推了第一轮规划的实施，为第二轮规划实施打下了基础。

第二节　整合：攀登新的高度

探索是艰辛的。为了推进矿产资源管理制度改革，在第一轮规划期间，湖州市委、市政府审时度势，下发了一系列有针对性的文件，发挥了保障规划实施作用。如2001年8月《矿产资源保护与开发利用规划管理实施办法》和《矿业布局和结构调整实施细则》，补齐了规划操作短板；针对禁采区矿山关停，2001年9月市政府发布了《关于对市区矿产资源开采进行整治的通告》，开启了持续20年矿山综合治理整顿的先声；12月，市政府同意对矿产资源有偿出让给予过渡期；2002年9月，市政府印发了《市区第二阶段矿山关停整治工作意见的通知》；11月，决定组建政府主导、市场化运作的废弃矿山生态治理公司，启动废弃矿山治理；2003年7月，决定成立“湖州市矿山企业综合整治领导小组”，下设办公室为常设机构；8月，印发《关于开展矿山企业综合整治的实施意见》；9月，决定编制《矿山生态环境保护与治理专项规划》；2004年4月，印发了《关于加强矿山自然生态环境建设工作的通知》。

2003年，浙江省委、省政府提出“建设生态省、打造绿色浙江”，实施“建设大城市、实现新跨越”的战略。湖州市成立了“生态市建设规划编制工作领导小组”，组织编制《湖州生态市建设规划》。2004年9月，《湖州生态市建设规划》进入实施。《规划》强调：“建设生态市是湖州长期发展战略决策的必然选择，是事关湖州市经济社会发展的战略任务，是功在当代、利在千秋的大事业”。第二轮规划提出创建绿色矿山，反映了生态市建设的客观要求。

《湖州市矿产资源总体规划（2005—2015年）》2005年10月批准实施，开启了绿色矿山创建时代。

2005年10月，浙江省国土资源厅受省政府委托对规划做了批复。批复强调，本轮规划要把矿产资源保护和生态环境保护放在首位，最大限度地减少资源开发对生态环境的破坏和影响。提出，全面推进矿山自然生态环境保护与治理。要以保护全市生态环境、旅游资源、江湖水质、地质遗迹等为前提，科学布局和合理开发利用矿产资源。要在总结现有经验的基础上，进一步探索和创新矿山生态环境保护与治理工作新机制，研究和探索创建“绿色矿山”的新路子，更有效地推进全市矿山自然生态环境保护与治理工作。

创建“绿色矿山”是湖州矿产资源管理制度改革创新过程中发展理念的一个提升。规划对绿色矿山定义了五项标准，即资源利用集约化、开发方式科学化、生产工艺环保化、企业管理规范化、闭坑矿区生态化。

“打造绿色矿山”既是对“生态省”和“绿色浙江”的积极响应，更是湖州生态城市概念的深化和具体化。它不仅要把矿山从昔日的“灰头土脸”变成满眼春色的青山绿水，更要改变传统的开采习惯，剔除陈旧简陋的机械设备，代之以现代化的开采模式和工艺流程。但是，“打造绿色矿山”谈何容易，湖州人整整用了15年时间！

2005年8月，即湖州第二轮规划实施前夕，针对全国范围矿产资源开发中存在的深层次矛盾和问题尚未得到解决，一些地区开发秩序仍然比较混乱，存在矿山布局不合理、经营粗放、浪费资源、破坏环境、安全生产事故频发等问题。尤其是一些地区群发性无证勘查和开采、越界开采、乱采滥挖等各种违法违规行为出现严重反弹，国务院下发了《关于全面整顿和规范矿产资源开发秩序的通知》，开始了新一轮的矿业秩序整顿。《通知》要求，要在整顿和规范矿产资源开发秩序的同时，各类矿山都要按照规模化、集约化的原则进行整合，限期达到规定的最低开发规模，各地要统一组织制定开发整合方案，并切实抓好落实，提高矿产资源开发利用水平。

全面整顿和规范矿产资源开发秩序犹如一柄尚方宝剑，强有力地推动着湖州矿业布局和产业结构的调整。根据第二轮规划，近期内，禁采区和禁采地段的矿山全部关闭；限采区不设置新的采矿权，不再扩大生产规模。现有矿山采矿权人占用的矿产资源储量开采完毕后，收回采矿权；开采区着重进行矿业结构调整，改造小矿山，发展深加工。生产规模要达到最小规模条件；其他区域除市以上基础设施重点工程、矿山自然生态环境治理、土地复垦、村庄整治等工程外，未经市政府批准禁止开采矿产资源。在产业结构调整方面，培育和规范大型建筑石料、优质水泥、精致膨润土、石英砂和轻重钙粉；石灰岩根据品级，按冶金、化工、水泥对矿石质量要求分采、分类、分级。建筑石料采用先进的开采技术和加工设备，形成各种规格的块石、碎石、细砂等系列产品，开发高等级路面石料和高层建筑用骨料，最大限度提高资源利用率，实现无尾矿。膨润土研究开发纳米级产品、高分子材料和环境保护用产品。

2006 年年底，国务院办公厅转发了国土资源部等九部门《对矿产资源开发进行整合的意见》，在上一轮全面整顿和规范矿业开发秩序基础上，提出要集中解决矿山开发布局不合理，大力推进矿产资源规模化、集约化开发，调整矿业结构、促进矿业经济增长方式转变。《意见》要求，通过整合，解决矿山企业“多、小、散”的问题，使矿山开发布局趋于合理，矿山企业结构不断优化，矿产资源开发利用水平明显提高。《意见》要求，各地要在 2008 年年底之前，基本完成整合工作。

根据国务院转发的《意见》和浙江省政府《关于进一步推进矿产资源开发整合工作意见的通知》，湖州市政府结合矿业开发现状和第二轮规划对矿业布局、产业结构的具体要求，印发了《关于进一步推进矿产资源开发整合工作的通知》，提出到 2008 年，矿山集约化、规模化程度进一步提高，全市矿山年平均生产规模达到 25 万吨以上；矿山布局结构进一步优化，全市矿山总数控制在 344 个以内；矿山安全生产进一步好转，矿山安全条件明显改善，矿山开发布局不合理引起的安全隐患得到消除，矿山安全事故不断下降，矿山死亡人事故年均下降 20%；矿山生态环境进一步改善，建成 40 个省级“百矿示范”工程，争创省级绿色矿山 8 家以上，全市应治理废弃矿山治理率达到 70% 以上。

整合重点矿种是年开采 15 万吨以下的建筑石料矿和石灰岩矿。整合重点矿区是吴兴区妙西镇龙泉坞、长兴县李家巷镇青草坞和德清县洛舍镇砂村三个省级试点矿区及小矿密集、存在安全生产隐患和生态环境破坏严重的矿区。湖州在开展矿产资源开发整合中，提出矿产资源集中开采区建设，减少采矿权，实现土地利用，重点实施吴兴区妙西镇龙泉坞和德清县洛舍镇砂村集中开采区，编制集中开采区矿产资源开发利用总体方案，把矿产资源开发利用和土地资源开发利用结合起来，这是湖州的又一个创新，砂村集中矿产资源开采区成为矿地利用的典范，列为浙江省闭坑矿地综合利用试点（第八章专门介绍）。为了确保上述目标顺利实现，《通知》强调："矿产资源开发整合期间，整合区域内暂停新设置探矿权、采矿权，整合后采矿权要严格按规定实行有偿取得。被列为整合对象但不愿意参加整合的矿山，其有关证照到期后，相关部门不得为其办理证照延续、变更手续，由当地政府依法收回纳入整合范围；已列入关闭名单的矿山企业以及依法应予关闭的矿山企业，不参与整合。整合后新设置的采矿权有效期要与矿山储量规模、服务年限及生产规模相适应，并严格按法定权限报批。为保证矿山企业的合法性，对参与整合的矿山，在整合期间内相关证照到期的，登记机关可根据整合实施方案的进度，换发证照；整合后颁发新的证照，原证照同时予以注销。"

2009年底，国土资源部等十二部门联合印发《关于进一步推进矿产资源开发整合工作的通知》，《通知》对2006年以来全国矿产资源实施开发整合，在优化矿山开发布局、提高矿产资源开发利用水平、改善矿山安全生产状况和矿山生态环境等方面取得的成效予以肯定。但同时也指出："由于矿产资源开发整合工作是一项复杂的系统工程，涉及多方面利益关系的调整，工作量大、政策性强、难度大，目前各地整合工作进展不平衡，一些地方运作不规范整合工作不彻底"，所以有必要进一步推进矿产资源开发整合工作。《通知》强调：要通过进一步推进整合，全面规划，突出重点，构建矿产资源合理开发利用长效机制。

根据《通知》要求和浙江省《关于深入推进矿产资源勘查开发整合工作的通知》精神，湖州市以及各县（区）都成立了矿产资源勘查开发整合领导小组，印发了湖州市《关于深入推进矿产资源勘查开发整合工作的通知》，这次整合的重点矿种是建筑石料和石灰石，采矿权整合范围是同一矿体内有2个以上采矿权；年开采规模在30万吨以下的建筑石料矿山；小矿密集的矿区；矿山管理水平低，开采方法和技术设备落后，资源利用率低，存在安全隐患、环境影响严重的矿区。具体操作采取在依法依规的前提下，遵循自愿、公开、生产化和原采矿权人优先的原则，由多个采矿权整合成一个采矿权的，以以下方式操作：整合矿区内原有采矿权人的采矿权证都到期的，重新划定矿区范围，设一个采矿权，采取公开出让方式确定；整合矿区范围内采矿权人的采矿权证都没有到期的，可以由原采矿权人协商一致进行资产组合，依据公司法组建一个有限责任公司，成为整合主体。也可以由其中的一个采矿权人通过购买其他采矿权人资产等形式组建新的主体。新整合矿区范围内新增矿产资源可以协议出让方式出让给整合主体；整合矿区范围内原采矿权人的采矿权证，到期的，采矿权证收回，没有到期的按第二种情况进行整合。整合工作分三个阶段组织实施，制定整合方案是很重要的一步，为鼓励矿山企业积极参与整合，支持矿山企业做大做强，对采矿许可证没有到期的矿山企业主动参与整合的，新增矿产资源可以协议方式，整合后采矿权出让金和治理备用金数额较大的，可以通过采矿权出让合同约定，实现分期缴纳。依据浙江省整合办《关于下达矿产资源开发整合矿区整合工作实施通知》，湖州市列出开发整合矿区 7 个，占全省 35%，位列各地市之首，是全省 11 个地市中整合任务最重的。《湖州矿产资源开发整合总体方案》确定七个整合区是吴兴区两个——妙西镇大山顶矿区、杨家埠镇金斗山矿区，德清县两个——洛舍镇何家坝矿区、三合乡三合矿区，长兴县李家巷镇杨家山矿区，安吉县两个——高禹镇红庙山矿区、山川乡虎型山矿区，通过整合采矿权由 19 个减少到 7 个。到 2010 年底，市区 2 个整合矿区已经完成划定矿区范围、储量报告评审和采矿权评估；长兴县 1 个整合矿区完成整合任务，已登记发证；安吉红庙山膨润土整合矿区已完成划定矿区范围、储量报告评审工作。也就是说，连续三年两轮整合的工作十分艰巨，正如《通知》所说，“开发整合工作是一项复杂的系统工程，涉及多方面利益关系的调整”。

湖州开发整合工作的难度之大是可以想象到的。就当时的情况而言，一方面整合后采矿权开采规模、受让年限不能及时明确，由此影响到整合进度。另外，当年的矿产资源开采规模总量指标已经下达，如德清县洛舍镇砂村、三合乡康介山集中开采区等 2 个整合矿区整合后将增加年开采量 1100 多万吨，开采规模总量难以调控。但另一方面，如果在规定期限内不能完成整合，代价也是巨大的。按照省整合办的要求，如整合矿区不能按时完成整合工作，则该矿区在今后 5 年内不得重新启动采矿权设置和出让，并且矿区所在县（区）的采矿权统一配号和新设采矿权报批暂停。

在第二轮规划实施的短短五年时间里，国家三次发文，开展了一次全国范围的矿业秩序整顿和两次矿产资源开发整合；浙江省在这期间还推出了“百矿示范、千矿整治”活动，在全省范围内掀起了对矿山生态环境治理的高潮。面对繁重的工作压力，湖州市别无选择，积极响应国务院和省政府提出的各项工作目标，同时结合本市实际情况，坚定不移地朝着建设生态市的方向前行。在湖州市委、市政府的领导下，湖州市矿业开发整顿、整治和整合都取得了卓有成效的业绩。主要有几个方面：

第一，矿山总数进一步减少。在坚持以规划为龙头的前提下，通过严格控制采矿权数量，提升矿山开发准入门槛，关停禁采区矿山，在开采区集聚的同时，整治、整合不合规的矿山企业，使矿山总数从2006年的396个，减少到258个，减幅达35%。其中建筑石料矿山从188个减至101个，减幅达46%。这个力度在全省是没有的。

第二，矿山布局趋向合理。按照规划分区的要求，大力调整矿山布局。全市禁采区内，除了一个规划允许的矿泉水和一个地下开采萤石矿，以及五个废弃矿山治理工程外，所有矿山全部关停。按照矿山核定的开采总量，85%以上都在开采区，只有少部分在限制开采区，矿山布局趋向合理。

第三，矿业结构调整成效显著。按照“关小整大、扶优扶强”原则，以建筑石料、石灰岩、膨润土等优势矿产为重点，力推矿产资源开发整合，以整合促进结构调整，矿山规模化水平明显提高。据2011年的统计资料，全市建筑石料矿山平均年开采规模达到64.6万吨。其中，本市级建筑石料矿山达到134.6万吨。五个整合建筑石料矿山年开采规模达到165万吨，建成了一批科学开采、环保达标、管理规范矿产资源利用率高的大中型骨干企业；资源利用更加优化。初步形成了以新开元、鹿山坞、康诚和丰华等矿山为主的沥青路面用精品石料、高铁用精品石料，以及高等级普通混凝土骨料生产基地。长兴县利用当地丰富的高品质石灰岩资源，大力发展石灰岩利用产业，已从传统的水泥加工转向高附加值的高档水泥生产，同时还引进了实力雄厚的中国建材（南方），并借此整合了一大批水泥企业和矿山。安吉县发挥膨润土的优势，着力培育了膨润土深加工企业，改变了以往膨润土粗放外销的状况，初步形成了从集约开采到深加工产销膨润土高档制品的基地。

第四，全面推进废弃矿山治理，矿山环境明显改善。第二轮规划期内，全市需要治理的226个废弃矿山，完成治理的208个，治理率达92%，平整土地6055亩。本市级通过尾矿综合利用取得的政策性资金的收益，完成了60个项目的治理，取得了很好的生态效益、经济效益和社会效益。矿山治理备用金累计达到3.3亿元。

第五，全面实现采矿权有偿出让，矿业权市场更加规范有序。通过有节奏地把控矿业权出让，推进整合、整顿和整治，进而实现布局合理、调整结构、节约资源、节能减排，营造绿色矿山新局面的目的。2008年，湖州采矿权出让104个，2009年始大幅下降为30个，2010年、2011年为17个和19个，但出让金收益却逐年攀升，依次为：2.83亿元、3亿元、3.3亿元和6.4亿元。2009年8月，市国土资源局和市监察局组织采矿权公开出让制度执行情况专项检查，2006年1月24日至2009年4月30日对出让的283个采矿权进行全面清理，湖州市采矿权公开出让制度日益成熟。

在第一轮规划实施期间，湖州在矿山企业综合整治中，流传着一个“四铁”精神的说法。这就是用铁的决心、铁的措施、铁的手段和铁的纪律坚决维护、深化矿产资源管理改革。“四铁”精神在第二轮规划矿产资源开发整合中继续得到坚持。这既说明湖州市委、市政府坚定的决心，也足见矿产资源管理改革的阻力和难度。

第三节　生态：华丽转身的起点

2011年，又是一个承上启下的关键年份。湖州“十一五”进入收官阶段，“十二五”正待扬帆启航。上一个五年，湖州奋力崛起，综合实力跃上一个新台阶：地区生产总值达到1518亿元，年均增长11.4%；财政总收入和地方财政收入分别达到219亿元和122亿元，增长了1.4倍和1.5倍；产业结构持续优化，传统的建筑材料产业退出支柱产业行列，取而代之的是先进装备制造、新能源和生物制药三大新兴产业。但是，在全省的盘子里考量，湖州不仅经济总量仍居“老八”，而且追兵渐进，衢州、舟山、丽水正努力缩小与湖州的差距，压力之大可想而知。

发展方式粗放是最大的掣肘因素。首先，投资效果系数低于全省平均水平。2010 年湖州投资效果系数为 0.26，全省为 0.38。其次，资源利用效率低于全省平均水平，能耗水平明显高于全省水平。2010 年全市单位 GDP 能耗 0.94 吨标准煤，比全省高出 30%，二氧化硫排放强度为 3.11 千克 / 万元，比全省高出 7.6%。

湖州“十二五”规划提出，要全力打造特色产业集聚区、统筹城乡先行区、生态文明示范区、幸福民生和谐区，建设“富饶、秀美、宜居、乐活”的现代化生态型滨湖大城市，对矿业发展提出新要求，矿业开发必须要以生态环境为优先，加快转型升级，全面提升集约化程度和矿产资源开发利用水平，综合利用矿产和土地两种资源，从而彻底摆脱粗放的经营方式。

湖州第二轮规划的主要目标任务已经基本实现。存在的主要问题：一是关闭矿山目标没有实现，关停成效不明显。二是，矿业开发与自然生态环境保护之间的矛盾还比较突出，矿山生态环境破坏比较严重。三是矿业转型升级速度不理想，矿产资源综合利用水平不高。四是矿业给政府节能减排造成巨大压力。

图 3–2 国家级绿色矿山——湖州鹿山坞新型建材有限公司矿石加工车间全景

基于这些问题，2010 年编制的第三轮湖州矿产资源规划主要目标：一是矿业经济稳定增长，资源集约型矿业基本形成。全市矿业总产值预期达到 31.62 亿元，矿业利税预期达到 6.21 亿元，分别较 2009 年年均增长 5% 和 6%。资源集约高效利用的机制得到完善，利用水平进一步提高。全市矿产资源利用率提高到 92%，单位矿业产值能耗率比 2009 年低 10%。二是矿山布局更趋合理，矿业结构优化升级。禁采区露天开采固体矿产矿山全部关闭，开采区矿山集聚程度明显提高；矿山平均开采规模进一步提高，大中型矿山比例达到 70% 以上。三是开发总量得到合理调控。2015 年全市矿山数量控制在 255 个以内，建筑石料在 6320 万吨左右，石灰岩在 2500 万吨左右。四是矿山地质（生态）环境进一步改善。治理备用金收缴率达到 100%，全面实施绿色矿山创建，绿色矿山创建率达 70% 以上，建成绿色矿山 50 个以上，基本形成全市绿色矿山格局；废弃矿山得到科学、经济、合理的治理，列入第一轮规划治理废弃矿山的治理率达到 100%。五是矿产资源开发秩序根本好转。加强宣传培训，使得依法办矿、生态观念深入人心。加强国土、安监、环保、水利、公安、林业、交通等相关部门的配合协调，坚决打击无证、越界开采等违法违规行为，取缔非法加工机组，强化监督管理，促使矿山企业基本实现规模化开采、工厂化运作、生态化生产，矿业开发“低、小、散、乱”的状况得到根本扭转，基本形成规范、集约、高效的矿产资源开发秩序。

规划如何落地生根，几乎是所有地方遇到的重大难题。而且，越是往下走，矛盾越突出，工作就越艰难。这个矛盾焦点就是利益冲突：从大的讲，国家是矿产资源的所有者，为了维护经济社会的稳定发展，充分发挥矿产资源对国民经济发展的支撑作用，就必须要调整不合理的矿业布局，淘汰落后的产能，使矿业经济最终走上一条经济持续发展、资源集约节约、社会和谐友好的道路，这是国家利益所在。但是从局部利益讲，“靠山吃山”的传统观念极为顽固，上有政策，下有对策，导致改革步履维艰。事实上，湖州实施矿产资源管理制度改革创新以来，始终没有放弃国家、集体、个人三者间利益关系的兼顾，既要考虑国家所有权的完整，也要充分考虑矿山所在乡镇（村）、矿山企业的生存和发展。最简单的例子就是用“三区”引导矿山整治：禁采区矿山关闭和限采区矿山收缩都不是一刀切，都是在兼顾多层面利益基础上，根据不同的情形设定不同的条件和时限；开采区集聚、整合、转型，更是引导、规范矿山企业向适合生产力发展方向前行的重要举措。即便这样，违法违规开采矿产资源仍屡禁不止。偷挖盗采、私设无矿山加工机组、变相开矿等情况屡有发生。尤其是基层以平台建设、场平工程、农地整理项目等名义变相开矿的现象十分突出。针对违法顽疾，湖州采取了一系列专项整治措施。从 2011 年以来，湖州先后多次集中开展“打非”行动，直至 2019 年，湖州还专门组织为期四个月的“严厉打击非法开采矿产资源违法行为专项行动”。

为了坚定不移落实规划，湖州绿色矿业发展探索找准了突破口，2010 年湖州市针对矿石加工机组无人管理、无序管理、超能设置的现象，市政府下发了《关于加强建筑石料加工机组管理的实施意见》，直指屡禁不止违法违规开矿行为。这个文件是这个时期的一个重要文件。《意见》提出了三个管理原则：坚持机组设置与宕面配套原则。没有取得采矿许可证的任何单位和个人投资建设建筑石料加工机组，一般不予核准，如确需投资建设的，必须报市矿山企业综合整治领导小组办公室审核、经市委核准。坚持产能与开采规模匹配原则。凡持证生产经营的矿山企业，建筑石料加工机组的产能设置必须与采矿许可证所核定的生产规模相匹配。凡采矿权重新出让或采矿权整合的矿山企业，建筑石料加工机组必须同时进行整合达到与核定的生产规模相匹配。坚持企业加工机组备案原则。凡采矿权重新出让、整合、新建、改建、扩建加工机组，以及经批准建设的无采矿许可证的建筑石料加工机组，都必须报市矿山企业综合整治领导小组办公室备案。

《意见》还同时提出了四条具体管理办法：首先，凡采矿权重新出让或采矿权整合的矿山企业，建筑石料加工机组的产能没有与核定生产规模相匹配、超出环境承载能力的，环保部门不得批准环境影响评估报告。水土保持方案初审后由市水利局审批。凡没有获得上述部门批准或许可的，工商部门不得发营业执照，电力部门不得供电。其次，凡采矿许可证未到期的矿山企业，建筑石料加工机组的产能超过核定生产规模的，要及时进行机组整合，使之达到与生产规模相匹配。再次，对现有无采矿许可证的建筑石料加工机组，一律不得从事石料加工。对无证无工商营业执照的加工机组，依照国家法律法规予以查处、取缔。对明知是无证照的加工机组而提供石料原料的矿山企业，一经查实，依照有关法律法规，给予从重处罚。最后，对擅自新建、扩建和改变生产工艺的矿山企业，一经发现，视情节轻重给予相应处罚。

该《意见》还制定了建筑石料加工机组生产规模核定表，依据机组的不同型号，规定了不同的平均产量 / 吨 / 小时、日产量 / 吨 /8 小时、年产量 / 万吨 /300 天、平均功率 / 千瓦 / 小时、年用电量 / 千瓦。作为政府规范性文件，规定得如此详细、具体，极为鲜见。强化机组管理从源头上遏制乱采滥挖、无序开采、超量开采。由此也足见矿山整治工作之艰辛！

2013 年，湖州市委、市政府为进一步严格控制矿山石料实际开采总量，严厉打击非法开采加工行为，加强矿山生态环境保护，加快推进全市矿山企业综合治理，湖州市委、市政府下发了《从严治矿六条决定》《关于进一步加强矿山企业综合治理的若干意见》，提出了九条矿山综合治理要求，对于规范矿业开发秩序，推进矿业升级转型发挥了重要作用。这个文件出台体现湖州市委、市政府对矿山企业综合整治的决心。

1. 按照“减点、控量、集聚、生态”的工作要求，严格控制矿山的实际开采总量。实行年度“限控”。凡年度开采量达到年核定规模量的矿山企业，一律实行年内停采休整。停采期间，要加快矿区复垦绿化，按照矿山综合治理和“四边三化”的要求进一步做好环境提升工作。实行矿山“双控”。要加强动态实测监管，凡采矿权出让期限到期或开采总量达到受让资源量的矿山企业一律实行停产关闭。实行项目“严控”。将复垦、复绿和场平等各类工程项目纳入矿山治理范围，凡拟新设的涉矿工程项目都必须报经市政府批准。实行区域“总控”。凡区域内实际开采总量达到市政府对各县区调整后的年核定规模总量的，区域内所有矿山企业年度内实行全面停产休整。

这条规定，看似是将企业开采总量和区域开采总量牢牢控制在核定总量之内。但实际上也是自己给自己加码——强化了当地政府和主管部门监管责任。

2. 全面控制建筑石料加工机组，取缔无矿山加工机组。对无证无照加工机组，按照《无照经营查处取缔办法》依法进行取缔。对有照的无矿山加工机组，要把好年审关，依法取缔；压缩矿山企业过剩产能。坚持“规模核定，产能匹配”的原则，严格审核在产矿山企业的加工机组和产能，采取淘汰落后产能、压缩过剩产能的办法，消减加工机组；要控制重组企业机组配置。凡采矿权重新出让的重组矿山企业，严格核定加工机组配置，并与矿山企业约定，在采矿许可证领受前凡超产能的加工机组一律拆除。

取缔无矿山加工机组是一个新的规定。在产矿山加工机组已然出现产能过剩，如果不让无矿山加工机组出局，控总量控制很难实现。

3. 加大打击力度，严厉打击非法违法行为。要严厉打击非法偷盗资源行为。要加大巡查力度，做到及时发现、及时查处。情节严重构成犯罪的，依法追究当事人的刑事责任；要严厉打击越层越界开采行为。加强储量动态实测监管，采取一矿一监督，二月一监测，半年一报告制度，防止企业越界、越层开采，严控“以费代罚、以费代批”的做法。对违法开采构成犯罪的要依法追究刑事责任。坚决遏制矿山毛石非法销售行为。严禁在产矿山企业向非法石料加工机组销售毛石。坚决杜绝私下交易和买卖，确保矿产品市场井然有序，提高矿产品的附加值。

打击违法是对合法经营者权益的有效保护，维护了公平竞争原则和法律的严肃性。

4. 按照“保护优先、科学利用”的开发利用原则，加大监管力度，规范项目管理。要明确项目审批程序。凡拟新设的复垦、复绿和场平等各类涉矿工程项目都必须报经市政府批准，项目重大的需报市委批准。要明确项目主体责任。项目实施必须做到开挖与回填平衡，项目实施方必须与相关主体签订实施合同，合同中约定承诺保证制度，明确具体责任。严禁设置加工机组，防止变相开矿，并且一律不得对外销售毛石，目前已经建设或设置的与工程配套机组按照无矿山加工机组的要求进行拆除。要明确项目监管责任。凡批准实施的涉矿工程项目，要切实加强领导，落实监管责任。要成立项目实施领导小组和监管小组，明确工作职责，强化责任分工，建立监管机制，进一步强化监管。

涉矿工程项目变相开矿曾经是综合整治的盲区和死角，堵塞工作漏洞，全视角监控，才能有效规范矿业秩序。

5. 按照“科学管理，促进发展”的原则加大矿车监督力度，规范矿车管理。要明确装载车辆标准，矿山运输车辆必须“四证”俱全、车辆完好、整洁。运输途中必须加盖，清洁上路。装载石料不得超高、超载，泥土、石料不得撒漏；要建立矿车管理制度。各矿车主必须与矿山企业签订承诺书，严格执行《矿山运输车辆承诺制度》；要加强运输车辆监管。交通、交警等部门要组织人员在国、省道矿车运输密集路段设立检查站，加大矿车违规行为查处力度。

6. 实施航道船舶管理管控，限制船舶尺度和装载量，确保航道畅通有序。要明确船舶管控标准。船舶尺寸不得超过核定的航道等级通航规定，矿区码头必须根据航道水深合理装载，矿石运输船只吃水深度要符合海事部门核定的干舷标准，船员生活垃圾必须按规定投放，不得直接向航道倾倒；要规范石料销售秩序。航运码头石料装载点必选港口、航管部门规定设置，经过审批。码头业主必须合理调度船只，维持码头前沿秩序；要加大船舶执法监管。依法加大航运船舶违法行为的查处力度，严肃查处无证、超载、超限等行为，防止航道堵塞。

矿石运输是绿色矿山建设中的重要环节。既涉及安全，也涉及环保。

7. 依法开展矿山运输码头整顿，规范码头设置、使用和管理。要取缔非法码头。对未办理合法手续又不符合水利、交通规划擅自建造的矿石运输码头的业主，依法予以行政处罚，并限期自行拆除。对拒不自行拆除的，依法强行拆除；要处置闲置码头，对已关闭矿山的码头，督促码头业主限期自行拆除，恢复河道原状，限期内未自行拆除的，占用和到期满后依法强制拆除；要查处码头违法建设行为。对擅自扩大码头规模、改变码头结构、变换码头位置、随意建造码头附属设施等违规违章行为的，由相关部门依法予以查处。

湖州水运发达，故而码头林立，密如岗哨，占用了很多土地。矿山运输码头依矿而建，多属临时建设用地，在矿山企业“减点、集聚、整合”的大环境下，全面整肃矿山码头秩序是非常必要的。

8. 按照足额缴纳的要求，加大矿山和涉矿工程项目税收规费征缴力度。

要规范日常规费征收。根据开挖量、出料清单、耗电量、销售单价等按月合理征收在产矿山企业相关规费；要强化超量税费征收。对在产矿山企业要增加储量实测密度，对年开采规模小、加工产能大的矿山企业，采取“一矿一监督”制度，强化资源超量开采部分的税费征收；要完善项目税费征收。对各类涉矿工程项目，依法明确涉税事项，在按施工进度自行申报预缴的基础上，严格项目完工后结算工作，按实征收相关税费，做到应收尽收。

税费征缴，既是国家的权利，也是企业应尽的义务。任何偷漏行为终将会受到追究的。

9.按照“开采区集聚、限采区收缩、禁采区关停”的要求，合理调整矿山布局，真正实现减点控量。要有序关闭整合矿山。根据采矿权出让年限，分年度排出矿山关闭整合计划，分年度逐步实施到位，坚决制止名“合”实“散”的矿山整合；要严管采矿权设置。对整合后拟重新出让的采矿权，必须符合《湖州市矿产资源规划》和矿山治理工作要求，经市矿山综合治理领导小组办公室和市国土资源局审核后，报经市政府同意；要严格控制采矿权出让。规范采矿权出让的招拍挂制度，制止无计划的采矿权出让。

矿山企业综合整治是一项极为复杂的工作，既牵扯方方面面的利益，也需要完善各项相关行政程序。有序关闭矿山，分期逐步实施，体现了湖州市政府高度务实的工作作风。

2013 年，为实现矿产资源合理开发利用与生态保护协调发展，全面完成矿山“减点控量、治污达标”的目标任务，湖州市委、市政府调整湖州市“十二五”期末采矿权出让计划，市政府下发了《关于调整“十二五”期末采矿权出让计划的通知》。按照通知要求，到“十二五”期末，采矿权合计 54 个，开采规模 6798 万吨，其中，建筑石矿山 32 个，年开采规模 4733 万吨，非建筑石矿山 22 个，年开采规模 2065 万吨。

和原第三轮规划比，关闭矿山的力度相当大。原规划期末矿山总数控制在 255 个以内，固体矿产开采总量控制在 9320 万吨左右。建筑石料矿山 71 个，开采规模控制在 6320 万吨。可见湖州市委、市政府对矿山整治的决心和整治的力度。

在市委、市政府的坚强领导下，湖州实现了关闭矿山的艰巨目标。2015

年底，湖州市矿山总数为56个，实际减少矿山272个（包括矿泉水矿山）；全市年固体矿山开采规模7313万吨（其中建筑石料30个，年产矿石4822万吨），实现矿业产值21.32亿元，矿业利税5.42亿元，与2009年规划基准年相比，年产矿石量减少32.1%；矿业利税增长23.7%。实现了矿业产值的增长高于年产矿石量的增长；矿业利税的增长高于矿业产值的增长。

综合上述，我们不难得到这样的结论：尽管矿业秩序整顿和矿山整治存在诸多难点和不可预见的困难、尽管矿山综合整治牵扯着诸多利益关系，使得从传统的、粗放的、落后的矿业向集约化、节约化、环保化的现代矿业转型转业异常艰难，但经过艰辛探索，湖州矿业已经华丽转身，并正在向更高层次的矿业经济发展迈进。

第四节　转型：站在改革前沿

“十三五”是湖州实现矿业经济高质量发展的阶段。这一时期改革创新应更具前瞻性和实操性。这里有必要介绍《浙江省湖州市生态文明先行示范区建设方案》《浙江省湖州市生态文明先行示范区建设条例》《湖州市国民经济和社会发展第十三个五年（2016—2020）规划纲要》三个文件与矿产资源管理相关的内容。

《浙江省湖州市生态文明先行示范区建设方案》提出要构建绿色低碳的产业发展体系，推进绿色矿山建设。严格实施矿产资源规划，优化矿山布局与结构，深入推进矿产资源开发整合，全域推进绿色矿山建设。

长期以来，我们在经济建设过程中忽略对生态环境的保护，欠下了很多环境账。湖州建筑石料矿山历史悠久，粗放经营，有水快流，对空气、水，以及土壤都曾形成污染。因而湖州矿业改革的出发点和着眼点，始终集中在矿山生态环境保护上，20年来常抓不懈，为生态文明先行示范区的确立立下汗马功劳。

《湖州市生态文明先行示范区建设条例》是与《湖州市生态文明先行示范区建设方案》相衔接的一份重要地方行政法规。《条例》共七章五十九条，与矿产资源管理制度改革密切相关的内容很多。

总则第二条开宗明义："……按照绿色发展先导区、生态宜居模范区、合作交流先行区和制度创新实验区的战略定位，在本市行政区域推进生态文明建设先行先试，示范引领，形成节约资源和保护环境的空间格局、产业结构、生产方式、生活方式以及可复制、可推广的生态文明建设模式。"

第十六条："各级人民政府应当发展绿色产业，淘汰落后产能，增加科技投入，支持技术产品研发核心成果的应用推广，建立绿色低碳的产业体系。"

第二十二条："市、县（区）人民政府应当按照矿产资源开采量以自用为主的原则，优化矿产资源开发布局，控制开采规模和年开采总量。建立绿色矿山建设标准化制度。采矿权出让合同应当约定绿色矿山建设要求，矿山企业应当按照采矿权出让合同约定的绿色矿山建设要求编制绿色矿山建设实施方案并报所在地县（区）人民政府国土资源主管部门备案。实施方案不符合合同约定的，由国土资源主管部门责令改正。"

在第二十四条、二十五条、二十六条和二十七条中，主要围绕着建立自然资源资产负债表制度做了相关规定。如"矿山生态修复等其他自然资源资产情况""建立自然资源增减变化统计台账"等。第二十八条是自然资源资产离任审计：①自然资源资产管理、资源节约和生态环境保护约束性指标、生态红线考核指标、相关目标责任制完成情况；②自然资源资产管理和生态环境保护法律、法规、政策、规划的执行情况及其效果；③土地、矿藏、水流、森林等自然资源资产的开发利用管理和保护治理情况；④自然资源资产开发利用和生态环境保护相关资金的征收、分配、使用、管理情况；⑤重大资源环境保护项目的建设情况和运营效果；⑥生态环境保护预警机制建立和执行情况，严重损毁自然资源资产和重大生态破坏、环境污染时间处理情况。

在第五十四条中，对各级人民政府和工作人员的违法、违规、违纪等行为，也做出了相关处理规定。

矿山生态环境建设是一项复杂的系统工程，涉及方方面面的既得利益。禁采区关闭、限采区收缩、开采区集聚，看似是矿业布局和结构的调整，但根本上还是利益关系的大调整；绿色矿山建设同样如此，要求投入大量的资金，否则矿业转型升级并由此带来生态环境的改变，就是一句空话。所以，行政立法就非常关键——有法可依、执法必严、违法必究，才能保证矿产资源管理改革的顺利进行。

《湖州市国民经济和社会发展第十三个五年（2016—2020）规划纲要》是指导湖州未来五年社会经济发展的重要纲领性文件，明确提出“生态优先”，《纲要》对未来五年的发展定位是：建设现代化生态型滨湖大城市，提出五年规划期间是湖州“高水平全面建成小康社会的决胜阶段”。

《纲要》在指导思想中旗帜鲜明地提出了“坚定不移照着绿水青山就是金山银山这条路走下去，坚定不移以‘八八战略’为总纲打好转型升级组合拳，坚定不移坚持一张蓝图绘到底，坚持以创新、协调、绿色、开放、共享的发展理念引领赶超发展，实施‘生态立市、工业强市、产业兴市、开放活市’战略”。

《纲要》提出的具体要求是：坚持乘胜而上争一流，全力践行绿水青山就是金山银山的战略思想，生态文明建设继续走在全国前列。全力打好转型升级系列组合拳，推动经济实现中高速增长、产业迈向中高端水平……继续发挥深化改革探路者作用，围绕使市场在资源配置中起决定性作用和更好发挥政府作用，以经济体制改革为重点，着力从广度和深度上推进市场化改革，加快形成有利于创新发展的市场环境、产权制度、投融资体制、分配制度、人才培养引进使用机制，进一步拓展发展空间……

《纲要》提出未来五年生态环境更加优美……全国生态文明先行示范区建设走在前列，生态环境生产力大幅度提升，形成可复制、可推广的“湖州模式”。绿色产业体系初步建立，单位地区生产总值能耗和主要污 染物排放总量持续下降。环境治理纵深推进，$PM_{2.5}$ 浓度下降幅度达到省定要求，市控以上监测断面Ⅰ—Ⅲ类水质比例提高到 95% 以上，矿山治理成效巩固提升，湖州的天更蓝、地更净、水更清。

在深入推进大气污染行动中，特别强调了要“巩固矿山粉尘整治成果……不断完善长三角区域大气污染联防联控机制”；在稳步开展土壤污染防治行动中强调要“强化污染场地开发利用的监测管理，推进污染企业原址、废弃矿场的土壤污染修复示范工程”；在统筹推进生态保护与建设中强调，要“优化生态空间布局，落实环境功能区划，划定生态保护红线，加大重点生态功能区、生态环境敏感地区和脆弱区保护力度。要加强河湖水系保护和岸线利用管理，实施浙北水网平原区湿地水环境生态治理工程。全面实施重要交通干线及山区公路沿线边坡整治和植被绿化，加强地质灾害隐患点治理。创建国家绿色矿业发展示范区，严控矿山开采规模，提升绿色矿山建设水平，积极推进工矿废弃地复垦利用，深化低丘缓坡综合开发利用，严防水土流失”。

在全面推进生态文明制度体系建设中强调：推进建立差别化的评价考核制度、自然资源资产确权登记制度、自然资源资产负债表编制制度、领导干部自然资源资产离任审计制度、生态环境损害终身追责制和生态补偿制度，深入实施生态文明先行示范区建设条例，扎实推进生态文明标准化建设，构建产权清晰、多元参与、激励约束并重、系统完整的可复制、可推广的生态文明制度体系，使湖州生态文明制度建设走在全国前列。

湖州矿产资源管理制度改革历经十五年探索，不仅闯出了一条矿产资源开发利用和保护的新路，更为各行各业的绿色发展、为湖州实现“生态市”目标，在体制改革、制度建设和机制创新方面提供了宝贵的借鉴。依据《湖州市国民经济和社会发展第十三个五年（2016—2020）规划纲要》《湖州市生态文明先行示范区建设条例》和《湖州市生态文明先行示范区建设方案》，“十三五”矿产资源管理改革创新有一些新的提法和观点，提出矿产资源管理“生态优先、总量压缩、自用为主和从紧从严、依法规范”的总基调，以国家绿色矿业发展示范区建设为平台，积极推进绿色矿山建设和国家工矿废弃地复垦利用试点工作，走出湖州特色的“环保建矿、科技强矿、生态美矿”的绿色矿业之路和“转型升级、综合利用、产业融合的绿色发展之路”。使湖州成为矿产资源管理领域的模范生、样板地。

经过前三轮规划，共十五年坚持不懈的努力，到第四轮规划实施期间，湖州矿产资源管理改革开始进入巩固期——前三轮规划围绕着矿山开采秩序整顿和整治、废弃矿山治理以及绿色矿山创建目标，很多工作已经完成并进入常态化、规范化，体制制度建设已趋完善；矿产资源管理改革进入提升期——矿山企业转型升级（矿山转业），绿色矿山建设、矿业开发秩序、矿山生态建设还有提升空间，要在已取得成果的基础上全面提升；矿产资源管理改革进入转型期——要适应湖州生态文明先行示范区建设要求，生态优先、总量压缩、自用为主、转型转业、环保建矿、科技强矿和生态美矿。

在这个矿产资源管理制度改革的决胜阶段，为了确保《湖州市生态文明先行示范区建设方案》矿产资源管理工作目标的高质量全面实现，确保第四轮规划目标的高质量全部落地，确保从紧从严依法规范管理矿产资源高质量完全到位，使湖州矿产资源管理水平继续走在全省、全国前列，成为全国矿山管理领域践行“绿水青山就是金山银山”理念的样板地、模范生。2016年以来，湖州市委和市政府下发了一系列重要文件，主要有《关于从紧从严依法规范管理矿产资源十条规定》《湖州市涉矿工程项目矿产资源管理办法》《深入开展矿山复绿专项行动实施方案的通知》《关于扎实推进矿山复绿工作的通知》《关于严厉打击盗采盗挖矿产资源行为专项行动的通知》《关于加强无矿山加工机组管理的通知》《湖州市矿山粉尘防治专项行动实施方案》《关于贯彻落实浙江省矿山地质环境治理恢复与土地复垦基金管理办法（试行）的通知》等，有力地维护了国家对矿产资源的合法权益，切实保护了矿产资源改革成果。其中，《关于从紧从严依法规范管理矿产资源十条规定》（湖委〔2016〕15号）和《关于印发深入开展矿山复绿专项行动方案的通知》（湖政发〔2017〕23号）两个文件规格最高、分量最重，是湖州1999年矿产资源管理改革以来矿山整治最严厉，也是最全面的文件，2015—2018年，湖州市委、市政府连续四年年初召开全市生态文明建设暨治水治气治土治矿会议，强力推进矿山企业综合整治，体现了市委、市政府在这一关键时刻志在必得，取得完胜的坚定信心。

先介绍《关于印发深入开展矿山复绿专项行动方案的通知》（湖政发〔2017〕23号）。为确保“十三五”圆满收官，实现废弃矿山生态修复清零，2017年6月湖州市政府出台了《关于印发深入开展矿山复绿专项行动方案的通知》，提出“一年启动，两年攻坚，三年清零”目标，提出加强组织领导、明确责任分工、强化资金保障、坚决打非治违和严格目标考核五条措施，强力推进矿山复绿工作。2018年3月，湖州市政府办公室又出台了《关于扎实推进矿山复绿工作的若干意见》，提出了强化思想认识、目标指向、责任落实、过程管理、督查考核和限批管理等“六个强化”措施，创新了矿产资源片区管理模式，每个区县主要负责人任区片责任人，工作进展每月一例会、一通报。在市委、市政府的坚强领导下，至 2019 年 6 月，56 个“两路两侧”重点区域废弃矿山治理任务提前半年完成，完成边坡治理面积 1764.6 公顷，完成宕底治理面积 1270.3 公顷。绿色发展指数新增矿山治理恢复面积连续三年全省排名第一。

图 3-3　废弃矿区变身生态驾校。浙江省百矿示范项目——堂子山废弃矿山治理工程（项飞摄）

再介绍《关于从紧从严依法规范管理矿产资源十条规定》(湖委〔2016〕15 号)，规定共十条，简述如下：

第一，科学编制矿产资源规划。限定开采区域，要按照《湖州市生态文明先行示范区建设方案》的总体要求，调整优化矿产资源开发布局，科学划定开采区，压缩开采区域，禁采区一律不设采矿权，限采区原则上不新设采矿权；严格控制开采规模。按照总量压缩，自用为主的原则，到“十三五”末，采矿权控制在 49 个以内，年开采总量控制在 6811 万吨以内（建筑石料控制在 28 个、4601 万吨以内）；强化规划执行刚性。

第二，严格控制采矿权出让。采矿权出让必须符合《矿产资源总体规划》；加强矿业权市场建设，矿业权出让必须统一在省、市矿业权市场平台公开出让；严格准入门槛。

第三，切实加强矿山开采动态监管。依法实行“四控双停”措施。即凡采矿权出让期限到期受让资源量完成或受让资源量开完出让期限未到的矿山企业，一律依法实行关闭；凡年度开采量达到企业年出让规模量的矿山企业，一律实行年内停产休整；凡工程项目涉及矿产资源开采的，应坚持开挖与回填平衡原则，有多余矿产资源的要严格规范管理；凡县区（开发区）区域内实际开采总量达到市政府对各区县（开发区）年核定规模总量的，区域内所有矿山企业年度内实行全面停产休整；凡到期到量、滥采乱挖，违反法律法规的矿山企业或工程项目，依法实行停供炸药和停止供电；定期开展储量动态检测。县区国土资源部门对辖区内矿山企业和工程项目矿产资源开采情况每两月进行一次监测，每半年进行一次储量消耗动态实测，出具储量消耗报告，并作为总量控制的依据；全面控制机组产能。坚持核定规模、产能匹配原则，压缩生产矿山企业过剩产能，矿山企业机组产能必须与开采规模相适应，实行一矿山一宕面一机组一码头。全面取缔拆除非法加工机组和非法涉矿码头。

第四，全面规范工程项目管理。规范项目审批程序：凡复垦、复绿、交通、能源和场平等工程项目涉及矿产资源开采的，实行年度计划申报制度，开挖矿产资源较少的项目报经县区（开发区）政府（管委会）同意后依法办理相关手续，未经同意的，发改委、国土资源等相关部门不得立项；明确项目管理要求。确需外运矿产资源的项目，一般事项公开招投标确定主体，协议出让要严格按规定办理。实施主体需缴纳履约保证金、工程质量保证金。严禁设置非法加工机组，防止变相开矿；建立项目法人责任制。凡乱采乱挖矿产资源、破坏生态环境的，要追究项目法人和施工负责人的责任；落实项目监管责任。凡批准实施的涉矿工程项目，所在县区(开发区)、乡镇(街道)要切实加强领导，建立监管机制，落实监管责任。

第五，巩固提升绿色矿山建设成果。不断提升建设标准。完善提升依法依规办矿、资源综合利用、开采方式科学、企业管理规范、生态环境保护、水土保持、企业形象等方面的标准指标，推进指标标准化建设，制定地方标准，确保指标体系全国领先；全域建设绿色矿山。全域所有矿山企业纳入绿色矿山建设范围，矿山企业必须符合矿产资源、环境保护、安全生产等法律法规的规定，否则一律不得开工生产；实行动态管理。实行绿色矿山动态管理机制，开展绿色矿山年度复核。凡严重违反矿产资源、环境保护、安全生产等法律法规的，一律限期停产整治，规定时间内未完成整改任务的，取消绿色矿山资格；争创绿色矿业示范区。

第六，规范全额征收矿产资源税费。全面推进资源税改革。按照消费立税、合理负担、适度分权、循序渐进的要求，全面推进从价计征改革，有效发挥税收杠杆调节作用，建立规范公平、调控合理、征管高效的征收机制，促进资源节约集约和生态环境保护；规范日常税费征收，做到应征尽征；严厉打击偷逃税行为。

第七，加快矿山生态修复治理进度。强化关闭矿山生态修复。对规划中已经明确关闭时限的在产矿山，要严格按照矿产资源开发利用方案的要求，实行边开采边修复，做到资源开采和生态修复同步、不欠新账；加快废弃矿山治理。重点加快高速公路、铁路、国道、省道、航道等主要交通干道两侧和城市周边废弃矿山的治理，到"十三五"末，全面完成废弃矿山治理任务，彻底还清旧账；确保治理取得实效，实现环境、土地、安全效益多赢。

第八，切实加强交通运输管理。加强矿车运输管理；全面实施船舶航运管制；全面提升矿山码头管理。

第九，严厉打击非法违法行为。要加大巡查力度，实行"一矿一监督"制度，对企业越界、超量开采和偷盗矿产资源行为，做到及时发现、及时查处。对违法开采构成犯罪的，要依法追究刑事责任；严厉打击环境违法行为。要加强环保执法监管，严厉查处废水、粉尘环境污染等违法行为，一经发现一律依法从严惩处；坚决打击非法销售矿产资源违法行为。

第十，严格责任追究。各级党委、政府要按照从严从紧依法规范管理矿产资源的要求，严格落实矿山属地管理责任，建立县区领导联系涉矿乡镇制度，实行包矿包案。市级相关部门要按照各自职责，加强矿山监督管理。

在推进矿产资源管理改革过程中，湖州市委、市政府继续大力倡导"四铁"精神整治矿山开采秩序，坚决打击盗采偷挖矿产资源行为，维护良好的矿产资源开采秩序。上述十条规定，就充分体现了这种精神，这个"四铁"精神自 2003 年提出，一直坚持。

2018 年 5 月，湖州市矿山企业综合治理办公室印发《湖州市绿色矿山建设三年专项行动实施方案》也是这一时期的重要文件。其中，“175 计划”是核心内容。即一个总体目标、七大主要任务和五大示范工程。有关“175 计划”的内容，我们将在绿色矿山专题中详细介绍。

根据 2019 年统计，全市共有矿山 47 家，建筑石料矿 27 家，年产矿石量为 8221.3 万吨（建筑石料 4730 万吨），实现矿业总产值 637190 万元（建筑石料 547641.6 万元），利润 125549.8 万元（建筑石料 111880.8 万元），税金 77729 万元（建筑石料 60640.7 万元）；全市有大型矿山 42 个，中型矿山 4 个，大中型矿山占比 97.8%。

改革还在继续。目前，湖州已经着手第五轮规划修编，相信明天会更好！

第四章　专题篇：绿色矿山转型的历史坐标

聚起来是一团火，散开来是满天星。湖州矿产资源管理制度改革、绿色矿业发展的亮点恰如满天的星斗，不胜枚举。因此，我们只得选择几个有代表性的“星团”或者“星云”当作我们的视点，去寻求那些既独立存在，又相互依存、相互联系的物理关系，由此构成专题“星系”。

绿色矿山建设便是一个庞大的“星团”。它孕育于20年前的“规划分区”——开采区集聚使绿色矿山创建成为可能，使“五个标准化”，即资源利用集约化、开采方式科学化、生产工艺环保化、企业管理规范化和闭坑矿山生态化有可能变成现实。五个标准化看似简单，却源自众多学科，比如资源利用集约化，就不可能是一个单一学科的成果。数不清的学科构成了“五化”基础；再由“五化”集于矿山，绿色矿山才得以诞生。经过20年努力，湖州成为绿色矿业示范区，这是一个复杂的系统工程。可以骄傲地说，绿色矿山是当代中国矿业开发史上一座不朽的丰碑！

第四章共三节，按规划时间顺序介绍绿色矿山探索发展过程。

第一节　擎起一片蓝天

持续二十年的湖州矿产资源管理制度改革创新，最大的贡献就是为全国矿业经济可持续发展，尤其是在制度建设方面探索出一条开发与保护协调并进的“绿色通道”，绿色矿山建设就是通道。湖州打造绿色矿山的艰辛历程和辉煌成就，从另一个侧面进一步印证“绿水青山就是金山银山”这个富有哲理性的发展观。

湖州率先擎起中国绿色矿山的大旗。首次提出绿色矿山概念，是在2005年第二轮矿产资源规划——《湖州市矿产资源总体规划（2005—2015年）》第七章“打造绿色矿山”中。当时提出的概念是：建设绿色矿山，实现资源利用集约化、开采方式科学化、生产工艺环保化、企业管理规范化、闭坑矿区生态化。

“打造绿色矿山”，早在1999年湖州市第一轮矿产资源规划——《湖州矿产资源保护与开发利用规划（1999—2015年）》中，绿色矿山的概念就已经有所显现。例如在总体目标中提道：控制总量、合理布局、调整结构、规模生产；在规划禁采区中提道：……搬迁或关闭矿山应当进行土地复垦、植被恢复；在依法行政强化规划实施力度中提道：建立矿业开发的环境保护制度、矿山用地复垦制度、矿山植被恢复等制度，实行边开采边整治；在积极引导优化投入中提道：禁止或关停不符合产业政策，浪费资源及污染环境，破坏环境的矿山；在矿业布局和结构调整中提道：……进行矿业结构调整，改造小矿山，发展深加工，扬优抑劣，规模经营。同时，提出了“新建矿山分阶段最小生产规模”，等等。

2001年10月，湖州市为配合第一轮规划实施，出台了《矿产资源综合利用实施细则》。在《细则》目标中规定：“到2005年底，全市矿产资源综合利用率在现有基础上提高5个百分点，达到85%以上，到2010年，提高到90%以上”；在规划近期、中期、远期，普通建筑用砂、石，选矿回采率分别达到90%、95%和97%以上，石灰石矿山开采回采率达到85%、90%和95%以上；规划期内矿山选矿回收率稳步提高。规划期内的近期、中期、远期，普通建筑用砂、石矿山的选矿回收率分别达到85%、90%和97%以上；石灰石矿山的选矿回收率分别达到90%、95%和97%以上；其他非金属矿山的选矿回收率分别达到90%、95%和95%以上。这些资源高效利用的约束性指标，充分体现了绿色矿山原有之意。

可以说，绿色矿山的内涵，在湖州1999年第一轮规划以及政府相关文件中随处可见，只是当时创建绿色矿山的条件尚不成熟：一方面，虽然刚刚经历过矿业秩序整顿，但湖州矿业普遍存在的“矿山规模小、摊点多、开采方式粗放落后、设备简陋、环境污染严重”等问题没有得到很好解决，主要精力还要集中在规范矿山开采秩序和矿山企业综合整治上；另一方面，湖州的矿山尚未形成现代矿业经济的九大要素条件，即：依法办矿、规范管理、资源综合利用、技术创新、节能减排、环境保护、土地复垦、社区和谐、企业文化等。所以，只能分步走。这一阶段叫作湖州绿色矿山建设的预热期。

2003 年 8 月，即湖州实施第一轮规划期间，湖州市政府下发了《关于开展矿山企业综合整治的实施意见》。在这个《意见》中，绿色矿山的概念已经十分明朗。在工作目标中是这样描述的：“通过矿山企业综合整治，全面取缔、关闭非法和严重违法的矿山企业；生态环境保护措施落实到位，废水达到国家规定的排放标准，固体废物按国家规定得到妥善处置，粉尘、固定噪声源得到有效治理；水土流失得到有效控制；安全生产措施全面落实，安全事故大幅度减少；矿山开采量得到严格控制，按照批准的规模组织生产；矿石运输管理得到加强，确保路面、河道清洁；全市矿业经济基本走上布局合理、规范管理、有序经营、文明生产的新路子。”这一目标要求，就是日后确定湖州绿色矿山“五化”标准的主要内容，它涵盖了矿山企业生产的全过程。可以这样说，湖州开展矿山企业综合整治，是在 1999 年第一轮规划实施基础上对矿业绿色发展认识的提升，为 2004 年第二轮规划修编，明确绿色矿山创建提供了实践上的准备。所以，从严格意义上讲，我国绿色矿山建设始于 1999 年湖州的矿产资源管理制度改革，起始时间应该是 1999 年至 2005 年，前后五年，分为三个阶段：舆论预热阶段、实践探索阶段和明确概念进入实施阶段。

诚然，与西方发达国家相比，我国的绿色矿山建设晚了 100 多年。早在 19 世纪，英美等国家就提出了“绿色矿山”的概念。但在当时，绿色矿山的概念仅仅停留在单纯的对矿区植被的保护，以及矿区周边环境的美化上。所以，有史料用“Green Mine 或 Bio-friendly Mien”表示是不妥的。第二次世界大战以后，随着社会经济急速发展，以及对自然资源的快速消耗，提高资源的利用率受到广泛关注。这一时期，主要是矿产资源的综合利用。到 20 世纪后期，资源问题已经成为制约世界各国发展的瓶颈，工业文明对地球的污染和破坏引起全人类普遍重视，节能减排与环境保护最终上升到“以人为本”的高度。

2005 年 10 月，浙江省政府委托浙江省国土资源厅批准实施湖州第二轮规划。同年 12 月，湖州市政府下发了《关于创建绿色矿山的实施意见》（湖政发〔2005〕81 号），对第二轮规划提出的绿色矿山创建作了细化描述，文件重要内容是指导思想和总体目标、绿色矿山的基本条件、绿色矿山的创建标准、实施步骤以及工作措施五方面。由此可见，湖州绿色矿山创建酝酿已久。

《意见》对第二轮规划提出的绿色矿山“五化”标准做了详细解读，细分 24 条具体标准：

资源利用集约化。符合国家产业政策和《湖州市矿产资源总体规划》的要求。矿山开采加工布局合理，矿产资源开发利用方案科学规范；矿产品结构优化。加大科技投入，提高生产技术水平，提升产品档次，形成附加值高的系列产品；矿产资源开发利用率达到 95% 以上。最大限度地减少废弃物排放，废渣、尾矿的处置率达到 100%。

开采方式科学化。严格实施矿产资源开发利用方案，实行自上而下分水平台阶式开采和中深孔爆破。爆破方案符合爆破安全规程，并经专门机构评估；矿山开采作业实现机械化，使用先进的开采作业方式；采剥合理，最大限度地减少林地占用和水土流失，矿区裸露面积小于 50%；边开采边复绿。按照矿产资源开发利用方案的要求，在矿山开发中应进行治理、复绿，并采取有效措施复垦矿山土地，保护生态环境。

生产工艺环保化。严格执行环境影响评估制度、环保“三同时”制度和水土保持“三同时”制度，认真落实各项污染防止措施和水土流失防治措施；建立生态环境保护与治理的投入机制。首次投入治理资金占项目总投资的 15% 以上，每年用于矿山生态环境治理的资金投入达到矿产品销售收入的 2% 以上；矿石加工机组设置在矿区，主要加工设备封闭运行，石料破碎加工产生的粉尘采取强制吸风除尘措施实现达标排放；对石料运送采取有效防尘措施，无粉尘飞扬现象；矿区运输道路硬化措施到位，配备洒水车辆进行洒水保洁，矿石运输车辆驶离矿区采取轮胎冲洗、加盖篷布等防尘保洁措施；已采用水冲工艺的矿山企业，建有规范完备的废水处理设施，废水经处理后循环使用，实现零排放。矿区及石料堆场建有雨水截流沟，地面径流水经沉淀处理后达标排放；各类固体废弃物有专用堆场和存储场地，并采取综合利用方式全部妥善处置，无占用河塘、天地堆放的现象；依法编制矿山水土保持方案，各项水土保持措施到位；依法办理林木采伐许可证，无非法采伐林木行为。

企业管理规范化。建立矿山生态环境保护长效管理机制，组织健全，分工明确，责任落实；制定绿色矿山创建工作方案，重点突出，目标明确，措施有力；矿产资源管理、生态环境保护和安全生产等规章制度完善，各类报表齐全，台账、档案资料完整；矿容矿貌整洁，秩序井然，绿化覆盖率达到30%以上。

闭坑矿区生态化。有完备的矿山闭矿后的生态环境治理和土地利用方案；闭坑和局部闭坑后的生态环境和矿地现状符合设计要求和预设功能；重视地质灾害防治工作，无地质灾害隐患；负责闭坑矿区的复垦复绿工作，承担复垦复绿经费和义务，闭坑矿区达到复垦复绿验收标准。

湖州是国土资源部党组的工作联系点，在经过两年卓有成效的绿色矿山创建基础上，2007年，在中国国际矿业大会上，原国土资源部部长徐绍史提出了“发展绿色矿业”的倡议。倡议立足于我国当前的矿产资源利用现状，指出我国正处于工业化城镇化加快发展的关键阶段，资源需求刚性上升：一方面，矿产资源的开发利用为保障经济社会发展作出了突出贡献；另一方面，不少矿山资源开发利用模式仍然比较粗放，节能减排任务繁重，矿山环境问题比较突出，不能完全适应经济社会发展的新要求。转变传统意义上以单纯消耗矿产资源、牺牲生态环境为代价和高耗能为特点的开发利用方式，从根本上转变发展方式和经济增长方式，真正实现资源合理开发利用与环境保护协调发展，绿色矿山已成为矿山企业发展的必然选择。

至此，以湖州为代表的我国绿色矿山建设，向前迈出了艰辛的第一步。

第二节　种瓜得瓜，种豆得豆

绿色矿山创建，既是因，也是果。这个逻辑关系就是：第一轮规划的实施，为绿色矿山创建做了比较好的铺垫，使绿色矿山创建由不可能变为可能；绿色矿山创建引发了传统矿业蜕变，快速推进了矿业经济的转型升级。

随着第一轮规划实施，湖州矿业经济发展状态的趋好，为绿色矿山创建创造了条件。首先，促进了矿山布局调整和矿业结构优化，基本实现了禁采区关停、限采区收缩和开采区集聚的规划预期。禁采区内露采矿山提前两年关停，全市矿山总数从 1998 年的 868 个减少到 2003 年的 612 个，减少了 30%；单个矿山年开采规模从 1999 年的 4.99 万吨，提高到 2003 年的 17.6 万吨；初步形成了规模化生产、集约化经营的矿业新格局，实现了“两个低于”：矿石产量的增长低于矿业产值的增长，矿业产值的增长低于利税的增长。其次，采矿权全面实现有偿取得。采矿权采取招标、拍卖、挂牌和协议等方式有偿出让，到 2003 年底，累计收取采矿权出让金 4.17 亿元。最后，矿山生态环境建设全面启动。市区和各县分别编制了矿山自然生态环境保护与治理专项规划，矿山自然生态环境治理备用金制度全面实施。一大批矿山生态环境治理示范工程稳步推进。这些为创建绿色矿山提供了条件。

湖州在第二轮规划中明确提出了创建绿色矿山，并制定了“五化”标准，在随后的“规划细则”中，又对这五个标准做了详细规定。按照湖州《关于创建绿色矿山的实施意见》和湖州第二轮规划的绿色矿山建设的具体要求，创建湖州绿色矿山分两个阶段实施：2005 年 12 月至 2006 年 12 月为试点阶段。在深入调查研究，明确创建目标基础上，全市选定 6 至 8 家矿山企业进行绿色矿山创建试点。其中，吴兴区 2 至 3 家，长兴县 1 至 2 家，德清县 1 至 2 家，安吉县 1 家，使每个区县都有试点的机会，便于日后推广。

试点企业选择是严格的。首先，采矿权有效期在三年以上（含三年），年开采规模在 30 万吨以上；其次，矿山企业基础条件好，管理工作规范；最后，生态环境意识强，创建积极性高。试点采取自愿申请，经市、县（区）矿山企业综合整治办公室审查同意后实施。

试点单位确定后，要严格按照《绿色矿山创建指南》的要求制定创建方案。根据绿色矿山创建的“五化”标准，结合矿山矿产资源开发利用的实际情况，进行创建方案编制；创建方案经有关部门初审、专家组评审通过后方可实施。

创建中要坚持标准，力求实效。首先要严字当头，把矿产资源开发利用率、吨耗资源经济效益、矿区绿化覆盖率和矿区生态环境治理率作为主要考评指标。要求矿产资源综合利用率达到95%以上，废渣、尾矿的处置率达到100%。其次，创建内容力求实在，其重点是改进生产工艺、优化产品结构、增加产品的科技含量、提高产品附加值。最后，创建方式要灵活。由于矿山企业分布较广，基础条件各不相同，列入试点的矿山企业创建条件也存在较大差异，所以要因矿制宜，分类指导，固强补弱。

2007年1月至2009年12月为全面实施阶段。在完成试点、取得经验基础上，全面实施绿色矿山创建工作。全市所有生产矿山年开采规模在30万吨以上的石灰石、建筑石料矿山，开展绿色矿山创建，达到绿色矿山创建标准。对达不到绿色矿山创建标准的矿山企业实行限期整改，经限期整改仍不合格的，依法责令停产整顿，直至予以关闭。

为了充分调动创建企业的积极性，湖州适时采取了一些激励政策，在创建中发挥了重要的推进作用。规定创建企业在获得绿色矿山资格后的三年内可享受适当增加规模、简化有关手续、提前返还备用金、实施规费补助等优惠政策。绿色矿山企业在矿区矿产资源储量和生态环境承载能力允许的情况下，开采规模可适当增加；在原矿区重新受让采矿权时，在开采规模增加量不超过原开采规模30%的情况下，可不再重新编制矿产资源开发利用方案、水土保持方案和环境影响评估报告；绿色矿山企业上交的矿山自然生态环境治理备用金，可分年度按治理进度提前返还；行政主管部门收取的各类规费，可按一定比例返还。2008年浙江省国土资源厅印发了《浙江省省级绿色矿山创建管理暂行办法》，2009年湖州市印发了《关于鼓励绿色矿山创建实施办法的通知》，对获得省级和市级绿色矿山称号的矿山企业，在有效期内享受优惠政策。在出让金方面规定，一次性缴纳有困难的，经采矿权登记管理机关批准，出让金可在采矿权有效期内按合同分期缴纳。但首次缴纳金额不低于出让金总额的40%；市财政从绿色矿山企业缴纳的采矿权出让金中，扣除上缴省得部分后，给予一次性补助……市财政补助最高不超过60万元。奖励政策还对矿山生态环境治理备用金、综合保证金等返还和减免做了相应规定。

这些政策的出台，无疑对绿色矿山创建起到了重要的助推作用，同时绿色矿山创建也有力促进了矿山企业综合整治工作。到2010年，全市建筑石料矿山平均年开采规模达到了64.6万吨，建成了绿色矿山45个，涌现出一批骨干企业。但总体而言，绿色矿山建设依旧步履维艰。矿山企业“多、小、散”的局面还没有得到根本改变。开采规模50万吨以下的矿山企业仍占75.2%。所以，对矿山企业综合整治就成了绿色矿山创建成败的关键一环。

2006年底，国务院办公厅转发九部委（局）《关于对矿产资源开发进行整合的意见》，其目标任务是通过整合，使矿山企业“多、小、散”的局面得到明显改变，矿山开发布局趋于合理，矿山企业结构不断优化，矿产资源开发利用水平明显提高，矿山安全生产条件和矿区生态环境得到明显改善，矿产资源对经济社会可持续发展的保障能力明显增强。2009年底，国土资源部等十二部（局、委）印发《关于进一步推进矿产资源勘查开发整合工作的意见》，再次部署矿产资源勘查开发整合工作。

湖州市于2007年和2010年先后出台了《关于进一步推进矿产资源开发整合工作的通知》和《关于深入推进矿产资源勘查开发整合工作的通知》，明确整合重点，推行鼓励政策，引导和鼓励矿山企业积极参与整合，促进矿产资源向骨干企业集聚。但是在实际操作中，矿山的关停和整合阻力很大。湖州所遇到的情况，其实在全国也普遍存在。国土资源部等十二部(局、委)联合下发了《关于进一步推进矿产资源开发整合工作的通知》，认为“矿产资源开发整合工作是一项复杂的系统工程，涉及多方面利益关系的调整，工作量大、政策性强，难度大，目前各地整合工作进展不平衡，一些地方运作不规范，整合工作不彻底。”《通知》认为，进一步推进矿产资源开发整合工作是矿产开发领域贯彻落实科学发展观的一项重要举措，是调整矿产开发结构、推动产业升级、促进资源高效开发利用的有效途径，是适应当前经济形势，实现矿业可持续健康发展的具体部署。要通过进一步推进整合，全面规划，突出重点，构建矿产资源合理开发利用长效机制。《通知》要求，要科学编制整合方案……明确2010年底之前必须完成的整合重点及目标任务。

2010年2月，湖州市国土资源局等九部门联合印发了《关于深入推进矿产资源勘查开发整合工作的通知》，明确了湖州市矿山企业综合整治领导小组及办公室负责全市的勘查开发整合工作，各区县也成立了相应领导机构。根据浙江省关于勘查开发整合的具体要求，湖州市整合矿区 7 个，占全省的 35%，位列各地市之首。其中一个为省市县三级督办整合矿区、两个为市县两级联合督办整合矿区。规定：凡整合矿区不能按时完成整合工作，不得重新启动采矿权设置和出让，暂停矿区所在县（区）的采矿权统一配号和新设采矿权报批。如此强势推进勘查开发整合，目的是为了实现矿业绿色发展。2010 年湖州矿产资源勘查开发整合工作通过省级验收，开发整合湖州矿山开发布局进一步优化，矿山“多、小、散”进一步减小，全市共减少采矿权 35 个，矿山企业进一步做强做大建筑石料矿山年平均规模达到 60.9 万吨，5 个整合矿山年开采规模达到 165 万吨，矿产资源开采规模化、集约化水平进一步提高，矿山业主依法办矿理念增强。矿产资源开发整合推进了绿色矿山建设。

到 2010 年底矿产资源勘查开发整合验收，湖州累计按“五化”标准创建绿色矿山 31 家，其中，省级绿色矿山 13 个，占全省绿色矿山总数的 50%。2008 年 6 月，浙江省绿色矿山创建工作现场会在湖州召开；2010 年 10 月，全国首批“国家级绿色矿山”评选工作会在湖州举行，湖州新开元和鹿山坞两矿山列入“国家级绿色矿山”试点（全国建筑石料矿山仅此两家入选）。

绿色矿山创建有一个由不自觉到自觉的过程。所以，领导重视，形成共识，是推动绿色矿山创建的关键；绿色矿山创建既是各级有关部门的职责，也是矿山企业保护生态环境的法定责任和义务，所以明确主体，落实责任，是推进绿色矿山创建的重要前提；绿色矿山创建，既是建设生态城市的客观需要，也是矿山企业自身发展的内在要求。所以，完善机制才能激发活力，这是推进绿色矿山创建的基本动力；保护矿山自然生态环境既是矿山企业的法定义务，也是各级有关部门的共同职责，只有依法行政，加强执法监督，才能保障绿色矿山创建有序推进。

第三节 划时代的厚礼

绿色矿山将厚重的中国矿业开发史划分为两个时代：传统的矿业，开发模式一直持续到20世纪末21世纪初，其特点是只要矿石，不要环境；现代的矿业，绿色开发模式，绿色矿山是既要矿石，也要环境。绿色矿山开启了一个“鱼和熊掌兼得”至“生态优先”的新时代。

2011年，第三轮《湖州矿产资源规划（2011—2015年）》实施，湖州绿色矿山再上一个新台阶：全面实施绿色矿山创建工程，全域建设绿色矿山。湖州矿业向着实现矿业开发与生态环境协调发展迈进。

第三轮规划明确，全面建设绿色矿山，以资源合理利用、节能减排、保护生态环境和促进矿地和谐为主要目标，以开采方式科学化、资源利用高效化、企业管理规范化、生产工艺环保化、矿山环境生态化为基本要求，将绿色矿业理念贯穿于矿产开发的全过程，从依法办矿、规范管理、综合利用、技术创新、节能减排、环境保护、土地复垦、社区和谐、企业文化等九个方面的具体要求，作为建设绿色矿山的基本条件，实现矿山规范开采、保护环境、节约资源、服务与经济转型和社会发展的需要。依托已建成的31个绿色矿山，总结经验，在示范矿山的基础上，全面实施绿色矿山建设工程，将绿色矿山创建作为新设矿山的准入条件，凡具备绿色矿山创建条件的矿山都必须按要求创建绿色矿山，至“十二五”期末，基本形成全市绿色矿山格局。

从现在看都具有前瞻性。而要全面实现绿色矿山创建，全域建设绿色矿山困难比预期更加复杂艰巨。

湖州市委、市政府从建设“生态市”战略高度，强势推动绿色矿山建设，将矿山生态环境建设和绿色矿山建设作为矿山企业整合整治主要内容，列入各级政府年度工作考核和生态市建设考核范围，市政府每年召开一次全市矿山整治工作会议，下发一个指导性文件，并与各县（区）签订矿山整治目标责任书，正是有了这样一个常态化的工作机制保障，绿色矿山的创建才得以稳步推进。

2012年10月，湖州市委、市政府办公室印发《湖州市“四边三化”行动实施方案》，把绿色矿山建设，列入“四边三化”专项行动。12 月，湖州市生态市建设领导小组办公室印发《湖州市四边三化矿山生态环境治理行动实施方案》，开展时间为两年的矿山生态环境治理，绿色矿山建设是重要内容，绿色矿山建设得到了推进，专项行动取得实效。全市矿山企业开展矿山洁化、绿化、美化工作，生产矿山的矿容矿貌明显改善。据统计专项行动共清洁矿区道路 510 公里，添置洒水车 80 辆，设置汽车清洗池 57 个，洒水保洁 910 公里，清理垃圾及废渣 420 吨，植树 110 万株，累计投入 9400 多万元。铁路、公路、航道两侧 300 米范围内 30 家矿山完成绿色矿山创建，累计绿色矿山 54 家，省以上 19 家，南太湖新区泰玛仕矿业有限公司戚家山石灰石矿、安吉县天子湖矿业有限公司红庙山膨润土矿成为国家绿色矿山试点单位。2013 年 9 月，全国矿产勘查开发处长培训会在湖州召开，与会代表考察湖州新开元矿业有限公司青山石矿绿色矿山建设情况，称之为“湖州模式”。

2013 年，湖州市政府出台《湖州市市级绿色矿山管理办法》，对绿色矿山创建提出了更高标准：全域建设绿色矿山，在本市行政区域范围内，采矿权（剩余）出让年限在 3 年（含）以上，均应建设绿色矿山。《办法》按照绿色矿山“五化”标准和九个要素条件，设定了七项申报验收条件，其中任何一项不达标，都不能认定为市级绿色矿山。

依法办矿。相关证照俱全，具有《采矿许可证》《矿山安全生产许可证》《工商营业执照》、林地征（占）手续、《林木采伐许可证》《民用爆炸物品使用许可证》；通过环保部门建设项目环境保护设施竣工验收；通过水行政主管部门水土保持“三同时”验收；改、扩建工程应通过安全生产设施“三同时”审查和验收；具备其他法律法规、规范性文件限定的资质、条件和指标（如能耗指标等）……三年内无违法违规行为或受到国土、环保等部门行政处罚记录；三年内无安全生产死亡事故，无因环境问题、矿山企业过错引发的群体性事件和纠纷；依法纳税、依规缴费，严格按照矿山自然生态环境治理责任书约定缴纳矿山环境治理备用金。

资源综合利用。矿产资源开发利用率达到 95% 以上，废渣、尾矿的处置率达到 100%；生产废水实现循环使用，并装有流量表，废水实现零排放；积极开展节能降耗、节能减排工作，节能降耗达到规定指标。

开采方式科学。严格执行矿产资源开发利用方案和开采设计方案，实行自上而下分水平台阶式和中深孔爆破；矿山开采使用先进的作业方式；采剥合理，最大限度地减少林地占用和水土流失，矿区裸露面积小于 50%；实施边开采边复绿边治理，采取有效措施复垦矿山土地、保护生态环境。

企业管理规范。绿色矿山创建工作机构健全，分工明确，责任落实；矿产资源管理、生态环境保护和安全生产等规章制度完善，各类报表齐全，台账、档案资料完整；达到环保二星级（含）以上矿山。实现矿容矿貌整洁，秩序井然，做到洁化、绿化、美化；通过安全生产标准化三级以上达标验收；矿山采矿权登记范围内可绿化区域覆盖率达到 80% 以上。

生态环境保护。开采区穿孔作业运用湿法或袋式除尘、抑尘措施；加工机组建设符合产能与规模匹配要求；加工机组粉尘治理装置效果好、实现达标排放；有噪声隔音措施，防止噪声污染影响；湿法加工企业淤泥干化后去向明确、合理；建有垃圾回收站并集中收集运送至乡镇垃圾中转站；开采区、加工区环境整洁；建有"人工湿地"；矿区主要道路全程硬化，配备洒水车和足够保洁人员，道路保持干净、整洁；建有轮胎冲洗设施并使用正常。

水土保持有效。开采区泥土剥离规范且严格执行水土保持方案；开采区域建有截水沟和集水、处理池；加工区建有地表径流截水沟，并建有集水、处理池；固废堆场四周建有挡泥墙，同时建有截水沟和集水、处理池。

企业形象提升。企业形象好，社会责任感较强，积极参与社会公益事业；有符合企业自身发展特点的企业文化和企业精神；企业与乡镇、村（社区）及周边农户关系和谐；重视职工生活、关注职工健康、保障职工权益，业主与职工同心同德、氛围和谐。

严格的制度和高企的标准，是确保绿色矿山创建质量的关键所在。2013 年 7 月，湖州出台的《持证矿山洁化绿化美化标准》，不仅对《办法》中多处提及的洁化、绿化、美化做出标准化解释，而且对《办法》没有涉及的如办公区、开采区、生产区、运料道路（系统）、码头区、生活区、总体环境等 7 个方面的 22 项洁化、14 项绿化和 17 项美化标准做了补充完善，有细化的考核标准。

到第三轮规划期末的 2015 年，湖州矿山生态环境得到明显改善，绿色矿山建设居全国前列。累计建设绿色矿山 63 个，绿色矿山建成率达到 80% 以上，其中，国家级绿色矿山 8 个，浙江省级以上绿色矿山 23 个，规划目标全部实现。

在第二、第三轮规划创建绿色矿山基础上，湖州 2016 年 10 月被列为全国“绿色矿业发展示范区”试点，并写入国务院批准的《全国矿产资源规划》，湖州绿色矿山继续领军全国绿色矿业建设，需要再上一层楼。据此，湖州第四轮矿产资源规划专设一章：国家级绿色矿业发展示范区建设，开启绿色矿山高质量建设阶段。

2016 年湖州第四轮规划《湖州矿产资源规划（2016—2020 年）》进入实施。第四轮规划目标明确：矿山生态环境更优美。全面建设绿色矿山，到 2020 年，全市绿色矿山建成率达 100%，提高绿色矿山创建水平，省级及以上绿色矿山数量占全市绿色矿山总数的 60% 以上，实现矿地综合利用；矿山布局和矿业结构更优化。到 2020 年，全市所有矿山矿产资源开发利用工艺、技术和设备符合矿产资源节约与综合利用鼓励、限制、淘汰技术目录的要求，矿山“三率”达标率 100%，其中露天矿山开采回采率达到 100%，资源综合利用率达到 99%；矿山固废处置率达到 100%，废水循环利用率 100%，粉尘达标排放。应该说这个目标是高的。

2017 年 11 月，湖州市政府制定《绿色矿业示范区建设方案》经省国土资源厅报原国土资源部审批，目标更高。湖州绿色矿业示范区建设预期，到 2020 年，将湖州建成全国矿业领域生态文明建设的样板区、矿区环境修复的试验区、资源合理利用和先进技术装备运用的展示区、生态保护和矿地和谐的模范区、资源开发与经济社会协调发展的先行区，走出一条矿产资源开发利用与生态环境保护、矿区和谐相统一的新路子，形成一套可复制、可推广的绿色矿业发展建设“湖州模式”。根据湖州矿产资源特点，通过绿色矿业示范区建设，形成富有特色的高附加值矿产品生产基地建设经验；推广应用矿产资源节约集约与综合利用先进实用技术，鼓励矿山企业实施科技创新，全面提升建筑石料、石灰石等矿产资源开发利用效率，形成资源高效开发利用的经验；将废弃（关闭）矿山治理与矿地利用结合，形成可复制、可推广矿地综合利用的经验；总结示范区建设经验，形成可复制、可推广的一套绿色矿业发展制度和一个绿色矿山建设地方标准。

《绿色矿业示范区建设方案》与第四轮规划中设定的主要目标比较，有所调整，有所增加。调整的内容是：大中型矿山比例2017年达到93%、2020年达到95%（规划为2020年达到92%）；绿色矿山建成率2017年底达到90%、2020年达到100%（规划为2020年达到100%）；废弃矿山清零，全面完成两路两侧56个重点废弃矿山治理。2017年重点废弃矿山治理方案编制完成率100%，开工率达80%，完成率达60%，确定五个废弃矿山生态修复示范工程；2018年递增，重点治理矿山开工率100%，完成率90%；2020年全面完成治理工程（原规划为治理废弃矿山28个，其中重点治理矿山16个，一般治理矿山12个）。

新增内容为：矿区绿化覆盖率达到可绿化面积的100%；建设数字化现代矿山，关键生产工艺流程数控化率80%以上；实施重点工程。矿业转型示范工程；绿色矿山标准化建设示范工程，全面提升绿色矿山水平，打造绿色矿山标准化建设示范区。重点建成3个开采建筑石料、两个开采石灰岩示范矿山；矿地融合发展示范工程，开展国土资源部工矿废弃地复垦利用试点工作，全面完成56个废弃矿山治理，产出建设用地15000亩，垦造耕地4600亩，复绿造林5300亩。打造五个废弃矿山治理示范工程；矿山科技进步示范工程。2020年，全市在矿产资源开发利用方面累计取得20项以上专利成果，取得国家高新技术企业2家；打造信用矿山示范工程。

2017年5月，原国土资源部、财政部、环境保护部、国家质检总局、银监会、证监会联合印发了《关于加快建设绿色矿山的实施意见》，对全国的绿色矿山建设提出了三大目标：基本形成绿色矿山建设新格局。新建矿山全部达到绿色矿山建设要求，逐步建设50个以上绿色矿业发展示范区，形成一批可复制、能推广的新模式、新机制、新制度；探索矿业发展方式转变新途径。坚持转方式稳增长相协调，探索资源节约集约和循环利用的产业发展新模式和矿业经济增长的新途径；建立绿色矿业发展工作机制。研究建立国家、省、市、县四级联创，企业主建，第三方评估，社会监督的绿色矿山建设工作推进体系，健全绿色矿山建设标准体系，完善配套激励政策体系，构建绿色矿业发展长效机制。

同年5月25日，湖州市政府在“2017中国矿业循环经济暨绿色矿山论坛”上做了主题发言，并向大会推介了湖州市绿色矿山地方标准：《绿色矿山建设规范》(DB3305/T40–2007)，这是全国第一个绿色矿山建设地方标准，并于2017年3月20日实施。同年12月，湖州公布绿色矿山标识、标志旗，要求全市所有绿色矿山统一使用。湖州市《绿色矿山规范》分七个方面50项指标，总体归纳为三大块内容：其一，范围与定义（包括范围、规范性引用文件、术语与定义三项）；其二，内容与要求（包括基本要求、资源环境要求、企业管理要求三个方面40项）；其三，认定与监督（包括认定程序、监督管理两个方面7项)。《规范》在遵循国家、省关于绿色矿山建设严格政策文件的基础上，注重湖州的探索与实践，进一步细化数据，统一依据，定量准确，定性明确做到可操作。这个标准高于全国。

该标准实施后，湖州市质量监督局进行了跟踪调查，并于2018年底出具了评估报告，评价结论说：标准指标精准细化，领跑行业发展；标准实施力度较大，筑牢绿色屏障；标准执行基本到位，凸显建设成效。规范的实施有力推动了湖州矿业向高效集约转变，改善了生态环境，促进了矿地和谐，加强了企业自律，调动了企业积极性，绿色矿山品牌建设成效显著。绿色矿山规范建设，矿山的资源利用率不断提升、生态环境不断改善、技术装备提档升级、管理水平有效提升。对于该标准存在的问题，也做了客观描述和建议。提出“虽然本标准的出台具有显著的先进性，但随着中国矿业联合会团体标准T/CMAS0001–2017《固体矿产绿色矿山建设指南（试行)》的发布实施及行业标准《砂石行业绿色矿山建设规范》报批稿的公示，标准存在部分指标偏低或技术要求缺失情况，需加快对标准的制修订”。

2018年10月，国家《非金属矿行业绿色矿山建设规范》等九项行业标准实施，我国开始进入绿色矿山建设标准化阶段。与之相比，湖州整整提前了一年时间。

2018年湖州再次发力，印发了《绿色矿山建设三年专项行动实施方案》，专项行动的指导思想是：矿山管理坚持从紧从严、依法依规管理总基调，实现“总量控制不突破、秩序向好不反弹”，高水平建设绿色矿业示范区。目标任务为：一个总体目标、七项重点任务和五大示范工程，简称“175计划”。

一个总体目标是：通过开展绿色矿业发展示范区建设，进一步巩固扩大成果，实现矿业转型升级，助推生态文明建设，为湖州高质量建设现代化生态型滨湖大城市做出贡献，为全国绿色矿业发展作出贡献。全市所有生产矿山、新建矿山（除工程性采矿权外）均完成绿色矿山建设工作。到2018年底，80%以上纳入全国绿色矿山名录库；到2020年底全面建成全国绿色矿山发展示范区。

七大重点任务是：一是全面优化矿产资源开发布局。以生态优先、总量压缩、自用为主和从紧从严、依法依规管理矿产资源为原则，围绕矿产资源开发“近期减点控量、自用为主，远期全面关停”的总体目标，到2020年，全市矿山总数控制在42个(规划为48个)，年开采总量控制在6800以内(规划为6706万吨左右)，所有矿山集中在开采区，限采区、禁采区无经营性固体矿山。二是深入调整矿业产业结构。三是整体提升矿产资源开发利用效率。四是全面提升绿色矿山建设水平。五是全面加强矿山生态环境保护。六是全面推进矿地融合发展。七是构建完善绿色矿业发展长效机制。

五大示范工程是：矿业转型转业示范工程、绿色矿山标准化建设示范工程、矿地融合发展示范工程、矿山科技示范工程、信用矿山示范工程。

到2019年底，“157计划”已基本实现，湖州47家生产矿山全部建成绿色矿山，进入国家绿色矿山名录库25家，为浙江省之最。湖州绿色矿山建设历程，经历了“前期探索、试点先行、全域推进、示范全国”四个阶段，在长达近20年实践中，形成了一整套制度体系。包括四轮规划的顶层设计，四个文件的制度保障（《关于创建绿色矿山的实施意见》《鼓励绿色矿山创建实施办法》《市级绿色矿山管理办法》《持证矿山洁化绿化美化标准》），四项机制的实施推进（企业激励机制、部门协调机制、监管前移机制和工作考核机制），两个重要方案的施工蓝图（《绿色矿业发展示范区建设方案》《绿色矿山建设三年专项行动实施方案》），一项绿色矿山建设地方标准，五大示范工程，为全国矿业经济实现绿色发展，提供了完整的、可复制、可推广的湖州绿色矿业模式。2019年12月，湖州市政府在全国绿色矿山建设现场会做典型发言。2020年列为全国绿色矿业发展示范区。这是湖州为全国矿业经济可持续发展呈献的一份厚礼。

第五章　专题篇：生态修复造福一方百姓

修复废弃矿山生态也是湖州绿色矿业发展的一个巨大“星团”。在中国悠久的矿业开发历史上，千百年来，没有哪座矿山在开采结束后，对废弃矿山进行专门、专业修复的。湖州便是“第一个吃蟹的人”——不是胆子大，而是社会责任大。湖州自2002年开始废弃矿山治理试点，探索废弃矿山生态治理工作机制，坚持政府主导、企业主体、市场化运行、多元化投入，宜耕则耕、宜建则建、宜林则林、宜景则景，到2019年完成382座废弃矿山生态治理任务，实现废弃矿山生态治理“清零”。废弃矿山治理功在当代，利在千秋！

本章共三节，介绍废弃矿山生态修复。第一节全面介绍湖州废弃矿山治理工作，第二节介绍德清县废弃矿地复垦利用，第三节介绍长兴县引入社会资金治理废弃矿山情况。

第一节　回归绿水青山

吃完饭要刷锅洗碗，这本是生活常理。但是千百年来，“淘金者”从不刷家什，开完矿拍拍屁股就走人，留下千疮百孔。至湖州矿产资源管理制度改革前，废弃矿山有400余座，把一个好端端的江南水乡祸害得面目全非。从这个意义上讲，湖州的废弃矿山治理是前无古人的。

湖州废弃矿山治理起步于21世纪初期。当时，在长三角的辐射和拉动下，作为长三角中14个城市的一员，湖州经济发展很快，城市建设日新月异。但是，很多座遗留下来的露天和凹陷的废弃矿山影响城市形象。这些废弃矿山主要分布在湖州中心城市周边、杭宁高速、104国道、318国道，以及当时在建的申苏浙皖高速、拟建的申嘉湖高速和东西苕溪航道两侧，既妨碍交通建设，也有碍观瞻，同时，水土流失和环境污染严重，存在滑坡等地质灾害隐患，土地破坏严重。

“九五”期间，湖州三大骨干工程（环太湖大堤建设工程、东西苕溪防洪工程和杭嘉湖北排工程）上马，同时要开发旅游资源，保护历史和人文古迹景区。2002年，湖州市在开展矿产资源开发秩序整顿的同时提出开展废弃矿山治理。这是一项前无古人的事业。湖州开始试点，废弃矿山治理从市区的吴兴区保永矿区、鹿山矿区、南浔区洋东矿区、长兴三狮矿区、李家巷矿区以及安吉的毛坞堂矿区等六地具备治理施工条件的地方开始了。

湖州市通过试点敏锐地看到，单个治理要完成数量庞大的废弃矿山不知道要到猴年马月。废弃矿山治理，政府要有组织系统地进行开展。2003年9月，湖州市政府决定编制废弃矿山治理专项规划。2004年8月，《湖州市区矿山自然生态环境保护与治理规划（2003—2012年）》获批并实施。德清县、长兴、安吉县也编制完成废弃矿山治理专项规划。《湖州市区矿山自然生态环境保护与治理规划（2003—2012年）》是针对废弃矿山生态修复治理出台的一个专项规划，标志着湖州废弃矿山修复治理由此进入有计划、有步骤的阶段，对于全省乃至全国的废弃矿山修复治理具有深刻地影响和指导意义。

2005年9月，湖州市印发《关于湖州市区废弃矿山复垦复绿治理中残留矿产资源处置的意见》，规范治理过程中产生的矿产品处置工作，拓宽治理资金渠道。

2006年10月，湖州印发了《关于湖州市区废弃矿山生态环境治理项目实施办法的通知》，对废弃矿山治理工程全过程予以规范。2017年6月，湖州印发了《关于深入开展矿山复绿专项行动实施方案的通知》，提出“一年启动，两年攻坚，三年清零”的矿山修复治理目标。2018年3月，湖州再次下发了《关于扎实推进矿山复绿工作的通知》，废弃矿山治理进入收尾阶段。至2019年6月，在湖州版图上，最后一座废弃矿山被抹掉。

《湖州市区矿山自然生态环境保护与治理规划（2002—2012年）》与德清、

长兴、安吉县等四个专项规划，在湖州的废弃矿山修复治理中，发挥了重要的指导作用。湖州市区废弃矿山治理专项规划共八章29节，对废弃矿山和生产矿山生态修复做了全面规划。规划提出近期在2007年重点治理区废弃矿山治理率为60%，市区完成45个废弃矿山治理，远期至2012年中心城区、风景区旅游、水源保护区、交通干线两侧修复治理率100%的目标。

据规划对湖州市区矿山及其生态环境现状分析，市区共有矿山313个（采场337个），除生产矿山68个（2003年末数，不含砖瓦用粘土矿）外，其余为废弃矿山。分布密度为0.215个/平方公里（低山丘陵区为0.612个/平方公里）。废弃采场集中分布于中心城市周边，杭宁高速公路、104国道及东苕溪两侧，分布范围约567平方公里。德清县有75个，主要分布在德清县中部武康、洛舍、乾元、三合等地。长兴县99个，有44处在城市周边、风景名胜区、自然保护区、地质遗迹保护区、主要交通干线两侧、饮用水保护区。安吉县有废弃矿山126个，近期急需治理44个，主要在城镇周边及主要交通干线、龙王山自然保护区和天荒坪风景名胜区。可见废弃矿山治理任务繁重。

专项规划对所有废弃矿山治理做了分区规划：重点治理区、次重点治理区和一般治理区。市区重点治理区即分布在中心城市、风景旅游区及其周边和交通干线两侧的矿山集中分布区。根据矿山分布特征、集中程度和治理后的功能属性，分为八个重点治理分区，总面积约139.54平方公里。占市区矿山总数的61.98%、占废弃矿山总数的69.39%、占生产矿山总数的35.29%；将宣杭铁路、东西苕溪两侧一定距离内，对环境有一定影响的规划开采区内矿山集中区域划为次重点治理区。根据矿山的集中程度和分布特征分为四个次重点治理分区，总面积36.70平方公里。占市区矿山总数的28.43 %、占废弃矿山总数的20%、占生产矿山总数的58.82%；将重点治理区、次重点治理区之外，且矿山相对分散、地质环境较好，对区域生态环境影响较小的区域划分为一般治理区。一般治理区虽面积大，但仅分布有30个矿山，占市区矿山总数的9.58%、占废弃矿山总数的10.61%、占生产矿山总数的5.88%。

可以说这是一部操作性很强的专业规划。湖州按照规划确定的实施期限、工程进度、资金估算等组织实施，2003 年 3 月，随着省矿山生态环境治理示范工程堂子山、仁皇山废弃矿山治理项目正式开工，2004 年 4 月，全省矿山自然生态环境保护与治理工作现场会在湖州召开，标志着湖州废弃矿山治理进入一个崭新的阶段。

废弃矿山治理的关键是消除安全隐患，进行地形修补，恢复植被或创造植被恢复的条件，实现生态、安全、土地的目标。为实现这个目标，湖州根据治理的难易程度，将废弃矿山的生态环境治理分为综合治理、简易治理及自然恢复三类，这样做一是为了加快治理进度，二是为了节约大量的治理资金。

综合治理：此类矿山对周边环境影响大，治理难度大。边坡多为中高陡坡，岩石坚硬，风化程度较低，需经削坡和开挖台阶，采用不同方式的客土喷附创造植被恢复条件。必须编制工程治理方案，由专业施工单位完成治理。简易治理：此类矿山治理难度不大，宕面高度中低，一般不需削坡，宕底较平整，或可作水塘。治理工程量少，费用较低，其主要治理方法以四旁绿化或边坡台阶植树或攀藤种植为主。应请专业单位和技术人员进行指导，确保植被成活率。自然恢复：此类矿山规模小、分散、隐蔽性强，具备植被自然恢复条件。其治理方法为，进行边坡安全隐患检查，险坡设立安全警示牌，少数需封堵宕口，局部植树遮挡。

湖州废弃矿山治理借鉴地质灾害防治、矿产资源开发等，创新归纳七种主要治理方法：①自然复绿法。远离城镇、交通线等较偏僻地区的小型矿山，废弃时间较久，自然生态恢复能力较强，采用自然复绿方法。消除边坡不稳定隐患后在入口设警示牌或封堵，依靠植被自然能力复绿。②平整复垦法。对废弃矿山残存的零星边坡、弃碴、凹陷深度不大的采场进行平整复垦，四周绿化。③充填复垦法。矿山凹陷采坑面积大且较深，位于河道旁的可结合河道清淤作存贮淤泥场，位置较偏僻的可作建筑垃圾填埋场；部分小型凹坑可充填整平，四旁绿化，作养殖用地。④台阶复绿法。在不影响周边用地的前提下，对高陡边坡进行分台阶削坡卸荷，台阶植树植草复绿，边坡种植爬藤植物复绿。⑤客土喷播绿化法。对周边用地和施工条件限制较强的高陡边坡，进行人工削坡卸荷，在坡脚砌筑挡墙，边坡进行客土喷附绿化。

⑥特殊修整法。部分采场具有独特的地质及环境条件的可以利用；有典型地质构造的可作为地质遗迹保留；位于风景旅游区的灰岩采场边坡，适当工程加固整修后，可作为旅游资源开发；位于交通线附近的花岗岩边坡可修整岩面，进行造型雕刻；位于市区附近运河傍的可留做港湾建设的场所。⑦高大乔木遮挡法。在采场远处及坡脚复土，选择速生高大乔木树种，进行大苗栽植，构成视觉屏障。尤其适用于在交通干线可视范围内的生产矿山。

废弃矿山治理投入大，资金筹集十分困难，是一个大问题。如何解决项目资金的来源问题？湖州创新创立一个良好的治理运行机制，市政府成立了湖州新绿源矿山生态建设有限公司，作为一个介于政府和市场之间的专业公司，统一运筹矿山生态环境建设，专门负责全市废弃矿山生态环境治理，通过市场化运作，筹措治理资金，有计划，分步骤对全市范围内的废弃矿山进行治埋。专业公司的工作重点是负责治理方案的编制、治理工程的招标、以甲方名义代表政府对工程质量和进度监督管理，协调施工过程的相关事务。公司自 2003 年 1 月，多方筹集资金，引进与治理工程接近的如隧道、岩土、爆破等先进技术，到 2004 年底，已经开工 7 个项目（9 个矿点），治理总面积 3000 多亩，边坡绿化面积达 70 多万平方米，工程概算总投资 1 亿多元，除了政府补助的以外，其余全部通过市场化运作取得。例如堂子山废弃矿区治理需投入 2200 多万元，公司经过评估，将原废弃矿区矿山残余矿产资源量出让，取得资金 1600 多万元。实践证明，这种运行机制是可行的。

湖州矿产资源开采矿种主要是建筑石料和石灰石，开采方式大多是露天开采和凹陷式开采，直接造成了植被破坏、水域流失和土地退化，因岩性和落差的差异以及治理矿区所处区位不同，湖州废弃矿山治理不可能拘泥一种形式，无论是市场运行方式还是施工方式，积极探索因地制宜，因矿施治方式、方法。在治理实践中，湖州探索出四种主要模式：一是综合治理模式。采取“边坡生态复绿，宕底土地平整”方式，将边坡削坡、喷播，既消除了边坡不稳定隐患，又达到了复绿的目的；而宕底通过平整改造成建设用地，通过土地等政策性收益补充建设资金。堂子山和仁皇山两个项目共新增建设用地 550 多亩，其中仁皇山 100 多亩建设用地出让，用于房地产项目开发，堂子山 400 亩土地复垦农用地，建成浙江省最美生态驾校，土地指标用于占补平衡。长兴县陈湾废弃矿区治理迎来“龙之梦”这一只“金凤凰”，也是如此。

二是“景观再造”模式。采取“同步设计、造绿添景、互为补充”的治理方法，将景观设计与治理工程有机结合，既满足了治理需要，又放大了使用功效。如湖州仁皇山景区、潜山景区、长兴县的“金钉子地质剖面”遗址、齐山植物园和安吉县毛坞堂风景区，都是通过废弃矿山治理工程建成的。

三是生态复绿模式。以生态复绿为主，将边坡适当处理，在确保稳定原则下进行单一的边坡复绿。这种方法具有投资小、工期短、见效快等优势。如吴兴区湾山、外山、肖皇山等废弃矿山边坡生态复绿。

四是土地整理模式。施工方式为“削山、填坑、推平”。在交通便利的区域整理成建设用地；在偏远地区和水源便利地区整理成耕地，或与新农村建设结合起来，试点初期，治理的面积相对小些，如南浔区洋东矿区治理工程，可新增建设用地400余亩。后来实行连片全域治理，为农村全域土地整治的一个方面。南太湖产业聚集区长兴分区万亩废弃矿区治理项目有十来个矿山，一气削峰、填谷、推平，形成了万亩矿地大平台。德清县砂村矿区万亩工业平台、东衡村把废弃矿山治理列入农村全域土地整治，废弃矿区治理实现耕地建设、村庄建设、园区建设统一。

更重要的是在废弃矿山治理过程中，湖州把废弃矿山治理与土地整理、村庄整治、景观再造结合起来，形成了边坡治理，除险消灾，复绿美化与复垦矿地的综合治理型；城市要道、村庄周边结合景观再造和改造的生态环境建设型和采矿权人负责的边开采边治理的动态型等不同的成功做法，规范了修复治理的工艺流程，逐渐探索形成了四种可复制、可推广的主要模式，产生了较好的示范效应，极大地推进了工作。

在全面推进废弃矿山治理中，湖州市相继出台了一系列政策，尤其是治理初期，如《关于加强矿山自然生态环境建设工作的实施意见》《关于矿产资源保护与开发利用实施办法》《关于湖州市区废弃矿山生态环境治理项目实施办法的通知》等，保证了在《关于湖州市区废弃矿山复垦复绿治理中残留矿产资源处置的意见》治理过程中，有章可循，有法可依。在废弃矿山治理过程中，严格规范各项治理工程的招投标制度是一个重要环节。把治理工程项目推向市场，按市场化运作，实行“两公开、一核算”。即公开中标单位，公开建设工程标准和要求，实施单个项目决算核算制度。废弃矿山治理严格实施项目分级立项审批制度。规定试点项目和较大工程项目以及需要财政拨款的，由湖州市国土资源部门立项，并报市政府批准。一般项目由专业公司立项，报湖州市国土资源部门批准。

在全面完成废弃矿山治理专项规划任务的基础上，湖州继续前进，把废弃矿山治理与废弃地复垦利用全面结合起来，2012 年组织开展全市工矿废弃地全面调查。2012 年 10 月，浙江省国土资源厅批准在湖州开展闭坑矿地综合利用试点，湖州废弃矿山治理坚持山水林田湖草是一个生命的共同体，废弃矿山进入生态修复新阶段。这一年湖州完成编制工矿废弃地利用工作方案。2013 年 5 月，浙江省国土资源厅发文明确支持湖州市开展工矿废弃地利用试点，提出 3 条差别化政策予以支持。同月，湖州市工矿废弃地复垦利用试点工作方案，经浙江省政府报原国土资源部，2014 年 10 月原国土资源部将湖州确定为工矿废弃地复垦利用试点，湖州依据试点批复分 13 个区块开展工矿废弃地复垦利用工作，试点区域共有 63 个废弃矿山，近 10000 亩废弃矿地。

图 5–1　德清县乾元镇方山废弃矿区复垦变身优质水田

2016年，湖州自我加压，率先提出废弃矿山全部清零。2017年6月，湖州市政府印发了《关于深入开展矿山复绿专项行动实施方案的通知》，提出“一年启动，两年攻坚，三年清零”的废弃矿山清零时间表。2018年3月下发《关于扎实推进矿山复绿工作的通知》，全力推进矿山生态修复。2019年6月，提前半年完成三年攻坚清零任务。2018年湖州加快废弃矿山治理的同时创新开展矿地利用采矿权试点，市政府确定“生态优先、自用为主、区县平衡、结果可控”和“快开矿、早出地”原则，实施矿地利用采矿权项目7个，出让矿产资源6665万吨，不以开矿而以土地为目的开展工作，到2020年6月，已开采矿产资源4130万吨，产生可利用土地7749亩。

湖州废弃矿山治理得到了社会各界高度认可。2015年3月，新华每日电讯、《人民日报》在头版位置刊发了《十年接力绘美丽浙江生态红利惠千万群众——绿水青山就是金山银山理念与矿山治理工作的渊源》的长文；2017年10月，仁皇山废弃矿山治理项目入选全国“砥砺奋进的五年”大型成就展；2018年6月，《解放日报》以《湖州：后矿山时代正收生态红利》为题，报道了湖州废弃矿山治理的成就；8月，《经济日报》在头版头条位置，报道了德清县废弃矿山治理工作，题为《浙江德清：以两山理论治理矿山》；10月，中央电视台以《炮声停了以后》为题，全面讲述了湖州矿山生态建设、矿地综合利用的做法和经验；2019年2月，《中国自然资源报》刊发《拓展高质量发展空间——浙江省湖州市废弃矿地修复治理纪实》，整版介绍了湖州矿山生态修复和矿地利用情况；7月，在全国矿山生态修复新机制新技术交流推广会上，湖州介绍了露天废弃矿山生态修复的经验；10月，在自然资源部召开的全国废弃矿山生态修复会上作典型介绍。

客路青山外，行舟绿水前。如诗如画的原生态江南景色正在回归湖州！

第二节　无中生有造地

——德清县废弃矿地整理与农村土地全域整治

湖州德清县，依天目山余脉自西向东倾斜。西部为莫干山区，中部为丘陵，东部为水乡，构成了“五山一水四分田”的自然格局。随着经济快速发展，西部大约三分之一的县域面积被划入莫干山国家级风景名胜，为生态保护区域；东部三分之一是基本农田和耕地集中区；中部丘陵一时间密布 160 余处矿山，有大小矿权 134 宗。先天不足的土地资源成为制约经济发展的瓶颈。

20 世纪 90 年代末，湖州矿产资源保护和开发利用规划进入实施阶段，随着矿产资源有偿使用、禁采区矿山关停、矿山减点控量，以及废弃矿山治理等一系列矿业管理制度改革的不断深入，中部丘陵的大部分矿山被关闭，到 2019 年德清县采矿权锐减到 9 宗，由矿山关停产生了近 5 万亩的废弃矿地。

尺有所短，寸有所长。如何把这些废弃矿生态修复，废弃矿地变成可用之地，缓解经济发展与土地稀缺的矛盾，是德清县必须面对的问题。随着湖州市仁皇山和堂子山等废弃矿山治理试点的成功，矿山废弃地综合生态修复的思路逐渐清晰，宜建则建、宜耕则耕、宜林则林、宜景则景；统一规划、分期实施、试点先行。根据这个思路，德清县于 2004 年在《德清县矿山自然生态环境保护与治理规划（2003—2012 年）》的基础上制定了《德清县废弃矿地治理规划》，根据规划，全县 4.57 万亩采矿废弃地中，开发建设利用区块 2.37 万亩，补充耕地 1.56 万亩，生态复绿、造林 0.64 万亩。一场“无中生有”废弃地综合利用拉开序幕。

德清县废弃矿地综合利用，充分运用耕作层土壤剥离利用技术、城乡建设用地增减挂钩政策、耕地占补平衡政策、采矿废弃地复垦政策等，多规合一，把政策优势发挥到极致，不仅探索出一个既能关照各方利益，又能把相互关联的政策优化组合的多元化工作方式，也为本地区采矿废弃地综合治理寻找到新的途径。紧邻城镇且交通便利、面积较大的区块用于建设用地开发，打造产业平台。灌溉水源丰富的区域，尽量改造为集中连片的水田。对于地类权属明确、适合复垦利用条件的区块，纳入农村土地综合治理。

城市周边、交通便利的地区，把废弃矿地整理为建设用地，建工业平台。德清县洛舍镇砂村矿区是过去的矿产资源集中开采区，曾经是浙江省最大的露天矿区，南北相距 2400 米，东西相距 2200 米，加上周边坡地，总面积近万亩。由于长期开采，特别是不规范开采，山体裸露，高低不平，水源污浊，留下一地疮痍。2012 年底，德清县制定了《砂村集中开采区闭坑矿地综合开发利用试点工作方案》，抽调力量组成了五个专项工作组入驻砂村矿区，用了一年半的时间，拆除了29套机组，70座矿山码头，3万多平方米临建和违建，处置矿车1192辆，机械设备近200台，修建了全程24公里的道路16条，桥梁2座，铺设了全长6.5公里的污水总管，顺利完成了砂村矿区场地平整和闭矿工作。

把废弃矿地整理成耕地。采矿废弃地遗留下很多大小不同的或深浅不一的矿坑，取高填低，形成相对平整的地块；将建设用地地表土分离，按照《德清县建设占用耕地表土剥离和再利用工作实施办法（暂行）》以及实施细则，对占用耕地的建设用地，在土地出让时每亩收取2万元的专项资金，用于保障耕作层表土剥离再利用，用于废弃矿地复垦。这项制度不仅保证了造地过程中对耕作土源的需求，也降低了造地成本。将“五水共治”工程中挖出的河泥铺洒在废弃矿地新造的耕地上，不仅为大面积的河道清淤找到了去处，也变废为宝，培肥了地力。

为了保障矿地新造耕地有效利用，德清县出台了两项制度：一个是比照矿山生态治理备用金制度，创新“土地整治项目补助金”。将其中的20%作为“耕作保证金”，凡连续耕作农作物三年的，政府予以返还。另外，还规定：凡在整治项目中，种植粮食面积达到80%以上，按照实际耕种面积，每年每亩地补助600元。这两项制度，激发了农民的耕种粮食积极性。

把废弃矿地整理成农民新村用地。矿地新村是德清县的另一种废弃矿地利用模式。他们将面积适中、区位便利的采矿废弃地块，与农村土地综合整治相联系，用于新农村建设。德清县东衡村的做法是：按照中心村居住集聚、功能配套、节约集约的要求，合理布局生产、生活、生态空间，在平整后的矿地上建设小区式住宅，银行、幼儿园、健身广场、卫生院、养老院、停车场（库）应有尽有。民居按照“三改二、二改三”的规划设计，即原占地三间改为占地两间、原来两层改为三层的方式，不仅增加了居住面积，而且节约了用地。旧村土地全部复垦。实现了农村土地综合整治与中心村集聚、废弃矿地利用的完美结合。

那么德清县如此大规模的废弃矿地整理，钱从哪来？这是首要的问题。德清的秘诀是六个字：换钱、省钱、开源。

图 5–2　德清县乾元镇方山复垦矿区水稻收割

先说换钱。通过新增耕地指标交易，显化提升采矿废弃地的价值，以此搭建“造血平台”。为解决建设用地规划规模、年度计划、耕地占补平衡等指标不足问题，德清县对不同区位条件的采矿废弃地部署了城乡建设用地增减挂钩、采矿废弃地复垦、耕地占补平衡等项目，挖掘政策红利。比如把废弃矿地整理列入农村土地全域整治工程，既增加了耕地面积，改善了生态环境，壮大了集体经济，又获得了建设用地和补充耕地“双挂钩”指标，在满足当地新农村建设用地需求基础上，新增耕地结余指标统筹使用，平均交易价格每亩 12.4 万元，为采矿废弃地复垦积累了资金。

再说省钱。为了解决采矿废弃地复垦利用高成本难题，德清县在工程实施过程中，非常注意各项政策的综合应用和统筹衔接，变废为宝是省钱的主要途径。比如，将废弃矿山治理和村庄整治产生的废弃物作为填坑的生土，既解决了渣土堆放，又节省了填坑成本。又如“五水共治”挖出的河泥，就近作为沃土覆盖在再造水田上，优化了土壤结构，也节省了造田成本。再如，结合建设用地表层土剥离，运进来一船（车）土，带走一船（车）可作为建筑石料的宕渣，每亩地可节省资金 1.5 万元。精打细算，集腋成裘。

还有开源，也是聚集开发资金的重要途径。德清县规定，凡建设用地工程，必须将表层土剥离，并在土地出让时按照每亩 2 万元收取专项资金，解决了表层土从剥离、运输、覆盖全程的费用。

把政策吃透、用好、用足，是德清县采矿废弃地综合利用的另一个亮点。德清县在调查摸底基础上，结合“多规合一”试点，以土地利用总体规划为底盘，结合产业发展规划、城乡规划和环境功能区划，因地制宜制定了开发利用废弃矿地的统一规划，分类采取“不占耕地打造产业平台”、节省土地建新拆旧建设“矿地村庄”、增减挂钩实施矿地复垦、连片开发废弃矿地造水田、复绿治理改善生态环境等，促进了城乡生产要素在流动中互补互赢。

在“多规合一”试点中，德清县始终没有忘记农村经济可持续发展与农民的切身利益。他们结合农村产权制度改革，以垦造水田入股适度规模经营，让农民不仅获得了更多的土地，而且通过契约关系持续受益。对于复垦出来的耕地以及其他用地，结合农村经济合作社股份制改造，在土地流转时，采取“定量不定位”的方式，明确承包经营权，固定流转收益，保障农民权益。综合土地流转、基本农田保护和重量补助等优惠政策，每个农民可在矿地复垦耕地中每亩每年获得收益 1200 多元。

政府不再为苦于发展空间不足发愁；环境不再为废弃矿山的存在困扰；农民不再为生产、生活忧虑，这一切都要归功于“无中生有”造地运动——废弃矿地综合利用。

第三节　引入社会资本治理

——南太湖产业聚集区长兴分区万亩矿地大平台建设

穷则思变源自一则寓言：传说伏羲氏观星象发明了八卦。后来神农氏根据八卦的“穷则变，变则通，通则久”，发明了木犁，垦荒造地种粮食。巧的是，我们要讲的也是穷则思变，差则思勤的故事，也是造地——南太湖产业聚集区长兴分区造万亩地，建设绿色制造业产业园区。

南太湖产业聚集区长兴分区万亩矿地平台位于太湖西南端的湖州市长兴县。说起长兴造地，南太湖平台不是首例，前面提到龙之梦项目，依托太湖的区位优势，利用原来的陈湾石矿等 6 个废弃矿山和矿坑，修建的集休闲、娱乐、会议、食宿于一体，规模相当于四个迪士尼，堪称世界之首的湖畔乐园；在原长广石矿等 6 个废弃矿山基础上，投资 1.5 亿元，修建的长兴国家级地质遗迹自然保护区，奠定了我国在全球二叠—三叠系国际地质研究中心的核心地位；位于长兴县城市中心，在废弃矿山和矿坑基础上修建的长兴城市之肺齐山植物园等。相比而言，南太湖万亩矿地大平台却是规模最大的。

图 5–3　治理后的南太湖万亩平台东片区

南太湖万亩矿地大平台建设所依托的是有着 70 年历史的老矿区，横跨两个乡镇，矿区面积 1.45 平方公里，最多时有几十家矿山企业，积年开采，留下了大量裸岩、孤峰、矿坑。南太湖万亩矿地大平台建设分两个部分实施：一个是废弃矿地综合治理工程，即建筑用砂岩矿矿地利用采矿权试点。矿地利用采矿权试点的意义在于：矿山开采矿产资源必须按照未来产业园区的功能定位和规划要求进行开采，换句话说，目的就是把老矿区剩下的“残羹剩饭”打扫干净，小开矿、快造地。开采出的建筑用砂岩不得外流，全部用于大平台基础设施建设。另一个就是未来园区的建设。总规划面积为10107亩，其中，存量建设用地6000多亩。在建设中，他们充分利用遗存下来的“废山、废水”，采取修复性开发和环境改造，力图打造具有节点效应的矿区特色景观。比如，将700多亩的白鹭山山体进行生态修复；将1340亩的白鹤岭，结合火车站的历史文化、现有村庄产权回收或重置，建设景观公园和与产业配套的休闲区；将有230亩水面的北杨潭与宣杭铁路绿化带建设、金田畈生态园相联系，营造亲水型休闲区；将老虎洞矿坑的200亩水面与边坡治理相串联，建成具有地标性的地质生态公园。园区的产业定位是新能源汽车及关键零部件、高端装备。招商工作已经全面展开。目前，已经签约落户万亩平台的亿元以上工业项目6个，其中，50亿元的重大项目1个。吉利汽车产业园项目、吉利大数据中心项目、旗滨玻璃项目、北新木业项目等均在有序建设中。

因为发展空间受限，所以才把目光聚焦在废弃矿山上。但是，没有钱，造地都是空谈。当然，废弃矿山治理也是基于自然环境治理的需要，同样需要巨额资金的支撑。

坊间有个说法，叫“钱不是万能的，但是没有钱是万万不能的”。大家通常把它当段子听，很少有人细琢磨其中的深奥哲理。钱不是万能的，是指钱不是唯一的。除了钱，还有智慧，还有人。我们说“穷则思变”，这个“思”指的就是除了必备的物质条件，更要充分发挥人的主观能动性。可以说，这个主观能动性在南太湖万亩矿地大平台，全称应该是“湖州南太湖产业集聚区长兴分区绿色智能制造产业园”的建设中，被发挥得淋漓尽致。而智能二字，便是将智慧转换为能量的过程。

前文提到，南太湖万亩大平台分两个部分，废弃矿地综合治理工程试点是其中之一。湖州从2002年开始进行废弃矿山治理，早已形成了一整套非常成熟的操作规范。为什么十年后还要“试点”？原因有两个：首先，它不是孤山一座，而是连片治理，其规模在浙江省数一数二；其次，在工程实施过程中要对剩余的矿产资源进行清理性开采，矿地利用采矿权设置，开采后的矿产资源全部就地消化，用于未来园区“九通一平”建设。最重要的是矿地大平台基础设施建设，入驻企业可以利用。

因为是“前无古人”的探索或尝试，所以，试点是必要的。这个项目最终成为全国废弃矿山治理示范的标杆。不过这是后话，关键是这种运作模式，为方方面面都带来了显著效益：国家的矿产资源得到了充分利用；当地的自然生态环境得到了极大改善；政府通过园区建设扩大了发展空间，找到了新的经济增长点；平整的矿地极大地降低了园区建设成本，也加快了建设步伐；入驻企业因减少了运输、储存、营销，以及人力和时间成本，满足了供需双方的利益。在这个多赢的过程中，资本的运行在智慧的光芒下折射出无限斑斓！

以“四两拨千斤”的智慧，将PPP项目运行模式应用于南太湖万亩矿地大平台建设，是长兴又一个大胆尝试。尽管他们不是第一个吃螃蟹的人，但世间万物虽非我属，却可以为我所用。

PPP项目运行模式发端于20世纪80年代初期的欧洲，简单说就是以政府的诚信资源与社会资金合作，在一定期限内，共同实施开发、运营，期限届满后权属移交政府。其核心就是“在合作前提下，对优势资源进行整合，充分显现各类资源的价值”。长兴县废弃矿地综合治理工程试点采取PPP形式，因为合作建设，建设方无须承担巨大的经济压力。施工方也会尽心尽力开源节流，为尽早进入运营取得利益呕心沥血。

在“九通一平”的园区建设中，也是采取PPP项目运行模式，资金全部从社会筹集，加快了施工进度。园区建设分东西两个平台同步推进。西平台废弃矿地治理的3000亩提前两个月完工，市政一期建设顺利进场施工；东平台市政基础设施及2000亩场地平整全部竣工，招商引资全面启动。PPP项目模式的优越性得到了充分体现，长兴县因此也获得了省政府部门的专项奖励250万元。

据统计，长兴县引入社会资本约300亿元，推动矿山生态修复产出经济效益，推动矿业转型转业。长兴县陈湾石矿生态修复及开发利用案例入选自然资源部首次发布10个社会资本参与国土空间生态修复的典型案例。

南太湖万亩矿地大平台建设除了得益于机制创新外，长期以来逐步形成并不断完善的各项管理制度，尤其是矿山生态治理保证金（备用金）、生态修复基金的收缴和有效使用，在大平台建设中也发挥了点石成金重要作用。这些制度包括：始建于 2001 年的矿山生态治理备用金制度。2008 年之前，长兴县按照 0.4 元 / 吨收取，之后，调整为 0.8 元 / 吨；根据土地复垦条例和办法等相关规定，从 2012 年开始，长兴县要求生产矿山编制矿山土地复垦方案，以方案中的经费概算作为核定矿山土地复垦费的依据，列入征收。2017 年，根据国务院《关于印发矿产资源权益金制度改革方案的通知》精神，取消了矿山生态治理备用金和矿山土地复垦费，建立了矿山地质环境治理恢复与土地复垦基金。2018 年长兴县对 2002 年以来的矿山生态治理备用金和 2012 年以来的土地复垦费进行清理，并分别分类作了处置：矿山没有履行修复义务的，基金不予返还的上缴国库，由政府组织修复。

南太湖产业集聚区长兴分区万亩矿地大平台范围内，原有几十家矿山企业。在整合、关闭过程中，到 2011 年还有 14 家矿山。大平台项目启动后，矿山陆续关闭，矿山治理责任由企业转由政府承担，矿山企业依规已交纳的矿山生态治理备用金（基金）在核算后转政府，14 家矿山企业交的备用金 1867.68 万元，全部用于大平台范围内的废弃矿地综合治理。据长兴县统计，近年来全县共治理废弃矿山 112 家，治理总面积 24148 亩，其中，工矿废弃地复垦 6742 亩，工矿废弃地利用 7565 亩，边坡复绿 9841 亩，累计投入资金 4.7 亿元。关停矿山企业交的治理备用金（基金）有 1.27 亿元（实践证明湖州第一轮规划提出建立矿山生态环境治理备用金，是个好东西。）。

土地空间不足从而限制了经济发展的步伐，是普遍存在的一个历史性难题，如何破解？废弃矿山生态修复的资金难题，如何破解？长兴县的实践已经给出答案。天上不掉馅饼。聪明人只是比常人早想、多想了一些罢了，勤能补拙就是这个道理。

第六章　案例篇：矿山整合与行业整治

“多、小、散、乱”是20世纪末21世纪初湖州矿业经济的典型特征。因小而散，因散而乱。大量宝贵的矿产资源便是在这种低水平的生产状态下流失掉了，好端端的生态环境便是在这种低水平的生产状态下破坏了。

《论语》中“礼之用，和为贵”，说的是礼的作用，贵在和顺。要按照礼来规范、协调人与自然、人与人之间的关系。从这个意义上讲，整合也是和，整治也是和，就是通过调整人们在生产过程中形成的社会关系，扭转“多、小、散、乱”局面，把五根指头攥起来，形成合力，进而提高矿业生产水平改变矿业形象。

建筑石材类矿山的门槛很低，传统开采方式的技术含量也低。通常一根钢钎、一个大锤，再加上一把炸药，就可以开山放炮。而像膨润土、黏土、河沙这类矿产，一把铁锹，一副挑担就能够简单操作起来。所以，改革开放初期，湖州山区丘陵地带的农民多从事采矿，以采石致富，除了利益驱动，主要还是这个活儿，只要不惜力，是人都能干。

2006年，国务院在先后两次矿业秩序整顿基础上，提出了矿产资源开发整合，简单说就是通过整合，实现矿山企业“小变大，弱变强”。事实上，湖州的整合是从1999年第一轮矿产资源规划就开始了——禁采区关停、限采区收缩、开采区集聚，以及限定新设矿权的最小规模，都是整合的实际内容。

矿产资源开发整合必然带来规模效应、质量效应和环境效应。但是整合成本也是不能忽略的，不计成本的整合谁也不会去做。整合的成本必然要反映在生产成果上，通过产品消化成本。恰恰是这个因果关系的存在，所以上游矿业整合，也必然带来下游产业的调整，或者说带来下游产业的技术进步。本章收集的几个案例便是下游产业在上游矿业整合带动下，实现产业转型升级的成果。

按说，下游加工产业转型升级已经超出了职能部门——自然资源部门的职能范围，但在湖州，资源高效利用和综合利用是一盘棋，生态环境治理也是一盘棋；所有规划无缝衔接、所有职能部门齐抓共管更是一盘棋。正是这个一盘棋的思路，打通了行政壁垒、行业壁垒、市场壁垒，才使得上游矿产资源开发整合成果得以迅速转化成下游产业整合的动力。

下游产业的整合放大了上游矿产资源开发整合的成果，实现了 1+1>2 的经济效应和社会效应——和为贵，和气生财！

本章介绍湖州矿产资源开发整治、整合，安吉县膨润土、长兴县重钙粉体行业整治案例。

第一节　历史性的跨越

2006 年 12 月 31 日，国务院办公厅转发国土资源部等九部委（局）《对矿产资源开发进行整合的意见》，由此为开端，全国矿产资源开发整合正式启动。

早在 2005 年 8 月，国务院曾下发了《关于全面整顿和规范矿产资源开发秩序的通知》全面整顿和规范矿产资源开发秩序。

追根溯源，矿产资源开发秩序存在的问题出现反弹，或者说久治不愈，根本问题在于承袭了计划经济体制时期的矿业布局和传统的开采方式、经营模式。一旦市场需求大于供给，且管理稀松时，出现反弹和失控就在所难免。

湖州历史上也出现过类似情况。20 世纪 90 年代后期，矿产资源开发无序，管理混乱，环境破坏，事故频发，吴兴区妙西镇龙泉坞矿区，约一个平方公里的区域内，拥挤着十来个矿山，矿山开采乌烟瘴气，有一个矿山，一年就发生多起安全生产事故，死亡 12 人。但湖州毕竟觉悟得早些，在上一轮国务院开展矿业秩序整顿后，1999 年，湖州借力发挥，继续扩大成果，编制矿产资源规划，在全国率先提出了“禁采区关停、限采区收缩、开采区集聚”的分区理念，向矿产资源开发整合迈出了历史性的第一步！

如果以 1999 年安吉县将当时分散在高禹镇的 7 家膨润土小矿整合成一家，组建了高禹镇红庙山膨润土矿有限公司起算，湖州的矿产资源开发整合，整整比国土资源部等九部委（局）联合下发《对矿产资源开发进行整合的意见》早了 7 年！当时，湖州针对矿山开发布局不合理，矿山数量多、规模小，开采不规范，生产技术落后，造成资源浪费，严重污染环境等问题。湖州用了近五年时间，关停了禁采区范围内所有矿山；限采区内不再增设新的矿权，同时按照矿种的不同，确定了矿山最小规模，提出了总量控制、集约化、规模化生产的原则。矿产资源开发整合实现途径是关闭、搬迁、改造、合并；开采区集聚的方向是：限定矿山最小规模，以大整小，留优汰劣，以留补停。

矿产资源开发整合，使矿山开采规模瞬间扩大。但初期的整合，因为无所借鉴，大多只是企业的联合——20 世纪八九十年代确有“横向联合”一说，但矿山企业与其他生产经营性企业不同，采矿权的“联合”不好操作。比如吴兴区妙西镇龙泉坞矿区曾经有个“矿山一条街”，11 个矿山企业 11 个采矿权整合成三个采矿权，11 家企业联合成了 3 个企业，期限 5 年，开采量 1000 万吨。但 5 年不到，出让的矿产资源开采完了，问题还没有解决。湖州在矿产资源开发整合中，开展集中开采区建设，设一个采矿权，采矿权公开出让，3 个联合矿山企业便选择了股份制形式，最终整合成湖州通元石料有限公司，从本质上最终实现了兵合一处、将打一家的局面。

通过“三区划分”实现矿产资源开发整合；通过矿产资源开发整合，提升矿山企业的存在价值，进而推进矿产资源开发秩序全面好转，是湖州在矿产资源管理制度改革创新中探索出的一条切实可行的路径。至 2003 年底，湖州全市矿山数量从 1998 年的 868 个减少到 612 个，减少近 30%；矿山平均年生产规模从 1999 年的 4.99 万吨提高到 17.62 万吨，初步形成了规模化生产，集约化经营的矿业开发新格局，矿山企业“多、小、散、乱”的局面开始得到扭转。

湖州以“三区划分”推进矿产资源开发整合，也得到了业界的广泛认同。《对矿产资源开发进行整合的意见》中，大力倡导的指导思想、目标任务、基本原则以及实现途径，与湖州的探索和实践存在着惊人的一致，这不是一种巧合。湖州为国土资源部的工作联系点，湖州的工作一直得到国土资源部的指导。

比如，《意见》在指导思想中说，“通过收购、参股、兼并等方式，对矿山企业依法开采的矿产资源及矿山企业的生产要素进行重组，逐步形成以大型矿业集团为主体。大中小型矿山协调发展矿产开发新格局，实现资源优化配置、矿山开发合理布局、增强矿产资源对经济社会可持续发展的保障能力”。

《意见》在目标任务中说，“通过整合，使矿山企业‘多、小、散’的局面得到明显改变，矿山开发布局趋于合理，矿山企业结构不断优化，矿产开发利用水平明显提高，矿山安全生产条件和矿区生态环境得到明显改善，矿产资源对经济社会可持续发展的保障能力明显增强”。《意见》进一步强调：要“合理编制矿业权设置方案，重新划分矿区范围，确定开采规模，一个矿区只设置一个采矿权，彻底解决大矿小开、一矿多开等问题”；要“以优并劣，扶优扶强，矿产资源向开采技术先进、开发利用水平高、安全生产装备条件好和矿区生态环境得到有效保护的优势企业集聚。通过整合，使矿山企业规模化、集约化水平明显提高，矿山数量明显减少”；要“采用科学的采矿方法和选矿工艺，使矿产资源开采回采率和选矿回收率达到设计要求，共生、伴生矿产得到综合利用，废石、尾矿等矿业固体废物得到安全存放和二次开发……使整合区域内的矿产资源开发利用率明显提高”。

2004 年，湖州开始编制第二轮矿产资源规划，规划按照当时建设“生态市”的要求，湖州自我加压，进一步缩小开采区、扩大禁采区、调整限采区，并据此提出：“规划近期内，禁采区和禁采地段内的矿山全部关闭；限采区不设置新的采矿权，不再扩大生产规模；开采区着重进行矿业结构调整，改造小矿山，发展深加工，扬优抑劣，规模生产。按规定采取生态环境保护与治理措施，安全生产措施符合规定。生产规模达到最小规模要求”。

第二轮规划有明显的变化：一是矿山最小生产规模标准明显提高。新建矿山石灰岩 50 万吨 / 年、建筑石料 80 万吨 / 年；二是首次提出了“创建绿色矿山”新概念。当矿山企业整合到一定规模后，“绿色矿山”便水到渠成。这也是生产力发展到一定程度后，对生态环境和生产环境提出的客观要求。

第二轮规划实施仅仅五年时间，湖州矿业经济就发生了如此巨大的变化。而在接下来的不断探索和实践中，更是日新月异。到 2019 年底，原来的 868 个矿山，已经整治、整合为 47 个，最大单个建筑石料矿山年开采规模达 460 万吨，绿色矿山建成率达到 100%。在整合过程中，落后的产能、技术、设备和工艺不断被淘汰，矿业开采回采率达到 100%，资源综合利用率达到 99%，固废处置率达到 100%，废水循环利用率 100%，粉尘达标排放，万元矿业产值能耗、水耗、建设用地面积均低于全国工业平均水平。这串串诱人的数字，无不渗透了改革者的智慧、胆量和艰辛的汗水，当然，还有风险——改革必然要触碰某些既得利益者的蛋糕。

矿产资源开发整合，给湖州矿业经济发展带来无限生机，但成果还远远不止这些——由于矿产资源开发整合，还直接拉动了下游矿产品加工业的整合，最典型的是膨润土产业的整合和粉体行业的整合。这既是“意外收获”，也在情理当中。这里有两层意思：一层是上游矿产资源开发整合的成果，必然由下游产业享用。而在享用成果的同时，也要承担相应的成本。另一层是下游产业如果不进行升级改造，已有生产能力难以享用上游产业整合成果。

湖州矿产资源开发整合比全国矿业开发整合提前了 7 年，不仅使自己牢牢把握了发展的主动权，更为全国矿产资源开发整合提供了宝贵的借鉴。

第二节　整合助推资源高效利用

——安吉县膨润土行业综合整治纪实

说起膨润土，很多人都很陌生。但提起它的另一个名字——观音土，却可以勾起人们对大饥馑年代的痛苦回忆，它竟然成了饥民果腹的食物。不过，那个时代已经一去不返了。

膨润土是以蒙脱石为主要矿物成分的非金属矿产，进入现代社会以来，随着科学技术发展，它已经被广泛应用于工农业生产的20多个领域100多个部门，成为工农业生产不可或缺的重要矿产品，同时，由于它的稀缺性和应用的广泛性，又使其价格不断攀升走高，炙手可热。

湖州市安吉县是全国闻名的膨润土之乡，而安吉县的天子湖镇有着全球悬浮性最好、白度最高、蒙脱石含量最高的膨润土矿床，全国95%的有机膨润土便产于此，因此,20世纪70年代起，膨润土便成了当地农村副业（当时的叫法是社队企业）的“摇钱树”。改革开放以后，摆脱土地束缚的农民蜂拥而至，一把铁锹、一副挑担、一架饲料粉碎机就可以撑起一个加工厂。据了解，天子湖镇仅负责内勾外联跑销售的经纪人就达2000之众，其规模可见一斑。

这种开发势头，虽然装满了农民的腰包，也不可避免带来了资源的浪费、环境的污染和矿产资源的严重破坏。1999年，湖州市《矿产资源保护和开发利用规划》实施，依据规划提出的“禁采区关停、限采区收缩、开采区集聚”的要求。2000年，当时的高禹镇（2012年合并至天子湖镇）对属地膨润土矿业提出了“统一规划、统一管理、统一开采、统一经营”的管理要求，将其中的七家“低、小、散”的膨润土矿山合并为一家，膨润土矿业由此逐步走上了整治合并、转型升级的新路程。直到2010年，全镇“遍地开花”的膨润土矿山，通过整治、关闭、集聚，只剩下3个矿区，生产能力和资源利用水平也随之得到大幅度提升。

为了进一步推动安吉县膨润土矿业健康有序发展，促进矿产资源综合开发利用，2010年5月，由县国土资源管理部门牵头，本着安全生产、规范管理、资源高效利用和环境保护等原则，召开了“红庙山膨润土矿区整合”专家论证会，会议一致认为，矿山企业整合已基本完成，下一步要向矿区整合的目标推进，这将更有利于膨润土矿业新格局的建立，同时，矿区整合也有效地控制了屡禁不止的盗采和越界开采等问题。

矿区整合后的红庙山膨润土矿，由安吉县天子湖镇政府和当地村集体共同出资，建立了天子湖矿业有限公司进行经营管理，在低碳经济发展和绿色矿山创建方面公司业绩斐然：2012年被评为“浙江省工业循环经济示范企业”；2014年被国土资源部授予“第四批国家级绿色矿山试点单位”。

想要进一步表述的是：就是在2010年5月的这次会议上，当时的高禹镇政府首次提出了“以矿区整合为契机，实现膨润土加工业整治合并”的新思路。应该说，这已经大大超出了国土资源部等九部委（局）《对矿产资源开发进行整合的意见》所要求的工作范围，但从安吉县的实际情况看，深度整合，或者说对下游产业的整合，更有利于膨润土资源综合利用。当时的情况是，全县九成加工企业属于初加工，生产环境差、产品附加值低、资源浪费大，环境污染严重。而深加工企业也只是相对于初加工而言，占比也小。

2010年5月，这个不同凡响的建议，在得到高度认同后，有序进入了方案设计、组织实施、行业整顿，企业关停合并，至2018年，全镇65家属于“低、小、散”的加工企业全部关停，53家企业拆除复垦，腾出建设用地500多亩，全国高档膨润土加工和研发基地在膨润土专业园区破土兴建。

企业整合所遇到的最大难题是方方面面利益关系的调整。天子湖镇的吴镇长是律师出身，在谈到这个棘手的问题时他说，我们的行政手段就是两个字：服务。在整合这个问题上，行政命令是苍白的，无力的。还有两个字：契约。把握住这两点，一切难题迎刃而解。

安吉县68家膨润土加工企业，其中65家在天子湖镇。在膨润土矿业发展过程中，很多家庭做了几代人，甚至全部家当都投进去了。还有很多人依附于这个行业生存，比如经纪人，还有仓储、运输、包装、食宿等。企业撤并整合，手上的订单怎么办？仓库设备怎么办？贷款，包括民间借贷怎么办？债权债务怎么办？工人怎么办？这一系列问题都非常现实，非常具体。

天子湖镇的具体做法是分步实施，由政府把握进度。

第一步：听民意。召开企业主大会。在把整合的目的、意义交代清楚后，先后四次围绕着房屋和土地怎么处置、设备和库存怎么处置、股权如何处置，以及未来生产怎样安排等实际和敏感问题广泛征求意见和建议，收集整理，形成初步意见。

第二步：定方案。根据企业的意见和建议制定方案。首先，对现有设备和厂房进行补偿，包括违建也适当补偿。其次，给予6个月的过渡期。在此期间，不得再进新土，余土由政府统一回收。清理债权债务，兑现订单。再次，政府为企业搭建四个生产平台。凡有意继续从事这个行业的企业自行组合。但每个平台不得少于 16 个企业。平台内部自我平衡，允许有偿退出；最后，由政府规划建设膨润土园区。

第三步：保收入，上档次。平台只是过渡产物，在政府建设园区过程期间，允许平台继续生产。在这期间，企业做好入园准备，即生产规模、生产方式、工艺流程、环保措施等必须到位。否则，不能参与入园的招拍挂。

第四步：安置就业。依托园区，安置就业。企业的技术员工可随企业一同进入；普通工种或富余人员可以参与园区的物业管理。

需要强调的是：上述过程全部以合同的方式予以确定：企业参与平台过渡，要与政府签订关停协议，否则不能进入平台；企业进入园区，要与政府就原生产占地签订复垦协议；企业进入平台过渡必须满足 16 户。企业合并、转让，需以合同为据，可以合并计算。

政府用于企业整合的资金来源，主要是通过对原有企业用地的复垦所取得的政策性收入。膨润土园区完成后，四个过渡平台全部迁入园区，实现无震荡平稳迁移。

在整治中实现整合，在整合中实现跨越。这是安吉县在膨润土“深度整合”中取得的宝贵经验。

第三节　整治与整合的辩证法

——长兴县重钙粉体行业整治整合纪实

人们对汉白玉并不陌生，很多皇家建筑，如天安门的金水桥和华表、故宫大殿的台阶、基座和护栏等，都是用汉白玉雕琢垒砌而成。这便是人们常说的“玉砌朱阑，华丽如玉”。

汉白玉是民间的叫法，地质学的名称叫石灰岩；它的主要成分是碳酸钙。将碳酸钙研磨成粉末，可以广泛用于造纸、化工、建材、塑料、食品等多种行业，尤其在节能环保环境下，它是不可或缺的矿产品。

湖州市长兴县拥有十分丰富的石灰岩矿产资源，其碳酸钙含量高达 98%，是全国最大的优质碳酸钙粉体生产基地之一。这个天赋资源支撑着长兴县矿业经济发展，全县曾经有50%的劳动人口“靠山吃山”，也填满了当地老百姓的腰包。有几组数据，基本可以把这个行业，以及长兴县的生产状况描述清楚。

20世纪80年代，我国碳酸钙粉年生产量在20万吨左右；到20世纪末达到200万吨；2011年，全国碳酸钙产能达到2000万吨，占世界总产量的21%。这组数据说明：改革开放以后，各行各业的发展如一个巨大的引擎不断释放出各种需求。首当其冲的就是对矿产品的需求。碳酸钙粉仅仅是其中一项。据统计，当时长兴县粉体加工从业人员近万人。

巨大的市场需求，刺激了矿产资源的开发以及相关产业的迅速膨胀。但最大的问题是由此导致了矿产资源的严重破坏和巨大浪费——在当时的情形下，环境污染还没有得到应有的重视。有数据证明：直到20世纪末，我国碳酸钙粉的生产工艺只能够达到200目，附加值很低。工艺落后造成的后果无非两个：一个是干脆直接卖石头，简单省事回钱快；另一个就是粗加工导致大量的资源浪费。进入新世纪以后，随着超细研磨装备和分级机的普及应用，生产工艺已经可以达到1500目，甚至纳米级。一般中档产品在600—800目，市场前景非常看好。相比200目而言，其附加值的差距是非常明显的。

2010年底，长兴县下了狠心，对石灰石产业链进行全面“整治—整合”。充分利用法律手段“治矿、治厂、治超（主要指节能减排）”，关闭了10家矿山企业，从源头管控；关闭了全部粉体企业，共343家。有一组关于“整治—整合”前后的对比数据：之前：矿山10家，粉体企业343家；之后：矿山4家，粉体企业13家。之前：能耗6.51万吨标准煤，万元增加值能耗12.76万吨标准煤；之后：能耗3.45万吨标准煤，万元增加值能耗1.5万吨，分别减少了47%和90%。之前：每年消耗矿石650万吨；之后：每年消耗矿石200万吨；之前：用地面积1658亩；之后：用地面积378亩，减少了77.2%。之前：用工人数3600人（矿山企业）；之后：用工人数450人，减少了87.5%。全员劳动生产率提高了30倍。之前：资产规模达亿元的企业0个，达5千万元0个；之后：资产规模达亿元的企业9个，达5千万元4个。之前：粉体产量726万吨/年；之后：粉体产量306万吨/年。之前：产值3.95亿元；之后：产值12亿元（2015年）。之前：税收4千万元；之后：税收1.2亿元。之前：粉尘排放量每立方米80毫克以上；之后：粉尘排放量每立方米30毫克以下。区域空气总悬浮颗粒物日均浓度每立方米0.214毫克，可吸入颗粒物日均浓度每立方米0.109毫克，达到国家环境空气质量2级，地表水质达到国家3级标准。

通过上述数据对比，我们对长兴县石灰石产业链"整治—整合"，不难得出如下基本判断：投入产出比明显提高；矿产资源综合利用率明显提高；节能减排成效显著。外界人士评价说，现在的粉体加工，比面粉厂还清洁！的确如此。走进现在的粉体加工车间，地面光滑如镜，从车间一端望向另一端，视觉效果非常清晰，完全没有过去粉尘扑面的景象。那么，长兴县石灰石矿业链是怎样实现华丽转身的呢？

首先，整治与整合必须并举。严格地讲，湖州矿山企业整合始于第一轮规划实施，比2006年12月31日国务院办公厅转发九部委（局）《对矿产资源开发进行整合意见的通知》早了7年。当时规划提出了"禁采区关停，限采区收缩、开采区集聚"，由此开启了全国矿山企业整合先河。但当时的整合多是企业联合意义上的。

为什么会出现"先联合、再整合"的情况？主要是当时的开采环境不具备实现股份制整合的客观条件。所谓"开采环境"，包括开采技术落后，设备和设施简陋，开采能力达不到规划要求的最少规模越界开采、偷挖盗采等普遍存在……整合的目的无非两个：一个是最大限度提高生产能力；一个是最大限度保护和开发矿产资源。但这些问题不解决，矿山企业整合就只能够停留在企业联合的层面上。解决的办法就是整治。相比安吉膨润土的整治、整合，长兴起步稍晚些。恰恰是稍晚，才使长兴的全产业链整治、整合少走了弯路，仅用了两年多时间，就顺利完成了。总结长兴的经验，首先是受益于大环境的全面整治。

2001年9月，湖州市发布了《关于对市区矿产资源开采进行整治的通告》，首次在全市范围内开展矿山综合整治；2002年9月，湖州市人民政府办公室印发《关于湖州市区第二阶段矿山关停整治工作意见的通知》，通知明确了第二阶段矿山关停整治工作的目标任务、实施步骤；2003年7月，湖州市召开矿山企业综合整治动员大会，决定成立湖州市矿山企业综合整治领导小组办公室，抽调人员集中办公。提出全市要以“铁的决心、铁的措施、铁的手段、铁的纪律”整治矿山，湖州矿山企业进入一个全面综合整治新阶段；2004年9月，湖州市人民政府办公室印发《关于进一步做好矿山企业综合整治工作的通知》。要求加强各项措施，加快矿山企业综合整治进度，确保整治质量，按期完成整治任务；同年10月，湖州市人民政府办公室印发了《关于进一步明确市有关部门在矿山企业综合整治工作中职责的通知》，明确市级有关部门在矿山企业综合整治工作中的职责，推进矿山企业综合整治工作的规范化和制度化，形成依法行政、综合整治、落实责任、齐抓共管的局面。同月，10月27日，湖州市人民政府印发了《关于推进矿山企业综合整治工作的意见》，对推进矿山企业综合整治工作提出“坚持不审批新矿、压缩矿山开采规模、加大力度调整矿山开采布局、加强采矿权设置管理、完善采矿权出让合同、规定采矿权出让期限、坚持按批准规模定量供应炸药、加强对开采量的实测工作、规范矿石加工机组的设置和管理、强化矿车运输管理、加快废弃矿山治理进度、全面落实安全生产措施、清理整治矿运码头、依法征缴税费和规费、加大对违法违规行为的查处力度、推进采矿权出让全面市场化运作”等十六项意见。

整整四年，湖州在矿山整治中逐步形成了有目标、有组织、有人员、有章可循、有法可依的工作机制。这项工作一直持续到2019年初，即矿产资源开发秩序实现了全面根本好转，才将机构撤销，将工作职能移交给了市矿产资源管理部门。但是，从“紧锣密鼓”不停歇的整治中，我们也确实感受到了整合的外界环境压力——矿业布局调整、矿山企业转型升级、矿产资源有偿使用、绿色矿山的创建……几乎每一步都离不开矿山综合整治。只有整合与整治并举，才可能打开局面，否则，整合就不能落地。这是湖州在实践中摸索出的重要经验。

其次，整治与整合必须覆盖全产业链。长兴的做法是上游关闭10个矿山，下游关闭343家加工企业，进行全产业链整治整合。湖州各县区也有类似的做法。比如安吉膨润土矿与加工产业也是采取全产业链方式整治、整合。矿山是上游产业，矿山整治主要着眼于采矿秩序，在不同阶段有不同的侧重；矿山整合是按照规划的要求，侧重于生产规模、生产环境、生产工艺等诸方面。矿山企业整治、整合，必然引起成本核算结构的改变。从采矿权有偿使用、公开招拍挂开始，限量开采，筑高了企业进入门槛；规模化生产淘汰了传统产能；绿色矿山建设，加大了企业的社会责任，这些成本，加之企业效益，最终要体现到矿石上。

上游企业的整治和整合，必然引起下游企业的连锁反应。仅就矿石供应而言，规格上，如果仍旧生产 200 目矿粉，企业就很难生存；数量上，原来 600 多万吨的市场供应量压缩到 200 万吨，物以稀为贵，传统的加工方式无法承受。同时，作坊式的加工企业也无法达到环评要求，落后产能必然遭到淘汰。

正是基于对这样一种市场法则的深刻认识，长兴县政府及时介入，出台了《粉体企业转型升级准入标准》《企业工艺装备选型指导方案》，引导粉体企业顺势进行整治、整合，“倒逼”企业必须选择先进的生产方式。

李家巷和洪桥镇是长兴县粉体加工重镇。李家巷原有 235 家粉体加工企业，由于长期存在“低、小、散、乱”状态，不仅造成空气严重污染，地下水源污染也相当严重。2011 年，按照“分类、分批”顺序全部关停。首先将无证照企业全部关停；对有证照的企业，结合环境评估，按照无环评、无产能、超环评、有环评四类情况，倒排关闭时间点。与此同时，引导企业主重组大型清洁化、现代化粉体企业：以环评为前提、产能为基础、自愿组合为原则，重组了 13 家大型粉体企业。在重组过程中，政府所有相关部门，以及银行等，全方位为企业重组提供服务。对于关闭企业的设备、厂房和用地给予补偿；在规定时间内关闭的粉体企业，拆除生产设备并变更营业执照后，给予一次性奖励；在规定时间内，关闭后投资建设符合产业政策的工业类项目，给予财政、设备投资奖励。同时，政府投入 1.5 亿元资金，对关停后的废弃厂房进行拆除，腾出了大片土地，兴建了粉体产业基地，并出台了相关文件，按照“规模化、现代化、清洁化、一体化”的要求，引入国内最具先进性、环保性粉体工艺装备，推进重组后的粉体企业提档升级。目前，13 家重组粉体企业主机设备全部采用国内一流的新型产品，生产工艺由专业机构设计，粉磨和分级系统采用自动化操作，实现了生产过程的全自动监测、全自动调节。同时，各企业均配备了负压脉冲除尘系统，质量控制和设备运行达到国内同类生产线的先进水平。2013 年长兴县率先获得全国粉体产业协会授予的“中国粉体产业转型升级示范区”。

没有整治，整合就实现不了；没有整合，整治的效应就会归零。只有整治与整合联动，只有全产业链联动，才能收到事半功倍的成效。

第七章　案例篇：典型绿色矿山寻找利益共同点

湖州在矿产资源管理制度改革一开始，就十分关注各方的利益关系。比如禁采区矿山关停，既考虑到未来整个区域功能建设，也关照到乡镇、村、企业的利益，没有采取习惯性地“一刀切”，而是分类、限时或限量关停。对于无证照非法开采的一律立即关闭；对于采矿证即将到期或开采量即将到限的，届时关停；对于可以整合到开采区的矿山企业，在自愿基础上向开采区集聚；对于农村集体经济对矿山开采依赖较大的，适当放宽期限。这种做法得到了大多数乡镇、村、企业、村民的理解和配合。

在绿色矿山创建过程中，湖州市也是如此，政府引导好企业投入绿色矿山创建。刚开始绿色矿山创建，矿山企业有抵触，因为企业投入很大。用他们自己的话讲，就是“政府要我们做”。为什么是“政府要我们做”呢？因为生产环境不达标，不能满足环保的要求；因为生产技术落后，矿产资源利用不能达到“三率”标准的要求；安全生产意识淡薄，事故不断发生，矿山生产达不到安全生产的要求。在这个过程中，合法、合规、达标是共识，是一条法律界限，达不到就停产整改，直到达到开工条件为止。不整改，不提升，只有矿山关闭。

矿山企业通过绿色矿山创建，环境达标了，“三率”提升了，生产安全了，企业见到了成效，便开始了“我要做”的自觉阶段。

本章介绍新开元、中国建材（南方）和康诚三个典型绿色矿山案例，从它们创建绿色矿山中，体会湖州是如何做到矿山企业“我要做”的。

第一节　绿色智慧矿山

——新开元青山石矿绿色矿山创建实录

科学技术是第一生产力，这是邓小平在 1988 年全国科技大会上提出的著名论断。有人把这个论断演绎成数学公式：生产力 = 科学技术 ×（劳动力 + 劳动工具 + 劳动对象 + 生产管理），认为现代科学技术应用于传统工农业生产，就会释放出成倍的能量。湖州新开元碎石有限公司绿色矿山的创建恰恰印证了这个道理，由此成为建筑石材绿色矿山中的智多星。

20 世纪 90 年代，中央做出了开发上海浦东的重大决策，为适应国际大都市高品位的建设需求，1995 年，上海建工集团投资 1.5 亿元，在湖州成立了新开元碎石有限公司，1998 年正式投产，主要生产高品质建筑石料，用于高强度、高性能混凝土生产和高等级公路面层沥青混凝土、高速铁路箱梁及高标号管桩，其产品曾获得全国砂石骨料大赛一等奖。2019 年，公司销售收入 3.9 亿元，利税 1.6 亿元，是华东地区设备及工艺技术先进的环保型建筑石矿。

新开元从创建之初就十分注重矿山的生态环境建设和可持续发展，先后于 2005 年、2007 年和 2014 年成为首批市级、省级和国家级绿色矿山企业；2016 年被评为国家级高新技术企业。在科技兴矿理念指导下，公司引进了南太湖精英设计领军型创新团队，设立了省级博士后工作站和省级研发中心，先后开展了安全高效开采技术、清洁高效加工技术和“三废”治理及综合利用技术攻关项目，持续提升绿色矿山建设关键技术。2014 年以来，新开元自行研发的生产废水循环利用技术、机制砂生产技术、数字爆破技术及采区移动设备智能化监管系统分别入选国土资源部矿产资源节约与综合利用推荐技术目录。其中，新开元自主研发建设的“固液分离系统”，获得中国建筑材料联合会科技进步三等奖；“大型建材砂石矿尾矿废弃物资源化利用关键技术与工艺”荣获国家安全生产监督管理总局“第六届安全生产科技成果奖”。目前，新开元拥有国家专利 43 项，其中发明专利 4 项，计算机软件著作专利权 1 项。2016 年以来，新开元先后受邀参加了国家标准《机制砂石骨料工厂设计规范》、行业标准《砂石行业绿色矿山建设规范》和湖州市地方标准《绿色矿山湿法工艺水循环处理规范》等的编写制定。2019 年度被中关村绿色矿山产业联盟授予绿色矿山科学技术奖一等奖。

新开元在先后获得市级和省级绿色矿山称号后，2010 年开始向国家级绿色矿山冲刺，并于 2011 年被国土资源部授予首批国家级绿色矿山试点单位。在首批 37 家试点单位中，建筑石材矿山仅 3 家，新开元名列榜首。

图 7–1　国家级绿色矿山——湖州新开元碎石有限公司办公区

2012 年，根据国家级绿色矿山创建要求，新开元编制了《湖州新开元碎石有限公司国家级绿色矿山建设发展规划》。在这个方案中，首次提出了《绿色无尘无尾矿新技术研发与应用》项目的建设，目标是在全国建材矿山行业中率先实现矿产资源利用率 100%，把新开元建设成为第一个国家级无尘无尾矿的绿色矿山。为了实现这个目标，新开元在建立和健全绿色矿山发展长效机制前提下，全力开展无尘无尾矿核心技术的研发与试验，这项技术由八个子项目组成。

毫秒微差逐孔起爆技术优化项目。根据矿产资源赋存条件和破碎系统技术改造需要，对采矿场爆破参数进行持续优化，设计更加科学合理的爆破网络、装药参数和起爆控制参数。在进一步降低爆破负效应和爆破震动的基础上，使爆破后大块率和粉矿率进一步降低，大幅减少二次破碎的工作量，使单吨炸药爆破岩石量提高 20%，由此提高资源利用和经济效益。研发成果：每年可节省炸药用量 23%，节省炸药和二次破碎成本 400 万元。

固液分离系统技术革新项目。在 2004 年的三级沉淀池基础上，研发了“细砂高效回收与生产用水净化循环使用系统”。但由于系统的工艺设计和设备性能限制，只能回收含固悬浮液中 200 目的细砂，仍有一部分细砂沉淀在采场宕面塘口中。通过延伸性技术改造，使细砂回收处理粒度达到 320 目，满足了资源利用率 100% 的技术要求。同时，也大幅减少了生产取水量，大幅降低了取水、排污和治污的成本，从根本上消除了潜在的污水泄漏和宕面塘口溃坝风险。这个项目总投资 5500 万元，2014 年投入使用，2016 年已收回投资。技改成果：年细砂产能 40 万吨，节约取水量 80%，年经济效益 1200 万元，使矿山废弃物完全回收利用，生产用水零排放，经济和社会效益非常显著。

节电技术和节能装备。新开元是湖州的高耗能单位。2008 年以来，通过对生产系统机电设备负载率的测定，分析节能潜力，有计划、按步骤、分阶段安装电机智能节电器和电机就地无功补偿器。截至目前，已完成 18 台大功率电机智能节电改造和无功就地补偿技术改造，为生产加工区的所有皮带输送电机提供了最佳匹配电压和最佳功率状态。同时，加快技术改造，淘汰了一批低效、高耗能设备，引进、购置了国际先进设备，提高了 30% 的单位产能，降低了 20%—50% 的单位能耗，完成企业单位增加值综合能耗年均下降 5% 的指标。

“感知矿山、智慧环保”集中监控指挥系统。新开元投资 260 万元，实施了由无线通信平台、集中监控中心和各作业部门三部分组成的“感知矿山、智慧环保”集中监控系统，整合了矿山原有离散的生产、装运数据控制点和视频监控头，并增大视频监控范围，把生产现场采集的数据、影像集合到集中控制中心进行分析处理和点对点、点对面的声控指挥。该系统极大地节约了管理成本，提高了生产效率。

清洁生产工程。新开元投资 200 万元，对破碎加工区装设收尘和除尘设备，利用高压喷淋装置首先对石块进行预湿润，再应用喷雾抑尘技术、超声波干雾除尘技术、气箱脉冲袋式除尘器系统对破碎区机组的破碎腔和下斜箱进行抑尘和除尘，全面抑制生产过程中的扬尘。这项成果每年可回收细粉2.5万吨，在产生相应的经济效益同时，环境和社会效益也非常明显。通过对生产流程中的扬尘产生点的抑尘和收尘，最大限度控制粉尘的排放，达到《大气污染物综合排放标准》，既改善了环境，也保护了职工健康。

图 7–2　国家级绿色矿山——新开元碎石有限公司矿石加工区

带式输送机清扫器技术改造项目。原有的自制清扫器效果并不理想，漏料撒料频繁。为了保证输送系统安全、稳定高效运转，延长输送设备的使用寿命，新开元引进了美国孚乐率 MHS 重型二级清扫器，使清扫效果达到了90% 以上，输送带沿线几乎没有漏料，取消了反冲水环节，减轻了机械磨损，生产环境得到改观。

矿区环境绿化美化。新开元投资 800 万元，对生产区、办公区和生活区的环境进行全面整治。道路拓宽并硬化；加工区周边彩钢围墙封闭，重点部位如破碎区和中间料堆利用彩钢棚全封闭；新建办公大楼与生活区功能细分，兴建了职工宿舍、健身区和休闲区，满足了员工业余生活需求；对道路两侧及空闲地进行绿化，矿区可绿化区域绿化率达到 100%。

边坡复绿工程。委托第三方对矿山边坡复绿工程进行设计施工，采用挂镀塑防锈铁丝网、布设加厚坡面基质土壤层的方木条和植生袋、优化基质层结构养分及边坡绿化种子配方的改良型厚层基材喷播绿化方法，比同等级坡面状况下采用常规边坡复绿技术实现的效果优越得多。这个项目因此也成为边开采、边复绿的示范工程。

科学技术广泛应用于绿色矿山建设，是新开元对绿色矿山内涵的深刻理解，企业因此由大而强。按照《湖州新开元碎石有限公司国家级绿色矿山建设发展规划》所设定的标准：矿产资源开采回采率提升了 0.5 个百分点，达到 99.5%；吨耗资源实现经济效益（利润 + 税金）增加了 0.7 元，按照 400 万吨 / 年开采量计算，增加了 2800 万元 / 年；矿区可绿化区域绿化率、固体废弃物利用和处置率均达到 100%；粉尘排放浓度达到《大气污染物综合排放标准》的二级标准；控制爆破及生产过程中产生的噪声达到《工业企业厂界环境噪声排放标准》；生产废水全部回收，循环利用率 100%；矿区主要道路硬化率 100%；无重大责任事故和死亡事故，达到国家安全生产标准化二级企业。

没有投入就没有产出，科学技术的广泛应用所释放出来的巨大能量是惊人的。目前新开元立足用科技打造绿色矿山，并不断延伸产业链，短短三年已在环太湖区域建成了六座绿色商品混凝土生产基地，走出了一条新型的石矿 + 的路子，这就是新开元的实践证明！

第二节　绿水青山三笔账

——大煤山石灰石矿绿色矿山创建实录

还我绿水青山——这是大自然的呐喊。人类社会的繁衍生息，从本质上讲就是不断向大自然索取的过程。一旦索取超过了大自然的承受限度，大自然便要发威：瘟疫、地震、沙尘暴、干旱、洪水、山体滑坡，也包括全球变暖……人们在经历无数次大自然惩罚后，终于明白了一个道理：要与大自然和谐相处。

新世纪到来的前夜，湖州率先倡导并实践了绿色矿山创建——废弃矿山的治理；禁采区矿山的关停，限采区矿山的收缩和开采区矿山的集聚。同时，建立了矿山生态环境治理备用金制度，提出了“谁破坏谁治理”，“边开采边治理”操作规范。在2006年的第二轮规划中，湖州明确提出了“绿色矿山创建”，并解读了绿色矿山的基本内涵：资源利用集约化、开采方式科学化、生产工艺环保化、企业管理规范化、闭坑矿区生态化，向大自然伸出了和谐“橄榄枝”。

与大自然和谐相处是要支付成本的。湖州的说法叫“还清旧账，不欠新账”。这个不欠新账，除了“边开采、边修复”，还包括了产业布局调整、落后产能淘汰和生产方式的转变。如何做？湖州南方矿业有限公司大煤山矿给出了答案。

湖州南方矿业有限公司大煤山矿在长兴县煤山镇。从省道下来，有条山路蜿蜒通向山顶。说是山路，坡度并不很大，是早年专门为运送矿石修建的二级公路。路面很宽，两侧是高大的人工林，与满山的毛竹、松柏、杉树交融在一起，染绿了远山近水。一条全封闭式的纯电动输送带凌空穿过，时隐时现。因为有了它，山路就显得十分幽深寂静，一路上竟看不到运送矿石的车辆。阴沉的天，下着蒙蒙细雨，浸湿的柏油路黑黢黢的，两侧的植被翠绿绿的，又渐渐变成了低矮的观赏树种，假山、奇石、流水，我们驶入了一座微型园林，这便是南方矿业的办公区。

话题是从那条穿山越岭的传送带开始的。以往矿石开采后，要用60吨以上的矿车运往山下水泥厂及码头，就是刚刚我们走过的那条山路，每天昼夜可以通行中型以上载重车辆2000辆次以上。自从2016年修建了这条长达22公里的输送带后，那条路就基本“废”了。

脚下有路偏不走——这个账是怎么算的？

这条空中全封闭长胶带输送系统，具有全封闭、高架空、耐高温等特点，是目前世界上最长的“空中输送走廊”，也开启了全国首个全电物流模式。该系统总投资5.24亿元，起点是煤山镇的槐坎南方、白岘南方，经长兴南方至小浦镇合溪村码头，全长22公里，其中要穿过7.5公里的隧道，每小时可运输货物3000吨，年运输量1200万吨，每年可减少公路运输车辆33.33万车次，相比传统的车辆运输，成本减少了50%，既减轻了公路运输压力，也消除了扬尘、噪音、尾气对环境的影响，运输污染源实现了零排放。

图 7–3　湖州南方矿业大煤山矿 22 公里矿产品输送长廊（周雨顺摄）

这里面包含着三笔账：第一笔是经济账，运输成本下降了 50%。这个成本包括人工、燃油和车辆的购置及损耗。按照年运输量 1200 万吨、每吨减少 15 元计算，一年下来就是 1.8 亿元，三年可以回本。

第二笔账是生态账，环境成本，粉尘消失了，噪音没有了，尾气排放归零了，每天减少 900 多辆次的运输车辆，交通拥挤阻塞得到了极大缓解。由此带来了周边大环境的改善，使社会管理成本下降。

第三笔账是社会账，即社会效益成本，矿区周边及运输沿途村落的老百姓受益，社会稳定和谐。用当地老百姓的话说，过去雨天一街泥，晴天一地灰，过个马路要紧跑慢跑，就跟冲锋打仗似的。

2007 年，大煤山矿（整合前的浙江三狮水泥）获得了首批省级“绿色矿山”称号；2012 年被评为“第二批国家级绿色矿山试点单位”；2016 年通过了国家级绿色矿山验收。目前，南方矿业正在进行升级版的绿色矿山创建——智慧绿色矿山，并已初现规模。

绿色矿山建设，也是需要企业投入大量资金的。如果企业没有利益，断然不会参与“绿色矿山”创建的。换句话说，成本核算是任何企业安身立命的依据。政府的决策如果不能为企业带来效益，或者企业一时还看不清楚，想不明白利益所在，绝不会盲目地追随着决策的指挥棒乱跑，敷衍、糊弄在所难免。那么，绿色矿山创建的收益在哪里？

“通过技术进步，科学开采，把每一块矿石敲骨吸髓、吃光榨尽”，董事长徐玖云如是说。

好一个“敲骨吸髓、吃光榨尽”！一般来说，“三率”是描述矿业发展水平的重要依据。我国对非金属矿的大体要求是：露天矿回采率 90%；选矿回采率 85%；综合利用率 60%，如果用于复垦回填，要求达到 95%。南方矿业的生产水平是：2012 年，开采回采率 100%；矿产资源综合利用率 100%；固体废弃物综合利用率 100%，这三个指标一直持续至今。

这里面又有几笔细账需要算算清楚：南方水泥收购三狮水泥后，年开采量扩大为 450 万吨，按照达标要求计算，露天矿回采率 90%，则有 10% 的损失率；在生产过程中，选矿回采率 85%，则又有 15% 的损失率，按照复垦回填 95% 指标计算，也仍有 5% 的损失率，三项相加为 30%。也就是说，450 万吨的矿石中，有 150 万吨左右在开采和生产石料过程中被白白地损失掉了。这其中的资源成本、开采成本、生产成本、废弃物处理成本是多少？相反，通过“敲骨吸髓，吃光榨尽”的生产方式，实现了三个 100%，这一加一减之间的差距又是多少？当然，科学开采，技术进步，给企业带来的效益远不止这些。

在创建省级绿色矿山期间，通过整合，南方水泥收购三狮水泥，使原来的年采矿规模从 104 万吨增加到 450 万吨，放大了企业效益。同时，投资上千万元淘汰落后的生产设备，引进了部分先进的开采机械，如阿特拉斯 L6 钻机、沃尔沃 EC950 挖机、小松 600 装载机、特雷克斯 TR50D 矿用运输车等，提升了企业的生产能力。

在开采工艺方面，既考虑到安全环保生产，规范操作，严格按照自上而下台阶式、中深孔爆破的技术要求操作，又从工艺设计上关联后期的矿山复垦复绿，使前后工艺实现了“无缝对接”，无形中也降低了生产成本。

绿色矿山创建的另一项主要工作内容就是复垦复绿——依然存在钱从哪来的问题。按照规划要求，企业在取得采矿权后，除了要签订矿山自然生态环境治理责任书外，还要预先支付不低于治理费用的“治理备用金”。南方矿业大煤山矿是一家有着30多年开采历史的国有老矿山，已经形成了矿山+125米标高以上待复绿最终边坡13.54万平方米。“治理备用金”对企业压力非常大。

按照治理基金的相关规定，最终形成边坡的治理费用为120元/平方米，底部平台20元/平方米。返还的条件是：完成治理义务，在采矿许可证有效期满30个工作日内提出验收申请，验收合格后，15个工作日内返还80%；一年免养护期届满，且验收合格，返还剩余20%。

按照这个算法，企业的资金压力的确很大。为此，自然资源部门在与企业充分沟通后，认为边开采、边治理、边验收、边返还更符合企业的实际利益，提出了“边开采、边治理、边返还”的运作方式，实践的结果是企业、政府双收益。这就是最终写入国家规范里的“三边模式”。

据了解，“三边模式”在2019年又做了大调整：将治理备用金转为“矿山地质环境治理恢复与土地复垦基金”。过去，治理备用金放在财政，由政府预算管理，是一笔“死钱”，既不生息，也不能动；现在由采矿权人与自然资源部门和银行共同签订基金使用监管协议，明确基金计提、管理与使用的程序、条件和违约责任。由于基金生息，企业又增加了利息收入。同时，“三边模式”在南方矿业的实践中也不断得到细化和优化：根据治理基准价80至120元/平方米制定施工方案，通过招投标确定施工单位，并由施工单位垫资进行矿山恢复治理；验收合格后，政府返还矿山先期预交的治理基金，矿山再支付施工企业。

还是接着南方矿业董事长徐玖云前面的话说，“企业没有利益是不可能投入大量资金做绿色矿山创建的”，而从备用金这个事例看，几次调整，无一不是从企业的切身利益考虑，让企业在绿色矿山创建中受益。所以老徐又说：“从政府督促我们做绿色矿山，到我们自觉自愿地做绿色矿山，效果是不一样的；过去我们是初步治理，后来是高标准治理，现在我们要打造升级版的绿色矿山”，这个变化的过程，恰恰说明了两个道理：政府只有和企业贴心，企业才能释放出更大的社会效益；政府只有转变职能，变管理为服务，变行政命令为契约关系，企业才能顺气，政府才能宽心。这就是湖州经验！

南方矿业是个老国企，通过企业的整合和绿色矿山创建，迎来了一个新的发展期：一个重大的整合决策正在实施中——将下属大煤山矿、老虎塘矿和凉帽山矿进行深度整合，将三个独立矿权整合为一个采矿权。届时，矿区面积将由 1.694 平方公里扩大到 2.792 平方公里，形成一个矿产资源保有储量 2.6 亿吨的大型矿山。绿色矿山就像一道“护身符”守护着南方矿业蒸蒸日上！

第三节　“绿色”红利滚滚来

——康诚青山石矿绿色矿山创建实录

绿色矿山创建始于 1999 年湖州矿产资源管理制度改革，即湖州《矿产资源保护和开发利用规划》的实施。2005 年，湖州在第二轮规划正式提出了绿色矿山创建的概念和五项标准。2009 年 1 月，《全国矿产资源规划（2008—2015 年）》提出了发展绿色矿业的明确要求。2010 年，国土资源部下发了《关于贯彻落实全国矿产资源规划发展绿色矿业建设绿色矿山工作的指导意见》。至此，绿色矿山从湖州走向全国，形成大势。

绿色矿山之所以具有强烈的社会号召力和感染力，有两个极为重要的原因：首先，它直指弊端所在。矿业是国民经济发展的重要支撑产业。但是，由于矿业布局不合理、产业结构不合理、技术和设备落后，造成全产业链的生产力低下、资源浪费严重和环境严重污染。其次，它明确了提升产能的方向和途径。在资源刚性需求上升，资源环境压力日益增大情形下，推动经济发展方式的转变是必然选择；合理利用资源，节能减排，保护生态环境和促进矿地和谐，是发展绿色矿业、建设绿色矿山的主要目标；规范矿山企业管理，加强行业自律，是实现绿色矿业健康发展的重要手段。

绿色矿山创建，实际就是落后产能不断被淘汰，先进产能不断占位、抢位的过程。如今，20 年过去了，绿色矿山的政策红利已经充分显现出来——

康诚石矿（湖州）有限公司是家外商独资企业，前身是香港嘉华石矿，创建于 2002 年，注册资金 2000 万美元，2003 年建成投产。开采矿种为凝灰岩，主要用于商品砼等建筑材料骨料。在全国基础建设大发展时期，市场前景非常看好。

康诚石矿入驻湖州时，恰逢湖州第一轮规划实施，矿山准入门槛已经筑高；采矿权有偿使用；新建矿山年开采最小生产规模为 30 万吨；建立了环境保护管理制度、矿山用地复垦制度、矿山植被恢复制度和矿山生态环境治理备用金制度。鉴于康诚石矿的投资规模和技术能力，开采规模设定为 200 万吨 / 年。2012 年，在矿产资源整合的大趋势下，其采矿权与湖州丰华矿业有限公司采矿权异地整合，年开采规模达到 460 万吨，企业规模由此做大。

2005 年，湖州明确提出创建绿色矿山后，起步较高的康诚石矿同时被列为第一批省级绿色矿山和湖州市绿色矿山试点单位。创建期间，为了适应市场需求，他们积极调整产品结构，将原来与市场不相适应的石料规格，5—25.26—30、31.5—38，调整为 5—15.16—25.26—31.5，同时，还可以按照客户要求灵活配比，仅此一项提升了 15% 的产品附加值，企业每年可增收 4800 万元。

康诚石矿的矿山顶部风化层和半风化层比较厚，传统的做法是剥离后全部废弃，不仅造成大量资源浪费，废弃物还要占用土地堆放。在绿色矿山创建中，他们采用分类采掘方法，将基岩（青色）加工成精品，把其他矿石加工成普通建筑石料，变废为宝，综合利用率实现了 100%。

改善传统矿山脏、乱、差的生产环境，是绿色矿山创建中企业必须承担的责任。康诚石矿提出“有效控制矿区扬尘，有效控制机械噪音，有效防治水土流失，生产用水循环使用，矿区物资有序放置，现场环境整洁美观”的矿区环境综合治理工作目标，使矿区环境大为改善。

首先，针对矿区扬尘和噪音进行专项治理：对生产区域的集中扬尘点和噪音源点进行局部封闭处理，毛石运输车辆喷淋降尘；对中深孔凿岩钻机进行除尘改装，采用布袋吸尘处理技术，实现了钻机作业场地无扬尘；对 2.5

公里的毛石运输道路进行全程混凝土硬化，配备了矿区洒水车抑制扬尘；修建了一条1公里长的成品石料运输长廊，解决了成品石料运输过程中的道路扬尘、高能耗、不安全等问题。

图7–4　国家级绿色矿山——康诚石矿（湖州）有限公司污水处理系统（吉振国 摄）

其次，在污水处理上，新建了一套污水处理系统，实现了中水循环使用：将生产污水通过螺旋式洗砂机、离心式泥砂分离机，把污水中可利用资源分离出来，再将污水导入污水处理中心，分离出泥沙，三级沉降池进行沉淀，沉淀后的矿泥集中处理，用于其他建材辅料，水循环使用，实现了污水零排放。

在矿区环境治理、绿化以及防止水土流失方面，康诚石矿也投入资金，如在道路两旁植树种草、永久边坡喷播复绿，使矿区绿化率达到80%；修建了3公里长的截水沟系统，防止水土流失等。

2007年，康诚石矿通过了省级和市级验收，取得了省市级绿色矿山称号。但他们的脚步没有停歇——企业在省市级绿色矿山创建中尝到了甜头，他们瞄准了下一个目标：国家级绿色矿山创建。2011年8月，康诚石矿向有关部门提出申请，申报国家级绿色矿山试点。这里，我们注意到一个细节：2005年作为省市两级绿色矿山创建试点时，康诚石矿是被“列为”试点的。而国家级绿色矿山试点是“申报”，这个由被动进而主动的转变，如果企业没有获得好处，是不可能实现的。这也从另一个侧面说明，绿色矿山已渐入人心。

依据《康诚石矿（湖州）有限公司国家级绿色矿山建设发展规划》，企业用了3年时间，结合自身实际情况，满足了国家级绿色矿山的九项基本条件。

围绕提高矿产资源综合利用率对“尾矿细沙回收和沉淀池淤泥干化”进行技术改造，引进了世界一流品牌的节能型颚式、圆锥破碎等生产装备，采用自动化控制系统实行三级连续破碎，增加高品位骨料产出率，完善采掘分类处理和尾矿细沙回收工艺，使细沙回收率在原来基础上提升了15个百分点；淤泥提取干化压缩成型率达100%，矿山矿产资源回采率和综合利用率达到99.5%。其中，高品位骨料增加5%，尾砂提取率增加9%。

围绕着节能减排所确定的微差爆破技术，改造后，微差爆破振动降低20%、减少大块率20%、减少二次破碎工作量20%；冷雾降尘系统、矿山设备的节能改造，使单位产值能耗下降了6.65%；开采边坡和平台实行边开采边治理，完善中深孔高精准毫秒微差逐孔爆破技术，使边坡和平台有效治理率均达到100%，主要道路硬化100%，绿化率100%，破碎生产线及料仓100%全封闭，矿区生态环境和安全生产监测实现全覆盖。

在国家级绿色矿山建设中，康诚石矿积极推进“机械化减人、自动化换人”的工作模式，包括：采用PLC、视频远程自动化控制系统；实现了加工车间无人作业，输送长廊和地笼卸料可视自动化操作，建立了一线操作室、调度室和监控中心三级视频监控系统，对整个生产流程进行监测、调度；实现了污水处理自动检测泥浆浓度、自动加药系统，建立了地磅自动称重、语音宝宝、自动记录数据的无人操作管理系统；极大地提升了生产管理效率，降低了生产运营成本，关键生产工艺流程数控化率达到90%以上。2016年被评为国家高新技术企业。

在长达近15年的三级绿色矿山创建中，康诚石矿产品结构不断优化，附加值不断提升；生产能力和技术水平在同行业处于领军地位；企业经济效益增长迅速：2005 年，企业处于亏损状态，产值仅 1 亿元；2019 年，产值达到了 6.2 亿元，利润 2.3 亿元，上缴税收近 1 亿元。由绿色矿山创建带来的红利：社会经济效益、企业经济效益和环境效益全部显现出来。

企业发展了，矿山变美了，周边环境改善了，这一切都应归功绿色矿山！

第八章　案例篇：矿山村转型、转业

水满田畴稻叶齐，日光穿树晓烟低。黄莺也爱新凉好，飞过青山影里啼。这是千百年来人们对美丽乡村的畅想。

湖州是中国美丽乡村的发祥地；她发端于湖州第二轮矿产资源规划的末期。美丽乡村既是经济转型的产物，也是经济发展的必然结果。

美丽乡村建设是经济发展到一定阶段的必然需求。它不仅要求城市经济的发展，也要求农村经济的同步发展；它不仅要求社会经济的发展，同时也要求全社会文化水平和道德水平的协调发展。这个阶段是不可跨越的。

21 世纪初，湖州得益于“长三角区域经济一体化”，经济迅速发展，农民生活得到了极大改善。当时湖州广大农村流传着“屋内现代化，屋外脏乱差”的说法，有两层意思：一层是湖州农民兜里有钱了，但是幸福感很差；另一层是恶劣的环境已经到了非治理不成的时候。浙江省的“千村示范，万村整治”专项行动，助推了美丽乡村建设。

湖州漫山遍野的矿山是当地农村的主要经济来源。湖州环境好起来，首先要改变乱采滥挖和矿山多、小、散、乱的局面，要关闭禁采区矿山。面对选择，必须放弃“靠山吃山”的传统生存模式，逐步减轻农民对矿山的依赖，进而实现农村经济的转型。

湖州多山多水。山是天然氧吧，水是自然生态的血脉；湖州历史文化底蕴深厚，历史遗存、名人故里众多。这些得天独厚的自然和人文环境孕育着丰厚的旅游资源，也成为农村经济转型的可靠依据。

在矿山关闭，矿业转业，农村经济转型过程中，湖州市委、市政府全力以赴，从宏观把控，到具体实施，抓试点，树典型，不仅有效地实现了矿山关闭，矿山生态修复，也加速了广大农村生活环境的改善。目前，湖州村容村貌已经发生了翻天覆地的变化：生活垃圾集中处理全覆盖；卫生厕所覆盖率、生活污水处理覆盖率、畜禽粪污综合利用和无害化处理率均达到100%。生活环境改善仅仅是美丽乡村建设的一个方面。但是，如果没有持续有力的经济发展作为后盾，任何畅想终归还是畅想。

本章介绍四个典型矿山村矿山关闭后是如何建设美丽乡村的？来看湖州矿业如何转型、转业？

第一节　余村：美丽乡村不是梦

安吉县天荒坪镇的余村，一个名不见经传的小山村，却是著名的“绿水青山就是金山银山”理念的诞生地。2005 年 8 月 15 日，时任浙江省委书记的习近平在这个小山村调研时，提出了简单却极富哲理的论断，余村因此声名大噪。

余村是幸运的——不仅因为“绿水青山就是金山银山”从这里发祥而幸运。更重要的是余村在矿产开采风生水起时，骤然刹车，转而瞄准乡村旅游，从而走上了一条与大自然和谐友好的经济发展之路。没有这个因，哪有发祥地这个果？

这一切还得从 20 世纪“有水快流”的经济发展模式说起；从 20 世纪末浙江省湖州市安吉县实施矿产资源规划说起。

安吉多山，非金属矿产资源丰富。但是在“大锅饭”年代，老百姓只能靠种田度日。人均不到一亩田，日子艰辛。改革开放后，靠山的村子便开石头，烧石灰，烧砖瓦窑。老百姓兜里有钱了，就开始造房子，土屋拆掉建瓦房；瓦房拆掉建楼房，老百姓辛辛苦苦挣的钱，几乎都扔到了房子上面。与此同时，城镇也开始了“摊煎饼”式的基本建设。巨大的市场需求，催生了众多水泥厂；而水泥厂又拉动着矿石开采规模的不断扩张，一时间，开山炸石炮声隆隆，水泥厂浓烟滚滚，运输车辆绝尘而去，空气中整日弥漫着烟尘……

余村坐落在天目山余岭脚下，全村6000多亩山林，只有500多亩水田。余村开矿的历史可以追溯到明代嘉靖年间，至今还留有很多500年前的矿渣和数十个矿坑。1984年，农桑经济的余村人均收入仅600多元，为了解决温饱问题，当时的村支书俞老汉便领着村民上山，重操祖业，烧石灰、烧砖，换粮食。据说，当时烧窑的手艺已经失传，产品卖相一直不好。直到垒了第三口窑，才摸着门道。后来，乡里一口气建了四个水泥厂，余村人就不烧窑了，索性卖石头，村里一共有了三个石矿，每年卖上二、三十万吨石头，老百姓的日子才一天天宽裕起来。到2000年，人均收入达到了4514元。

为什么只能说“宽裕”，而不能说“好”呢？就是因为生活环境遭到了严重破坏：门窗不能开，即便这样，每天窗台上还是布满了一层土；衣服不能晾，被子不能晒，烟尘蔽日。甚至出行都要再三掂量，一脚泥不怕，一身土也不怕，关键是尘土吃到肚子里是要生病的；五代后梁时期的“江南银杏王”不再挂果……用现在时尚语，就是富裕后的老百姓没有获得感，没有幸福感。但是，不卖石头还能干什么？村民们和村干部都很纠结。

恰恰这个节骨眼上，湖州市颁布了《湖州市矿产资源保护和开发利用规划（1999—2015年）》，提出了“禁采区关停，限采区收缩，开采区集聚”的要求。幅员4平方公里的余村，因享誉中外的天荒坪抽水蓄能电站——天荒坪风景区，被全部划在了矿产资源规划禁采区的范围内。

天荒坪抽水蓄能电站于1994年破土兴建，1998年第一台机组投产；2000年全部竣工投产，电站装机容量180万kW，是目前亚洲最大、世界落差最高、规模第二的抽水蓄能电站。电站有两个水库：上水库在海拔900多米的高山之巅，是利用天荒坪和搁天岭两山之间的天然洼地构建的没有径流水源的水库，平均水深42.2米，库容量885万立方米，相当于一个西湖。其蓄能能力1046万kW·h，其中日循环蓄能量866万kW·h，年发电量31.6亿kW·h。下水库位于350米处的半山腰，是由大坝拦截太湖支流西苕溪之水而成，可谓“两岸青山出平湖”。天荒坪抽水蓄能电站不仅承担着华东电网系统360万kW峰谷差的任务，而且具有丰富的旅游资源。

余村虽然被划入禁采区，但政府主管部门并没有简单地采取“一刀切”的办法马上关停，而是根据不同矿山的实际情况，如采矿证临近期满（不足两年）或开采量临近到量、矿山与当地村集体和农民（入股）经济利益密切相关的，或者打算向开采区集聚的，等等，在总的关停目标不变前提下，可以根据不同情况适当延长关停期限。

余村2002年开始关了第一个矿山，当年集体收入从400多万元，直落到26万元；2003年又关了第二个矿，2004年要关掉最后一个矿时，村里争议非常大，一个重要原因就是关矿后这两年，集体经济收入一落千丈。当时，余村经济单一，就是靠山吃山；农民收入增长幅度缩小：2000年与1999年相比，农民人均收入增长1186元；2001年与2000年比增长了907元；2002年与2001年比增长了569元；2003年与2002年比增长了890元。尽管如此，余村在整个安吉县仍是首富村。

但是，连续关了两个矿，村容村貌等周边环境却有所改善。2003年，余村被推举为“千村示范、万村整治”示范村和小康建设示范村；2005年被推举为“公推直选”示范村。这一系列的荣誉与禁采区关停后的环境改善密不可分。但是否关掉最后一个矿争执不下时，村“两委”召开了村民大会，以举手表决方式最终就两个问题达成一致：一是关闭矿山。两年来，尽管关闭矿山，村集体经济受到一些损失，但村庄整治已经使环境大为改观，奔小康不能只奔效益，要看长远。二是依托天荒坪的旅游资源，发展乡村旅游，要有所为，有所不为。

由于“两委”班子都是通过公推直选方式产生的，而且上任以来，不折不扣按照“四民主、两公开”的原则行事，受到大多数村民的拥戴，所以2004年关掉最后一个矿山后，余村上上下下千余口人合力一处，开发旅游资源，大唱旅游生意经。余村通过招商引资，修建了荷花山风景区，又办起了农家乐，吃农家饭，住农家屋，游青山，荡绿水，吸引了八方游客。村集体经济也出现上升势头。2005年与2004年相比，村民人均收入增长了1199元，达到了8715元。

2005年8月15日，时任浙江省委书记的习近平同志到余村考察调研，在得知余村用三年时间关掉了三个矿山，走上绿色发展道路，大力开发乡村旅游业时，给予了高度肯定，称赞余村的做法是高明之举。他说：“生态资源是最宝贵的资源，不要以牺牲环境为代价来推动经济增长，这样的经济增长不是发展。”他又说：“一定不要再想着走老路，还是迷恋着过去的那种发展模式。所以，刚才你们讲了，下决心停掉一些矿山，这个都是高明之举。绿水青山就是金山银山。我们过去讲既要绿水青山，又要金山银山，实际上绿水青山就是金山银山！”

习近平说：“要坚定不移地走自己的路，要有所得，有所失……在鱼和熊掌不可兼得的时候，要知道放弃，要知道选择。”同年 8 月 24 日，习近平在《浙江日报》发文，再次重申了“绿水青山就是金山银山”的观点。他写道：“绿水青山可以带来金山银山，但金山银山却买不到绿水青山……在鱼和熊掌不可兼得的情况下，我们必须懂得机会成本，善于选择，学会扬弃，做到有所为，有所不为，坚定不移地落实科学发展观，建设人与自然和谐相处的资源节约型、环境友好型社会。在选择之中，找准方向，创造条件，让绿水青山源源不断地带来金山银山。”

进入新世纪的几年里，还有几个重大事件的发生，对安吉和余村都产生了非常深刻的影响：一个是发端于 1999 年的《湖州市矿产资源保护和开发利用规划》的实施，在“三区划分”的指导下，全县矿业秩序逐渐理顺，城区环境明显改善；另一个是 2003 年全省范围内开展的“千村示范，万村整治”，极大地改善了广大农村“屋内现代化，屋外脏乱差”的恶劣生活环境，老百姓的获得感不断提升；再一个就是始于湖州废弃矿山治理的“百矿示范，千矿整治”行动，安吉历史上遗留下来的废弃矿山就多达 100 多个，这些被遗忘在历史尘埃中的废弃矿山，在整治中变成了风水宝地，生财宝地。

2007 年 10 月，党的十七大顺利召开，会议提出：“要统筹城乡发展，推进社会主义新农村建设。”当时，安吉在十七大建设社会主义新农村的号召下，已经涌现出一大批类似余村这样的新农村，如黄杜村、徐家岭自然村、鲁家村、三山村等，在这个基础上，2008 年，安吉县率先提出了“中国美丽乡村计划”，出台了《建设“中国美丽乡村”行动纲要》，提出用十年时间，把安吉打造成为中国的美丽乡村。安吉的这个倡议，揭开了全国美丽乡村的序幕，也为中国社会主义新农村建设探索出一条创新发展之路。

走进余村，赫然在目的一块巨石镌上刻着“绿水青山就是金山银山”几个大字，由宋元时期湖州著名书法家赵孟頫墨宝集字而成。一条小溪贴着巨石的脚面淌过，荡涤着余村人“由治而美，由美而富”的一路尘埃；对面是村委会——现在叫“党群活动中心”，一层是展厅，有实物，也有照片，依次讲述着自20世纪70年代以来一个个感人肺腑的余村故事；从村委会前行，是“两山会址”——正在修缮的余村文化礼堂；顺着山路向上，是一处矿山遗址公园，黑黢黢的矿洞望不见尽头，一壁悬崖——其实就是采矿后留下的宕面，陡峭笔直，石缝中长满了铁皮石斛……

外乡人如同刘姥姥一头扎进大观园，分不清东南西北。其实，山沟沟里转向是很平常的，但优美的景色却令人难忘：荷花山景区、荷花山漂流——虽然不是漂流的季节，但湍急的溪水和骤然出现的弯道，依然可以让你联想起水花飞溅处惊叫声声的欢乐。坡道曲折的山地徒步体验区、水库生态旅游区、花开四季的果蔬采摘区和五彩田园观光区、创意产业园、美丽宜居区……无一不叫人流连忘返！

“绿水青山就是金山银山”，激励和鼓舞着余村人民的“二次创业、再建辉煌”的信心。在村民自治的体系中，余村已经形成了一个完整良性循环管理结构：道德润村、清廉正村、依法治村、平安护村、生态美村、发展强村、支部带村、民主管村。2019年，全村实现国民生产总值近2.76亿元；农民人均纯收入49598元；集体经济收入达521万元。

20年间，余村度过了生态转型期，通过产业引导，全村旅游产业逐步扩大，游客量迅速攀升，2016年，余村被评为国家3A级景区，2017年进入了国家4A级景区行列，2018年开始向5A级景区冲击。绿色产业结出累累硕果，一幅经营型开放式村庄大景区的画卷正徐徐展开。

美丽乡村不是梦！

第二节　菰城村：生态文化的回归

说起菰城，那可是历史悠久，是春秋战国时期春申君黄歇的封地，在此筑城，因此地菰草弥望，故名菰城。秦统一六国后，结束了大分裂的局面，改菰城为乌程。隋文帝开皇九年（公元589年）废乌程县，置湖州。因其濒临太湖，故称湖州，沿用至今。新中国成立后，湖州为浙江第一专区，在随后几十年间又不断调整，成今天格局：下辖两区三县。在漫长的历史演进中，菰城逐渐成为一个行政村，隶属吴兴区道场乡，位于今天的湖州以南10公里处，方圆10平方公里，有15个自然村落，居住着678户人家2300多口人。

下菰城遗址依山傍水，东南有东苕溪，西北靠金盖山，内外城面积达68万平方米。城墙均用黄土夯筑，墙高9米左右，上部宽5—6米，底部宽20至30米，断面呈梯形。历史久远，资料甚少，但依旧不难从只言片语中感受到2200多年前古城的繁华和雄伟。据南朝《吴兴记》载："春申君黄歇于吴墟西南立菰城县，起青楼连延十里，西接黄浦。"又据明成化、崇祯《乌城县志》载："有内城外城，今废。"这里的"青楼"不是指烟花柳巷，而是用黑色颜料涂抹装饰过的房子。而"东西南北之门四，青楼连延十里，又有长烟亭"，可见当年的繁华昌盛。北宋《续吴兴图经》："春申君始建城，距今千余岁，重城屹然，略不聩毁，则知当时工役之兴不苟矣。"

图8–1　空中俯瞰的下菰城遗址

清、民国时期，湖州府、吴兴县为浙北重镇，漕运发达，商贾云集，人烟稠密，桅杆如林。古镇南浔盐号、米行、丝行、茧行、票号密如岗哨，每逢四、五月间，新丝上市，更是人流如织。

新中国成立后，杭嘉湖一带，尤其湖州始终是商品粮基地和桑茶基地，直至 20 世纪 80 年代中期，湖州传统农业才让位于工业，但仍高于第三产业。以至于当时的老城，还不难寻到“湖州府”的影子：街巷里散发着柴火和潮湿的混合气味；黑黢的石板路像一块块裹着包浆的器物，一直码放到小巷深处；临街的铺子多是挂门板的，每块门板都写着壹、贰、叁、肆……早上按顺序摘下来，打烊再挂上去。笔墨纸砚和丝绸是少不了的传统物品，还有各色吃食：丁莲芳千张包子、周生记馄饨、震远同玫瑰酥糖、诸老大粽子……

改革开放后，湖州经济发展驶入了快车道。到 20 世纪八九十年代，位于长三角腹地的湖州，乡镇企业迅速发展，以矿石为支撑的建材工业和蚕茧为支撑的丝绸工业是湖州市两大传统支柱产业，是浙江省重要的建材生产基地之一，矿产资源开采给湖州带来了财富。

历史上，上海也曾是春申君黄歇封地，故简称申，与菰城有着深厚的渊源。八九十年代，湖州开采矿石大部分通过长湖申线运往上海，更加强了两地间的联系。然而，一方面是经济的快速发展，另一方面是付出了环境和资源的代价。湖州在反思，菰城村也在反思。

依山靠水且逐渐远离喧嚣闹市的菰城，在 2200 多年的社会演进中，却没有离开农耕经济，种地、养蚕依然是村民的主业，客观上，甚至也可以说无意间保护了春秋以来以“菰城文化”为核心的历史遗存和周边景观。

农村联产承包责任制后，种地成了“副业”，开矿却成了村民的主业。据有关资料载，20 世纪 80 年代初始，菰城村矿产资源开采进入了大开发时期，全村最多时有 11 家矿山企业，年产值近 1 亿元，从业人员达 1000 余人，全村 80% 以上的劳动力都投入到矿产开采上，村民在矿山每天收入有 50 元，在那个年代可是个大数字，村民的钱包迅速鼓起来，菰城村迅速致富，但“菰城文化”遗存却遭到了破坏，良好的生态也受到影响。

“靠山吃山，靠水吃水”是农耕社会沿袭来的生存模式。但是，这“山”，这“水”难道仅仅就是靠自然禀赋吗？当温饱问题已经不再是问题后，人们开始精神追求，旅游、休闲的悄然兴起，菰城发展的路在哪里？引发了菰城人的深度思考。1995 年底，国务院在全国范围内开展了矿产资源开发秩序整顿，菰城人的思路在整顿中逐渐清晰——关闭矿山，发展绿色产业！

走绿色发展之路一开始也是难的，村民也想不通，毕竟是自己砸自己的饭碗。矿山整治离不开政府的强势推动和因势利导，这是湖州近二十年矿山整治逐步形成发展理念。

菰城的自然和人文资源几乎占了整个村域面积的90%。村里有下菰城遗址、古梅花观、陆家山明墓、上金禅寺、吴沈门古村落、古河埠、古石板路、古亭、古墓、古树、古窑址村落、金盖二十八景、颜真卿、苏东坡和吴昌硕等文化名人碑刻，分别属于国家和省、市级文物保护单位。其中，“下菰城遗址”是我国东南地区保护最完整的一座古城遗址，是国家文物保护单位；吴沈门石板路已有百年历史，起于吴沈门古码头，止于古梅花观，沿途有“知止”“止止”“知午”三亭，全长约2公里，其中1.2公里为横铺，0.8公里为竖铺，寓意着一个有关诚信的故事。

1995年，湖州市开始规划南郊风景区；1999年5月，湖州第一轮矿产资源保护和开发利用规划开始实施，南郊风景区被列为“禁采区”。2001年9月，湖州的矿山整治率先从市区开始。市政府颁布了《关于对市区矿产资源开采进行整治的通告》，明确在2003年底前，分期关闭南郊风景区等禁采区内的所有矿山。吴兴区道场乡是重点区域；南郊风景区核心区菰城村是重点中的重点。于是，菰城村按照“老企业逐步关停，新企业不再落地”的原则，相继关闭了11家矿山企业，同时关闭的还有养殖场、砖瓦厂、机械厂、丝厂等对环境影响较大的企业，告别了“开石头、卖资源、吃子孙饭、污染环境”的日子，走上了绿色发展之路。

11家矿山关停后，菰城村按照“宜林则林、宜景则景、宜农则农”的废弃矿山治理方案，对所有腾退出的矿山和土地进行了生态治理和土地复垦，吴山石矿复垦出140多亩耕地。金山坞矿治理后，引入了三一重机公司的机械试验场项目。梅山石矿复垦后种植了40多亩的生态桃园，曾经在梅山矿上工作的倪连新成了桃园的主人，他算了一笔账：亩产桃子2500个到3000个，刨去成本，到手的收入也有几万元。倪连新说：“当初关矿都以为是好日子结束，谁知道好日子才开始。”

经过数年整治，菰城的村容村貌发生了翻天覆地的变化：历年废弃的矿山变成了花果山；矿石加工场地变成了游客服务中心广场；臭水池变成了莲花塘；打谷场、养殖场被休闲公园、村民广场、灯光体育场取代；杂乱无章的民房通过统一规划和景观设计，变得井然有序，呈现出一派温韵祥和的小康氛围。

走进村口，一座春秋战国风格的瞭望塔在蓝天白云和青山绿水衬托下显得格外雄伟壮观；瞭望塔身后有一大片开阔地带，是一块100多亩的大草坪，承载着“趣农场”项目；靠东是一个微缩版的下菰城遗址土建模型；春申公园隐藏在一片茂密的绿荫下；村中散落着陶艺馆、中医馆、茶艺馆、微雕馆等，以及富有特色的2家民宿和4家农家乐。

登高远眺，菰城村“两轴、四核、五片”的空间框架已经初步形成。“两轴”，即东苕溪路和南郊旅游公路；“四核”指四个重要节点，包括古梅花观、下菰城遗址、云巢湿地和吴沈门码头；“五片”则为生态农田、自然梯田、养生度假、楚风村寨、菰城遗址五个片区。菰城村成为历史文化保护利用重点村、美丽乡村精品村、浙江省生态文化示范基地。菰城村也作为“中国·菰城文化旅游节”的永久举办地，每年定期吸引着八方游客慕名而来。

菰城，一座从战国时期走来的不朽城池，正在菰城人手中努力践行“绿水青山就是金山银山”理念，不断焕发出新的生机和活力，谱写着崭新的时代篇章！

图8–2　2019年中国·菰城文化旅游节（原矿山码头改建为游客服务中心广场）

第三节　砂村：废弃矿地建园区

2015年9月8日，这是一个注定被载入史册的日子：全国农村集体经营性建设用地入市试点、浙江省第一宗集体经营性建设用地拍卖成交。标的为德清县洛舍镇砂村一块集体使用权40年，面积20亩的土地，起拍价957万元，成交价1150万元。我们要讲述的“砂村故事”便从这里开始。

砂村位于德清县中部的丘陵山地。北面与吴兴区接壤；西南部顺着山地进入天目山区；西部是莫干山风景名胜保护区；东部是水网密布的基本农田保护区。发展空间受限，是砂村典型的地理特征。

德清中部丘陵地带布满大小矿山160多个。20世纪70年代中后期，砂村农民在这里开矿，当时主要用于自建房；80年代后，随着基础设施建设逐渐升温，大批农民加入了矿山开采，至21世纪初，仅砂村就有13家矿山企业，3000多人从业，有72处卸料码头，29套碎石加工机组，1300多辆矿车，装满石料的船只在东苕溪川流不息……

农民开矿，除了经济利益驱使外，主要还是无地可种。砂村原本田地就少，砂村——仅看名字就能猜出八九不离“石”。再加上农村家庭联产承包责任之后，大量劳动力从田地中解放出来，副业变成了农民的主业。我们算了一笔账：砂村面积14平方公里，合21000多亩地。2012年底，纳入废弃矿地复垦的就有7300多亩，几乎占了砂村的三分之一的土地面积，假如再加上1300多亩的林地、700多亩的桑园、500亩的鱼塘，以及15个自然村、3000多口人的居住用地，所剩耕地了了，农民不开矿，如何养家糊口？

矿山养活了砂村，富裕了砂村。2013年底砂村矿山关闭时，当地村民在农商银行存款15亿元；村集体账户余额1亿元。开矿使砂村成为德清首富。从那一幢幢造型别致小洋房就不难看出这里的农民早已富得流油。

但是，矿山也害了砂村。沿东苕溪西岸长达5公里长的公路，被过往的矿车碾压得坑坑洼洼；沿途沙尘遮天蔽日，呛得人透不过气来；卸料码头一个紧挨一个，密不透风；昔日清澈见底的东苕溪严重污染，水体浑浊，河道淤塞……只见钞票不见蓝天的日子一直持续到2012年底。

砂村没地，德清也没有地。东部是基本农田，是一条不能碰的红线；西部是风景名胜区，也是一条不能逾越的红线。德清的发展空间就只剩下中部这一片被挖得满目疮痍的丘陵地带了；砂村不见蓝天，德清也难见蓝天。德清属亚热带季风区，山地面积占辖区面积的二分之一，仅仅是连片竹林就有近 130 平方公里。20 世纪 70 年代后期，由于极不规范的矿业开发，导致全县小气候环境逐步恶化。山林被砍伐、山体裸露、周边河流水体污染。1999 年湖州第一轮规划实施后，设置了禁采区和限采区，乱采滥挖才得到有效控制。2010 年，德清开始农村环境连片整治，化学需氧量、氨氮、二氧化硫、氮氧化物等逐渐削减，空气质量得以回升。

2012 年 9 月，浙江省批准了德清县闭坑矿地综合开发利用试点方案——利用废弃矿地复垦土地，试点选址就在砂村的矿产资源集中开采区。这是全省最大的露天建筑石料开采区，南北相距 2.4 公里，东西相距 2.2 公里，加上周边零散坡地，方圆近万亩。该工程复垦整治面积为 7307.88 亩，其中北区 3134 亩；南区 3543.71 亩。据当时的资料记载：2013 年矿山全部闭坑后，砂村共拆除临建违建 3.2 万平方米，拆除沿岸码头料场 150 余处，拆除矿产加工车间 29 个。2014 年工程完成了“九通一平”，顺利移交莫干山高新技术产业开发区。

按照德清县闭坑矿地综合开发利用试点的相关政策，砂村不仅获得了相应补偿，而且还保留了 300 亩的经营性建设用地。2013 年底，砂村根据德清县的统一规划部署，完成了村集体资产股份制改造，成立了村股份经济合作社。2015 年 9 月 8 日，浙江省农村集体经营性用地拍卖敲响了第一锤。这宗土地用途是商业旅游，村民林国祥占 59%，村股份经济合作社占 41%。砂村经济由此向多元化转型。

砂村矿山闭坑后，新的业态如雨后春笋迅速生成：矿老板沈林璋投资 2000 万元，建起了一座观光农业园，生意做得红红火火；早些年，洛舍镇就是钢琴产业基地。如今，砂村也加入了这个行业，为钢琴制造业升级换代注入了活力；乡村旅游观光在“一村一品一景”的统筹下有声有色，既保持了传统农家的原汁原味，又合情合理地融入了现代社会文化元素，休闲广场、新四军纪念馆、森林公园、老人聚养所等营造出一派祥和氛围。

图 8–3　德清县洛舍镇砂村集中开采矿地变身万亩工业平台，成为湖州莫干山国家高新区核心承载地（项飞摄）

砂村又是一片投资的热土。万亩高新技术产业平台引来无数“凤凰鸟”：全国首个全域城市级自动驾驶与智慧出行测试区已经落地生根。在 172 亩的封闭测试区内，模拟城市、乡村、隧道等交通环境，为车辆上路许可提供研发测试和验证支持；占地 829 亩的浙江氢谷新能源汽车产业园项目建成后，主要生产氢燃料电池、锂离子电池动力总成 PACK、新能源汽车变速箱等；中车、易智电等上百亿项目也寻声而来，这些产业将配套 10000 个就业岗位，不仅给村民就业带来了机会，更催生了周边村落的服务业。

为了提升招商引资品质，德清县注资 3 个亿，专门成立了德清同创建设发展有限公司，负责基础设施建设。目前，整个砂村集中开采区矿地区域内 16 条公路、2 座桥梁、2 座污水提升泵站、1 条污水总管 12 公里道路拓宽全部完成。

未来的砂村将会发展成什么样子是很难想象到的。但今天的砂村经济已经远远超过了“矿业时代”却是不争的事实：2019年砂村集体经济总收入1280万元，村民人均收入36900元；村股份制合作社股份由2013年成立时的每股5500元，增长到2019年的每股18000元，增幅达3.27倍。

砂村的故事才刚刚开始，一个美丽的乡村正在成长成一个巨人！

第四节　东衡村：废弃矿地筑新村

德清县洛舍镇东衡村，位于德清县东北部，村域面积10.4平方公里，有800户人家，3100人。这里既是南朝政治家、文学家、史学家沈约的故里，也是南宋末书法家、画家和诗人赵孟頫和夫人管道升避乱隐居安度晚年之地。据史料载，从北宋至清康熙的七百余年间，东衡村出了4位尚书和11名进士，可谓人杰地灵。

改革开放以后，“万千诸葛出茅庐”，东衡村当仁不让，竟然用摸惯了锄把子、长满了老茧的双手，制造出占全国钢琴市场20%份额的洛舍钢琴！当然，东衡村也开矿。该村位于德清县东部平原向西部山地过渡丘陵区，东临南北向龙溪港河，西近南北向东苕溪，中间一条东西向洛龙河横穿东衡村，连接龙溪港河和东苕溪，水路交通极为便利，可直达上海、嘉兴、苏南等地。洛龙河北面分布着龙洞山、鸡笼山、俞塘山等小山，南面分布着百梁山、梅子山、凉帽山、长山等低矮山丘，山地面积约占村域总面积的23%。20世纪80年代初，东衡村“靠山吃山”。矿山一开就是三、四十年，最红火的时候拥有18家矿山，1800多人，其中三分之二是村里的农民，他们开山放炮炸石头，每天挖山不止。村里挖机、铲车等矿山机械配件店等随处可见。“矿”和“富”成为东衡的名片。东衡村富了，但没有蓝天白云的日子并不舒坦。

竭泽而渔的日子毕竟有限。随着资源越来越少而生态环境越来越差，2009年东衡村矿山全面闭坑，留下3000多亩坑坑洼洼的废弃矿地。于是转向自然生态环境恢复——废弃矿地造水田，这一干又是十年。如今，东衡村头上顶满了光环：全国生态文化村、国家农村产业融合发展示范村、全国民主法治示范村、浙江省文明村等 30 多项荣誉称号。2019 年，村集体经济总收入 2576 万元，农村居民人均可支配收入 4 万多元。东衡村日子越过越舒坦！

东衡村利用废弃矿地造水田，进而顺利地实现了经济转型，矿业转业，这个过程中的很多细节是不能忽略的。

2008 年，东衡村集体经济收入 387 万元；2009 年闭坑后，这个数字被压缩至 18 万元！当然，面对 3000 多亩、深度可达数十米、甚至上百米的废弃矿坑，东衡人也明白不能再这样继续下去了。可是不开矿干什么呢？总不能全拥入钢琴企业吧？恰好，时任村主任的章顺龙带来一条信息：杭州很多土建工程的废弃渣土无处消纳，可以让他们运到东衡村填矿坑。按照每立方米 0.5 元计，1000 万立方米就是 500 万元。尽管，这仍然是“卖资源”，但在当时，也是个权宜选择。随着渣土源源不断运来，2011 年，东衡村又实行了渣土消纳招投标，按照 1600 亩，月消纳 2160 立方米计，东衡村一下子就收入了 1.08 亿元。除了村集体集中留用的 4600 万元外，其余全部分配到户，户均近 7 万元，东衡村又喧嚣起来！

这一年，东衡村被列入湖州市农村土地综合整治试点村，废弃矿山治理列入农村土地整治中。村里人又动了心思：在回填的矿坑上造水田！

在废弃矿地上造水田，是一个大手笔。当时很多人质疑说，矿坑能造水田，石板上就能印钞票！但结果不仅造出了水田，而且还“印出了钞票”。

东衡村的技术秘诀是分三步走。

第一步是削峰填谷，平整场地。多年开采形成了高低不平的宕面，有的地方闭坑后还留下一些小山包，当地人称它为“峰”；有的地方开采过深，甚至达到海拔高程负几十米，形成了巨大的积水坑，这便是“谷”。将一个个小山包“推进”谷中，就形成了相对平整的地块。

第二步是表土分离循环利用。根据德清县《建设占用耕地表土剥离和再利用工作实施办法（暂行）》以及实施细则，对占用耕地的建设用地，在土地出让时每亩收取 2 万元的专项资金，用于保障耕作层表土剥离再利用。在造地过程中，全县共剥离优质土方 186 万立方米，按照耕作层 0.8 米的深度，沉降夯实不小于 0.6 米深，可覆盖面积 1022 亩，保证了复垦耕地具有较强的水土涵养功能。

第三步是移土培肥，提升地力。在创建生态市过程中，湖州市开展了一项“五水共治”工程，河道清淤产生的河泥，为德清县造水田提供了非常宝贵的沃土资源。在表土作为基层的基础上，将河泥覆盖 40 公分厚，再按照田成方、树成行、路相连、渠相通的标准田要求修建基础设施，水田就大功告成。

借用矿山生态环境备用金制度的运作方式，水田造好后，为了确保把地种好，管理部门从“土地整治项目补助金”中，提取 20% 作为“耕作保证金”，连续三年耕作农作物后予以返还。同时，德清县还规定，凡在整治项目种植粮食面积达到 80% 以上的，按粮食种植面积每年每亩地补助 600 元，由此又刺激了种粮大户发展规模种植的积极性，形成了良性发展，新造水田亩产均在 500 公斤左右。

截至目前，东衡村已累计垦造出耕地 2173 亩，其中，连片水田 1600 亩，获得各项补助 1.8 亿元。

东衡村不仅造耕地，也造新村建设用地。德清的“矿地新村”模式就是从这里走向全国的。东衡村的做法是：按照中心村居住集聚、功能配套、节约集约的要求，合理布局生产、生活、生态空间，在平整后的矿地上建设小区式住宅，银行、幼儿园、健身广场、卫生院、养老院、停车场（库）应有尽有。民居按照“三改二、二改三”的规划设计，即原占地三间改为占地两间、原来两层改为三层的方式，不仅增加了居住面积，而且节约了用地。腾出的旧村土地全部复垦。实现了农村土地综合整治与中心村集聚、废弃矿地利用的完美结合。截至 2019 年，已有一半多的农户迁入新村。

经过矿地平整和土地复垦，东衡村获得了很多的农村集体经营性建设用地指标。德清县是全国农村集体经营性建设用地入市试点县，东衡村是试点村，于是，他们又动起了脑筋：将村里节余的农村集体经营性建设用地，异地调整集中到区位条件优越的矿地区块，打造众创园，规划面积 680 亩，分区块入市。目前，已组织入市土地 186 亩，建成标准厂房 23 万平方米，31 家企业已入驻，其中 14 家企业已投产。

按照德清县相关规定，众创园土地出让的收益 84% 归东衡村，算下来有 4000 多万元。东衡村再从集体留用资金中拿出一部分，总计投资 7000 多万元，在园区里建设了 7 万平方米的标准厂房，每年出租收益 1000 多万元，使村集体和村民又多了一块相对稳定的收入。

图 8–4 新建赵孟頫管道昇艺术馆

东衡村村集体经济收入 2013 年时为 567 万元，自此快速上升，2019 年达到 2576 万元，远远超过开矿年代。村经济合作社股权每股从 2013 年的 637 元增值到 2019 年的 30000 元，是 2013 年的 47 倍。

东衡村没有忘记经济薄弱村，为帮扶经济薄弱村实现共同富裕，2017 年东衡村联合新市镇子思桥村等 7 个经济薄弱村共同出资筹建了德清县八合物业管理服务有限公司入驻众创园，合作建设标准化厂房用于出租；2019 年带动 7 个村实现分红收益 200 余万元，切实增强集体经济薄弱村“造血”功能。

东衡村不忘精神文明建设，投资修葺全国重点文物保护单位赵孟頫墓，兴建赵孟頫管道昇艺术馆、赵公祠、村民藏书楼、文化街、文化礼堂、村史馆等，结合孟頫文化和钢琴文化，积极发展农业新业态，推动休闲农业游与乡村度假游、孟頫文化游、钢琴体验游联动的全域旅游发展，形成“农业＋文化＋旅游”的深度融合，打造4A级村落景区，发展美丽经济。2019年，接待游客10余万人次。

东衡村的实践再次向人们昭示了美丽乡村不是梦！走进东衡村，沿着孟頫文化的轨迹——赵公祠、艺术馆、藏书楼、赵孟頫墓，去领略一代书法宗师的艺术与人生；沿着钢琴文化的轨迹，去体验300年前“乐器之王”的发展路径——贝多芬的《命运交响曲》将给你揭示一幅苦难与抗争、黑暗与光明、欢乐与胜利的宏伟画卷，也将向你诉说东衡村的昨天、今天和明天！

第九章　案例篇：矿山治理示范工程

工欲善其事，必先利其器。但废弃矿山生态修复是前无古人的，如何“利其器”就显得尤为重要。

废弃矿山生态修复属自然学科，涉及地质、勘探、物理、气象、生物，以及岩土工程、农业工程等诸多领域。湖州最先介入废弃矿山治理工程的是组建于1958年、拥有雄厚技术力量的浙江省核工业二六二地质大队。虽然废弃矿山治理对他们来说，也是人生头一遭。但是，在土石方剥离、道路开拓、地下井巷开拓、尾矿坝及附属工程、盾构技术等方面，他们有足够的经历和自信，并在废弃矿山治理和绿色矿山建设中屡有创新。如降烟尘、减燥、减震、无飞石的绿色采剥技术、填料块度级配控制爆破技术、大面积回填质量控制试验监测技术、深大采坑的回填方法及质量控制、大方量、高强度土石方采剥施工组织和调度、边坡绿化技术：即利用空气压缩动力装置将预先配置并搅拌均匀的植物生长基质材料、绿化种子等按设计要求喷射到挂网后的坡面上实现快速强制绿化的一种边坡绿化新技术等，这些新技术的使用和推广，有力地支撑了废弃矿山治理工程的推进。

本章选择了五个最具代表性的示范项目，从技术角度简要介绍了工程的主要技术、工艺流程。其中，南太湖新区仁皇山生态修复项目由浙江省核工业二六二大队组织实施，工程主要是边坡生态复绿和宕底土地平整利用；南太湖产业聚集区长兴分区万亩矿地平台建设项目由浙江省隧道工程集团组织实施，工程主要是废弃矿山深坑回填，矿地复垦建设用地，难点是深坑回填矿地利用；南太湖新区敢山废弃煤矿矿井治理项目由浙江煤炭地质局勘探一队组织实施，工程主要是煤矿采空区治理，难点采空区建设用地利用；吴兴区外山废弃高陡边坡生态修复项目由浙江地勘实业发展有限公司组织实施，工程主要是高陡坡生态修复，难点是高陡边坡复绿；长兴县大煤山生产矿山边坡生态修复项目由浙江中煤生态环境发展有限公司组织实施，工程主要是生产矿山边开采、边修复。

俗话说，没有金刚钻，别揽瓷器活儿。矿山生态修复的一个个难点，就是在丰富的经历和满满的自信下被各个击破的。这就是他们手中的金刚钻！

第一节　仁皇山废弃矿山治理示范工程

南太湖新区仁皇山废弃矿区生态修复示范工程被国土资源部选送参加全国“砥砺奋进的五年”大型成就展。该工程项目建设单位是湖州新绿源矿山生态建设有限公司，承建单位是浙江省核工业二六二大队。分两个标段：一标段削护坡复绿工程，二标段为矿地平整工程，2003 年 5 月组织实施，是湖州市政府有组织系统开展废弃矿山治理首批工程，列入浙江省废弃矿山治理“百矿示范”工程。

仁皇山废弃矿区位于湖州市老城区西北核心区域，毗邻市新行政中心，南临旄儿港，北倚仁皇山，西望 104 国道、杭宁高速公路和杭宁高铁，是当地村民连年劈山取石开矿形成。该矿区最大废弃矿山宕面高差可达 70 多米，形成一坡到底，陡峭，坡角在 70 度以上，开采坑口塌陷严重，宕面危岩众多，宕底凹凸不平，犬牙交错，边坡极不稳定，水土流失和崩塌时有发生，景观受损，土地荒芜，严重影响城市生态环境和城市品位。

该矿区治理依据湖州市土地利用总体规划和城市建设规划，按照“宜建则建、宜林则林、宜景则景”的思路，制定治理总体方案，并依据废弃矿区实际地形特点划分为斜坡治理区、台阶治理区、缓坡治理区、宕底平地治理区等四个区域细化治理设计，有针对性开展治理施工。治理面积约 162600 平方米。工程采用“台阶式削坡卸荷 + 生物护坡 + 场地平整”的综合治理方法。在通过削坡、回填、反压坡底等工程手段，形成三个台阶，总体坡面角小于 50 度，台阶高度 14—19 米。在坡面顶、东西侧及台阶上修筑横竖截排水沟，引导水流下泄；坡底修筑挡土墙；坡面东侧，依山势，修筑上山踏步台阶。

通过以上工程手段，确保边坡稳定性。在此基础上，采用客土喷播、厚层基质、苗木种植复绿技术对坡面、台阶进行绿化；用削、填结合的方法，对矿区宕底进行平整整理。

斜坡治理区：依据治理界线及地形特点，以坡率 1∶1.5—1∶1.7 为边坡坡面角分别向南东、南西进行爆破削坡，在整个治理区中形成了左、右两边及中间地形过度的斜坡面。采用厚层基质喷播工艺进行，主要施工工序为清理坡面、挂金属网及固定、厚层基材喷播、盖无纺布等。喷播厚度 10—12 厘米，存活后平均每平方米乔灌木为 5 株以上。

台阶治理区：针对该区宕面陡倾、岩石破碎、危岩林立特点，施工中台阶边坡的坡率取值为 1∶0.8—1∶1.2，并分别在 +62 米、+83 米和 +96 米标高设置安全防护和复绿养护、安全检查用台阶，台阶宽度分别为 3 米、1.5 米、3.5 米，台阶两端与山体相连接，+62 米、+96 米台阶内侧设人行道（宽 60 厘米），中间设汇水沟（沟宽：上 60 厘米，下 30 厘米，深 30 厘米）；台阶边缘及内侧回填 0.8 米厚的耕植土，并以 1 米 ×1 米间距种植桧柏、海桐球、麦冬草；平台排水沟内侧种植爬藤类植物进行复绿。通过对边坡的台阶处理，有效的缩小宕面边坡角，提高了边坡的稳定性。

缓坡治理区：以北部、南部挡土墙为界，通过挖机削、填相结合的方法对山体不稳固的地块进行修正，对坡度较大的地方进行降坡处理，对坡面的大凹陷处进行填土，形成坡率为 1∶1.4—1∶1.5 的缓坡区域。模拟自然山体进行园林式的复绿工作，在山包各处点缀太湖石，再进行绿化苗木种植、各类草籽撒播。

平地治理区：以清理平整为主，在平整复绿后设置好边缘排水沟、挡土墙，并与南侧平整地形形成一个坡率为 1∶2—1∶3 的缓坡过渡地带。考虑到坡面以碎石等为主，先进行人工覆土，平均厚度在 10 厘米左右，然后按照 2—4 米的间距以品字型开挖鱼鳞坑，规格为 50 厘米 ×50 厘米，并回填种植土，苗木为适应性和观赏性俱佳的雪松和湿地松等。

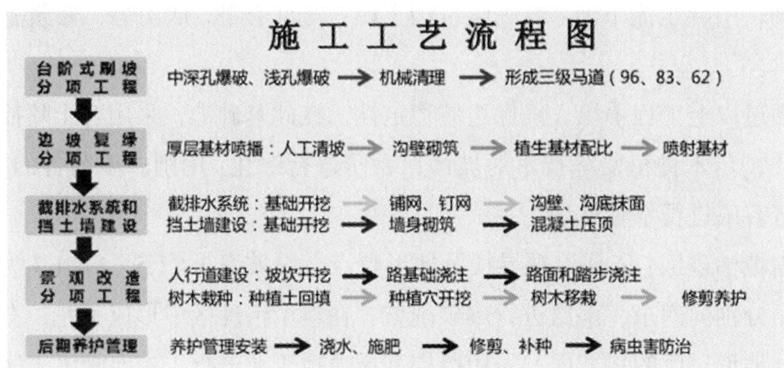

图 9–1　生态修复施工工艺流程图

2005 年 4 月顺利竣工，2008 年开始免养护，共投入资金 874 万元。完成边坡绿化 5.5 万平方米，种植湿地松、雪松、桧柏、雷竹、海桐、黄杨、小叶女贞等 8 种乔灌木，计 8540 株；播胡枝子、紫穗槐等 5 种灌木品种，约 230 公斤；播高羊茅、弯叶画眉草、白三叶、紫花苜蓿、黑麦草等 10 种草种，约 500 公斤；局部废弃矿区矿坑建成水体公园，平整废弃矿山土地 122 亩，成为湖州市仁皇山公园的核心部分。

图 9–2　仁皇山废弃矿山治理前

图 9–3　仁皇山废弃矿山治理前通过治理变身生态公园（仁皇山废弃矿山治理项目入选中宣部“砥砺奋进的五年“大型成就展）（吉振国摄）

第二节　敢山废弃煤矿（井）治理示范工程

湖州南太湖新区敢山煤矿废弃矿井治理工程项目是浙江省三个废弃矿井治理试点项目之一，由省国土资源厅和中国煤炭地质总局同时立项。

敢山煤矿地处湖州市北郊南太湖新区杨家埠镇，位于南太湖新区区西塞山分区杨家埠工业区块，南邻敢山南路，北邻敢山北路，东邻敢山东路，西邻三天门路。敢山煤矿 1970 年 1 月投产，于 1992 年关闭，无闭坑报告，属矿主灭失。敢山煤矿采空区面积为 1014 亩，局部采空区埋深较浅，存在塌陷等地质灾害隐患，土地未经治理无法利用。

南太湖敢山煤矿废弃矿井实施综合治理，由浙江煤炭地质局勘探一队组织实施，工程包括敢山煤矿地下采空区治理和土地平整治理。治理手段主要是通过对−50 米以上标高的巷道进行注浆处理，地面以上削山平整，形成+24 米、+30 米、+35 米 3 个平台，满足工业建设项目落地要求。敢山煤矿地下采空区注浆治理治理 2010 年 9 月开工，2013 年 11 月全部完工。

湖州敢山煤矿废弃矿井治理完成后，增加可利用土地 1100 亩，加上周边低丘缓坡可利用 1500 余亩，目前已有部分项目落地，既改善了区域环境，消除了安全隐患，又增加了开发区的可用土地资源。对于研究废弃矿井治理和节约集约利用土地方式方法具有一定的示范作用

一、场地平整工程

根据矿体赋存地质条件、开采技术条件、生产规模和产品流向等，方案采用自上而下、水平分层、中深孔爆破，+65m 水平以上采用分层开采、纵向推进、挖掘机转载、自卸汽车在转载平台运输，+65m 水平以下为单台阶开采、挖掘机装载、自卸汽车运输的采矿方法。根据确定的开采台阶及运输线路布置，采用中深孔爆破，台阶式自上而下开采。其中首采及最高装载运输平台为设置在 +65m 水平。累计开挖土石方 9921320.3 吨。

采矿工艺为：剥土（岩）→穿孔爆破→二次破碎→采装→运输。

二、采空区治理工程

采空区治理技术路线：地质勘查→编制项目治理实施方案→治理施工→检测（包括 TEM 法验证、取芯检测等）→验收。

通过物探、钻探、抽水试验与岩石物理力学试验、动态观测等勘查方法，查清敢山煤矿废弃矿井区域采空区分布、结构特点，为下一步布设注浆孔进行钻孔灌浆治理圈定治理区域区域。

依据采空区分布特征及岩土工程勘察规范，将敢山废弃矿井治理区划定无采空区、有采空区且采深采厚比大于 30、有采空区且采深采厚比小于 30 三个区。

根据《岩土工程勘察规范》的相关规定，采空区采深采厚比小于 30 的地段需要进行治理，无采空区及采深采厚比大于 30 的区域无须治理。因此本次治理重点区域是采空区采深采厚比小于 30 的地段，即主要治理采空区及周边区域约 20 万平方米面积，治理深度为-50 米以上的采空区及巷道（图一）。技术方法采用钻孔灌浆法填充，其后对注浆孔治理效果进行检测验证，采用方法有注浆施工前后的物探测试数据比对、注浆治理后检查孔取芯及压

水试验情况等。

工程共完成注浆钻孔 974 个，进尺 61480.5 米。注浆液配制原则上按实施方案并通过现场试验适当调整，浆液主要材料为水泥、粉煤灰和黄砂，水泥含量占固相 18%。共完成注浆材料 27300 立方。

通过对采空区及其裂隙带高压注浆，将冒落带中的空隙、岩溶空洞、裂隙带中的裂隙及其他构造裂隙充填，从而改善了工程地质条件，减缓了地下水在地下的活动，大大降低了地质灾害隐患。通过对治理后地基的沉降和地基承载力等方面进行了评述以及对其地基沉降和承载力验算，治理后场地内地基土地可作为一般工业建设用地。

图 9–4　敢山煤矿废弃矿井治理后现状

第三节　南太湖废弃矿区治理示范工程

湖州市南太湖产业集聚区长兴分区废弃矿区生态修复工程（简称南太湖万亩大平台建设工程）位于太湖西南边的湖州市长兴县。是一个有70年历史的老矿区，横跨两个乡镇，矿区面积1.45平方公里，最多时有几十家矿山企业，积年开采，留下了大量裸岩、孤峰、矿坑，形成了“两山（白鹭山、白鹤岭）、两水（北杨潭矿坑水体、老虎洞矿坑水体）”的独特地貌特征，存在较大安全隐患，加上在产矿山、水泥企业等落后产能辐射影响，土地难以有效利用。

南太湖万亩大平台建设工程以“绿水青山就是金山银山”理念指导，山水林田湖草是一个整体，规划先行，科学布局，有序修复，“宜建则建、宜绿则绿、宜景则景、宜水则水”，生态修复工程的主要任务是打造全省一流的山水相依、绿带相连、产园相融绿色智能制造产业园。主要三项工作：实施统一规划，采用水体改造、山体修复和节点景观再造，实现生态有效修复；消除安全隐患，实施废弃矿地平整，腾出有效用地空间；实施整体建设，完善基础配套，注重科学高效施工。

工程项目管理运营创新采用PPP模式进行治理，通过公开招标选定省属国企浙江省隧道工程集团有限公司为施工单位，总投资4.4亿元，建设工期2年。浙隧集团中标后迅速组建项目公司和项目部，于2017年12月进场施工，进场施工人员近350人，各类机械设备150台。完成总开挖方量1350万立方，回填方量800万立方，多余部分利用平台内输送带输送给318国道对面的南方水泥厂利用。2019年8月20日已提前完工，园区进入基础设施前期和基础设施建设阶段。

工程项目关键是生态修复后万亩建设用地使用。治理区面积大、地形复杂，因前期矿权分散和无序开采，山峰和采坑布置极不规则；残留部分大都有溶洞、土夹石等不良地质，钻孔爆破难度大；深坑里充满水，形成矿坑湖，部分坑内有早期倾倒垃圾，形成淤泥层，且坑底地质情况未知。如何确保废弃深坑回填质量，为地上建筑夯实基础，满足将来建设需要是本项目关键。目前废弃矿区深坑回填全国还没有相应技术标准，浙隧集团勇于创新，选择“填料级配和粒径、分层厚度（不大于1米）以及充分压实填”三个重点指标作为回填质量控制指标，填补了空白。目前，旗滨玻璃、万马汽配、吉利汽车等工业项目入驻，厂房已经建设。

第一步，设计理念创新。严格智能制造产业园目标设计，对废弃矿区实施综合治理设计，保留有植被山体，充分减少资源开挖，全面修复生态环境，治理矿区安全隐患，深坑回填土地利用，按“两山两水一带一园”的治理布局抓项目工程设计。

第二步，事前预防控制。通过提前编制完善质量管理制度和措施、签订质量责任书，将责任和措施层层落实到位。在各分部分项工程施工前，严格落实技术交底并开展质量培训活动，提高现场施工、管理人员业务水平，增强质量意识，提前对回填质量进行预防控制。

对存在一定质量隐患的分部分项工程，通过组织现场勘查、专家论证、编制专项方案等方式，保证回填质量。

图9–5　南太湖治理工程现场勘查、专家论证

第三步，爆破施工源头控制。回填质量很大程度取决于回填料的粒径与级配。爆破施工控制，保证回填料粒径与级配，现场爆破工程通过采取宽孔距小抵抗线爆破法、科学确定炸药单耗、选择合理的孔网参数、用深孔挤压爆破方案、保证堵塞质量、严格按爆破设计进行钻孔质量验收、超径块石采用液压锤分解等手段，从源头控制回填料的粒径与级配，从而保证回填质量。

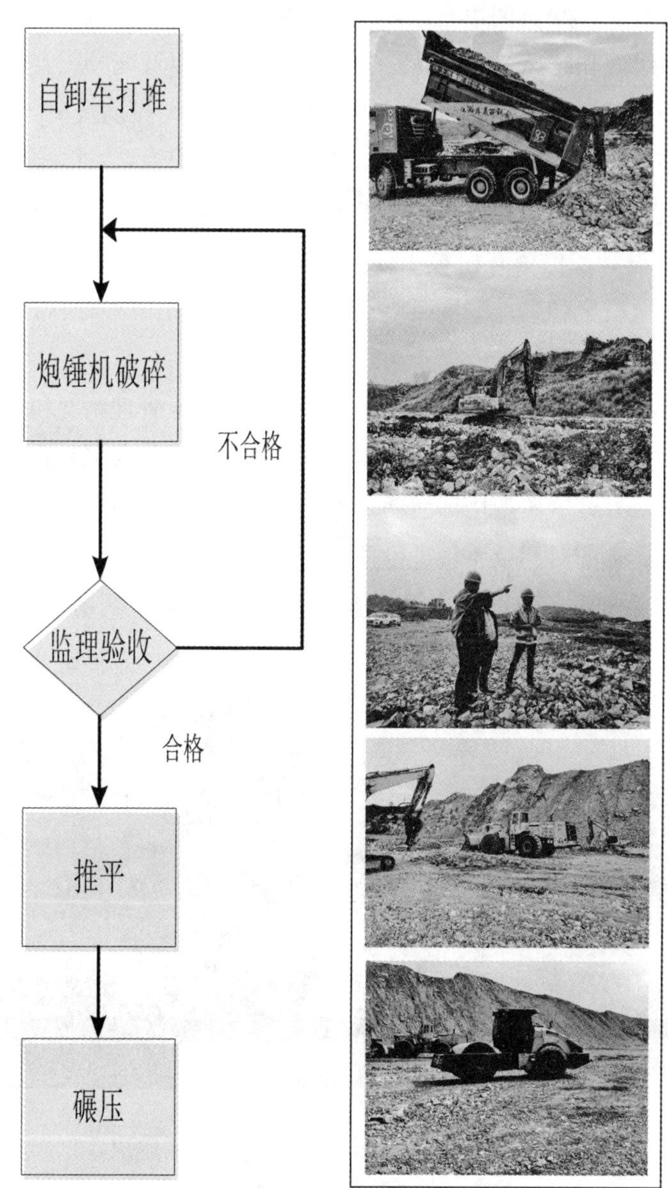

图 9–6　回填工艺流程图

第四步，巧布矿山开拓系统。本项目共计 5 个开挖区、5 个回填区，回填区最深采坑深达 40 余米，具有开挖面积大、方量大、作业面广、土石性质多样的特点。针对项目特殊性，运用 3DMine 矿山软件对矿山开拓系统进行布置，回填料灵活调配，根据不同开挖区不同土石料性质进行回填，土石灵活调配，不仅能够提高生产效率，而且保证回填质量。

第五步，回填质量事中控制。引入 PFC2D 颗粒流模拟软件，研究石方回填压实特性，摸清粒径、级配、层厚与压实度的关系，对层厚、粒径、回填料、碾压遍数等因素进行控制。通过日巡查、周质量检查，搞好工序质量控制，按照分层回填、分层碾压，严格要求施工班组按回填工艺流程“五步骤：打堆、破碎、验收、推平、碾压”进行施工，发现质量问题下达质量通知单及时进行整改，并通过质量例会，对问题出现的原因、出现后如何及时有效进行整改进行讨论，逐步提升施工质量水平。

图 9–7　原始地貌

第六步，落实试验检测。通过压实度、孔隙率、承载力、沉降差等试验检测手段对回填质量进行事后把控，是项目质量的最后一道关卡。严格按照试验检测频率和要求进行试验，保证试验检测结果均满足设计要求。严把验收关。严格按规定要求进行，上道工序不合格，下道工序不施工。

图 9–8　治理后（南太湖万亩平台西片区）吉振国摄

第四节　外山废弃高陡边坡治理示范工程

吴兴区道场乡外山废弃矿山高陡边坡生态修复工程位于湖州市南郊风景区，地处吴兴区道场乡外山，104 国道东南侧。湖州市第一轮《湖州市矿产资源保护和开发利用规划》，市政府确定湖州市南郊风景区区域列入禁采区，2003 年 12 月关停此区域所有矿山。道场乡外山石矿由南、北两个采场组成，两采场均为一面坡到底，矿山关闭后形成宕面高差约 70 米，边坡坡角在 50—80 度之间，平均 70 度左右。总水平投影面积 55456 平方米，宕面边坡表面积 34535 平方米。花岗岩宕面裸露，严重影响 104 国道的视觉景观。

石矿高陡边坡生态恢复由于国内没有可借鉴的成熟案例，矿山矿山关闭后一直到 2007 年才组织实施，这是我市第一个对硬岩高陡边坡开展生态修复的项目，也是首次尝试采用槽板工艺对硬岩高陡边坡实施生态复绿。本工程列入浙江省“百矿示范”工程。

工程依据外山石矿废弃矿山高陡边坡特点，按照“生态优先、注重景观、适地适树、生物多样性”的原则，确定工程采用“坡面清理＋构建板槽＋植被恢复”的综合治理方法。项目建设单位是湖州新绿源矿山生态建设有限公司，项目承建单位是浙江地勘实业发展有限公司、广州市艾棵环保科技有限公司。

图 9–9　外山废弃矿山原状图

外山石矿废弃矿山生态复绿关键是如何在没有土壤且缺乏承受土壤的条件，水热环境极度恶劣的高陡边坡上恢复植被，并与周边相融合。板槽工艺可在陡坡坡面上创造植物赖以生存生长的立地环境。

槽板施工。根据防止地表径流和大水冲刷的原则，按照乔灌藤草生长发育的合理要求和间距，槽板基本上沿等高线钻孔现浇钢筋混凝土种植槽。现浇板槽规格为：宽 60cm，厚：上部 6cm、下部 10cm，钢筋采用 φ14 螺纹钢和 φ6 圆钢，砼的标号为 C30。施工时根现场情况作灵活调整，在凹陷且有小平台的地方增砌筑围堰。施工关键是：一是种植槽板的水平度控制。控制好种植槽板的水平度，能够避免雨水所形成径流的冲刷。二是槽板与立面间角度的控制。一般控制在 45 度左右为好。

板槽内侧复绿。回填土壤：回填耕作客土或山体表层的腐化土，并在土壤中加入适当比例的熟化肥和磷肥，每平方米的立面石壁上回填的土壤体积在 0.06 立方米以上。配比是植壤土：有机植生基材：有机肥：无机肥：保水剂为 70∶20∶9∶0.9∶0.1；种植苗木：灌木为小叶女贞和美丽胡枝子，种植间距 0.5 米；藤本选择爬山虎、黄馨，种植间距 0.25 米；同时在种植槽中按 6 克 / 平方米撒播紫花苜蓿种子。

挡土墙内侧复绿。高陡边坡坡脚位置外侧 3—5 米处砌筑浆砌片石挡土墙。

其内侧填种植土，种植香樟、榉树、海桐球、夹竹桃、黄馨等。

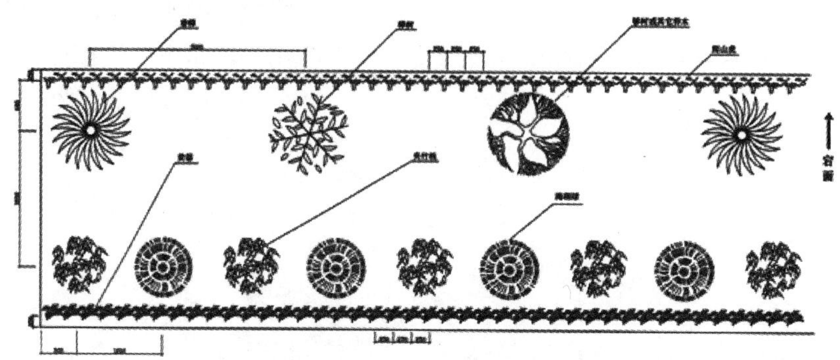

图 9–10　挡土墙内侧苗木种植图

工程自2008年1月启动施工，2008年12月工程完成，2011年开始免养护。完成高陡边坡 34535 绿化万平方米，种植香樟、榉树、海桐球、夹竹桃、在叶栀子、小叶女贞、美丽胡枝子等 7 种乔灌木 9302 株，种植黄馨、爬山虎 2 种爬藤植物 53856 株。通过治理，山体趋于稳定，逐步恢复治理区自然生态面貌，改善 104 国道的视觉景观。

图 9–11　外山废弃高陡边坡治理示范工程治理后（局部）2009 年面貌

图 9–12 外山废弃高陡边坡治理示范工程治理后 2010 年面貌

图 9–13 外山废弃高陡边坡治理示范工程治理后（局部）2015 年面貌

第五节 大煤山矿生态修复示范工程

南方水泥大煤山石灰石矿位于长兴县煤山镇西侧，是南方水泥湖州区域水泥及熟料生产成员企业的主要原料供应基地，是国家级绿色矿山。该矿山生产规模为 450 万吨 / 年，建成于 1983 年 5 月，开采至今已有 30 多年，形

成了矿山 +125m 以上最终边坡 12.12 万平方米。

生产矿山如何履行矿山地质环境治理恢复责任，真正做到边开采边治理，一直困扰政府和矿山企业。2017 年始，长兴国土资源管理部门和湖州南方矿业有限公司大煤山石灰石矿创新采用“边开采、边治理、边返还”方式，推进绿色开采，有效实现了政府、业主、企业的三方共赢局面。

该矿山创新采用 PPP 方式对 +125 米平台以上终了边坡实施生态复绿。项目承建单位是中煤浙江生态环境发展有限公司。工程开始于 2017 年 8 月，完工于 2018 年 6 月。喷播复绿总面积为 121698 平方，U 型排水槽 2300 米，纵向沟 280 米。项目完成标志矿山生态修复从“政府治、企业治”向“社会治”的延伸，为探索矿山生态环境恢复治理模式迈出了全新的一步，为矿山企业履行矿山地质环境治理恢复责任打下了良好基础。

首先，预留规范边坡。大煤山矿开采过程严格按照矿产资源开发利用方案确定的边坡要素，采用控制爆破等技术进行削坡，形成台阶边坡角要小于 60 度终了边坡，预留边坡为下步生态复绿打下地形基础。这个生产企业必须严格到位。

其次，边坡生态复绿。依据矿山边坡特性选择采用厚层基材喷播工艺。要施工顺序为：坡面清理—铺网—钉网—喷射基质—喷播种子及营养液——遮阴网覆盖—养护管理。由专业生态修复公司施工。

第一步，对矿山预留的终了边坡采用机械削坡和人工清坡相结合的方式，清理坡面浮石，对坡面修整直至坡面基本平整，没有突出坡面的石块出现，边坡坡度控制在 60° 以内。对于较硫松的岩、土混合质边坡，则用机械压实坡面；对于比较光滑的边坡，在坡面上打小穴或横向开槽，增加其粗糙程度，满足厚层基材喷播工艺要求。

第二步，铺网钉网（图 9–14）。把波纹状编织制成的镀锌铁丝网从坡顶自上而下进行铺设，前后两片之间搭接长度应不小于 10cm ；采用“L”形 ф12 的钢锚钉将镀锌铁丝网钉在坡面岩石上，锚钉长度根据坡面实际情况而定；对个别不平顺的坡面增设锚钉，以保证铁丝网紧贴坡面，避免出现空网包，最终达到满足单位面积质量≥ 350 克 / 平方米；厚度≥ 14 厘米；最大抗拉力（纵横）≥ 2.0 千牛顿 / 米的技术要求，有效防止泥浆层下滑。

第三步，基材喷播。把耕植土、草纤维、泥炭土、黏合剂、保水剂、水等按一定比例搅拌均匀组成的混合材料，用客土喷播机喷射到坡面和铁丝网上，喷射厚度约为 12 厘米；一般自上而下分二次实施喷播，第一次喷播厚 7cm，待客土稳定后 10—20min，再喷播第二次至 12 厘米，在岩性破碎、岩质坚硬坡段喷层厚度可适当增加。喷播基材（土壤层）pH 至 5.0—8.5，土壤孔隙率应为 50%—65%，容重 1.3—1.7 克 / 厘米。

图 9–14　钉网施工中

第四步，植物种子喷播。植物选择马刺、胡枝子、紫穗槐、马尾松、火棘、海桐、女贞等灌木。将经过催芽处理后的种子加入保水剂、黏合剂、植物纤维、泥炭土、缓释复合肥等基质，配上适量的水，经搅拌均匀后，喷射在混合土层上，喷射厚度约为 3 厘米；喷播种子密度控制在每平方米种子控制在 20g 左右；种子喷播后的坡面及时覆盖塑料遮阳网，保护草种免受冲刷流失，并达到保温、保湿，以促进种子的发芽和生长，同时防止鸟兽在对种子的吞食。

第五步，强化养护管理。在边坡上砌筑横向、纵向排水沟，设置安装养护系统，开展养护管理，确保植物成长所需要的水分及营养。

通过治理，进一步保证矿山终了边坡稳定性，改善矿山面貌，保障矿山生产安全。该矿山将按照《矿产资源开发利用方案》《矿山地质环境保护与治理恢复方案》，从进矿道路—各功能区—景观大道—园林绿化—观景平台等节点一体化的提升矿区景观，打造园林化绿色矿山标杆。

图 9–15　喷播 5 个月（2018 年 9 月）

图 9–16　边开采边治理（2020 年 10 月）

附　录

这一章共三节，第一节湖州绿色矿业探索发展20年（1999—2019）大事记。第二节主要新闻报道选，新闻报道选主要收录了中央和省市媒体对湖州矿产资源管理制度改革创新的关注。二十年来，随着改革的深入，转型成果愈加受到社会各界的广泛关注和认同。粗略统计，散见于报纸、杂志、电台和电视台的报道不下千篇。限于篇幅，我们仅选取了极少部分有代表性的作品，期望借此使读者进一步加深对湖州绿色矿业发展历程和成果的了解。同时，对长期以来关注湖州矿业发展的广大新闻界朋友表示感谢！第三节湖州经验谈，总结归纳10条湖州绿色矿业探索发展取得成功的经验。

附录一　湖州绿色矿业探索与发展20年（1999—2019）大事记

以1999年5月《湖州矿产资源保护和开发利用规划（1999—2015年）》获得批准并实施为起点，标志着湖州市矿产资源管理制度改革正式启动，至《湖州矿产资源规划(2016—2020年)》规划期满，湖州"矿改"已经历了20年。为使读者更加清晰地了解"矿改"的发展脉络，我们编辑了《湖州绿色矿业探索与发展20年（1999—2019）大事记》。

在全国矿产资源管理制度改革的大背景下看湖州"矿改"，不难发现湖州既是先行者，也是"试验田"，它始终走在改革的最前沿。

湖州"矿改"可圈可点无数，限于篇幅，只能择要收录"矿改"进程中的重大事件、重要活动和重要文献，即便如此，仍难免挂一漏万，敬请谅解！

1998 年

年初，原地质矿产部选定湖州市为“矿产资源规划试点”，湖州开始编制规划。

4 月国家机构改革，国土资源部挂牌。

1999 年

5 月 27 日，《湖州市矿产资源保护与开发利用规划（1999—2015 年）》，经浙江省地质矿产厅批准实施。这是全国第一部矿产资源（地市级）规划，被国土资源部授予科技进步一等奖。规划首次提出了“禁采区关停”“限采区收缩、“开采区集聚”全新的理念。

6 月 9—11 日，全国保护和合理开发利用矿产资源现场会在湖州召开。国土资源部副部长蒋承菘做重要讲话，要求高度重视规划，通过制定并实施规划推进矿产资源保护和合理开发利用工作。与会代表考察了湖州市新开元碎石有限公司矿山。湖州市人民政府介绍了矿产资源保护和利用规划的编制做法和经验，会议全面部署全国开展省、市、县矿产资源保护和利用规划编制工作。

6 月 12 日，全省保护和开发利用矿产资源规划工作会议在湖州召开，副部长蒋承菘、副省长叶荣宝做重要讲话。湖州市人民政府介绍了矿产资源保护和利用规划的编制做法和经验。会议提出全省两年内全部完成省、市、县矿产资源规划编制以及加快培育和构建矿业权市场两大工作。

2000 年

8 月 29 日，全省矿产资源规划工作会议在嵊州市召开，湖州安吉、长兴县政府在会上做了经验交流。

2001 年

7 月 2 日，湖州市人民政府印发了《湖州市普通建筑用砂、石采矿权出让管理暂行办法》的文件，7 月 3 日印发《湖州市普通建筑用砂、石采矿权出让管理实施细则（试行）》。标志着湖州市在全市范围内结束了无偿、无期限使用矿产资源的历史，矿产资源有偿、有期限使用矿产资源的开始，矿产资源有偿使用有了一整套可操作的、规范的制度和办法，湖州地矿行政管理进入了新阶段。在长兴县进行采矿权有偿使用试点。

8 月 8—10 日，全国矿产资源规划实施工作座谈会在浙江省杭州市召开。国土资源部副部长鹿心社在会上要求科学编制，严格实施，努力开创矿产资源规划工作新局面。湖州市作为唯一的市级国土资源部门代表，介绍了实施矿产资源规划工作的经验，与会代表到湖州市现场考察矿产资源规划实施情况。

湖州市人民政府印发了《湖州市矿产资源保护与开发利用规划管理实施办法》。

23 日，湖州市政府办公室印发《湖州市矿业布局和结构调整实施细则》和《湖州市矿产资源综合利用实施细则》。湖州市矿产资源规划管理有了制度的规范。

8 月 20 日，湖州市、长兴县被浙江省国土资源厅列为全省矿产资源规划实施试点市、县。

9 月 5 日，湖州市人民政府召开市区矿山整治工作动员会，发布《关于对市区矿产资源开采进行整治的通告》，湖州市政府依照《湖州市矿产资源保护与开发利用规划（1999—2015）》，全面启动市区矿山整治工作，明确在 2003 年 12 月 31 日前分期收回(关闭）市本级太湖旅游度假区、南郊风景区，高速公路、国道、省道两侧 300 米直观可视范围和城市发展建设需要的仁皇山新区等矿产资源禁采区范围内矿山（采矿权）。

11 月 17 日，湖州市采矿权招标拍卖现场会举行，中组部、国土资源部第七期国土资源管理市长研讨班学员现场观摩。经国土资源部和省国土资源厅的联合考察，确定了湖州市东林镇原石母岭建筑石矿为拍卖标的物。国土资源部副部长叶冬松做重要讲话，要求全面推进矿产资源有偿使用工作。湖州市长黄坤明讲话，指出采用拍卖方式公开出让采矿权是改革矿政管理方式的重要举措，也是大力推进矿业权市场建设的重要手段，湖州以会议为契机扎实推进矿业权市场建设。

2002 年

3 月 5 日，湖州市人民政府召开全市采矿权过渡期协议出让工作会议，全面部署推进采矿权有偿使用工作，学习了国务院《进一步治理整顿矿产资源管理秩序》和《湖州市普通建筑砂、石采矿权出让管理办法》《湖州市人民政府第 44 次常务会议纪要》，市政府和市区乡镇政府签订了采矿权过渡工作责任书。

5 月 10 日，湖州市人民政府办公室印发《关于市区采矿权有偿使用工作实施意见的通知》，从 2002 年 5 月起全面组织实施采矿权有偿使用，实施意见明确了有偿使用范围、招标、拍卖或协议方式出让的情形、采矿权不予出让的情形、有偿使用办理程序以及有偿使用收益的分配。

8 月 30 日，湖州市人民政府召开市区矿山整治工作会议，总结回顾第一阶段矿山关停整治工作情况，布置落实市区第二阶段矿山整治任务。湖州市四大班子领导参加会议，市政府和城区、菱湖、南浔三区签订矿山关停整治责任书。

9 月 10 日，湖州市人民政府办公室印发《关于湖州市区第二阶段矿山关停整治工作意见的通知》，通知明确了第二阶段矿山关停整治工作的目标任务、实施步骤。市政府与各区管委会、各区管委会与乡镇政府、乡镇政府与有关村和矿山业主层层签订目标责任书，落实责任，确保关停整治矿山工作的顺利实施。

11 月 25 日，为加强矿山生态治理工作，湖州市人民政府决定建立湖州市矿山生态治理有限公司。

12 月 20 日，湖州市国有资产管理委员会授权湖州市国土资源局投资组建湖州市矿山生态治理有限公司。公司为企业化管理的国有独资公司，主要从事市区废弃矿山治理监督、管理工作。通过市场化运作，对废弃矿区进行生态环境的修复治理，从体制上保证了矿山生态环境治理工程的全面开展，在国内开了先河。

11 月 12 日，湖州市矿业协会成立大会举行。会议通过了《矿业协会章程》和向全市矿山企业发出《倡议书》，选举产生了新一届矿业协会理事、会长。会议号召全体矿山企业响应市政府号召积极参与矿山整治工作。

2003年

1月27日，湖州市矿山生态治理有限公司更名为湖州新绿源矿山生态建设有限公司，成立矿山生态建设协调组，由湖州市国土资源局领导、矿管处、规划处等相关单位负责人组成。

3月29日，省级矿山生态环境治理示范工程湖州市堂子山矿区生态环境治理工程开工典礼。是湖州市第一个市场化运作的矿山生态环境建设项目，标志着湖州市矿山生态环境建设进入了一个新阶段。

5月19日，湖州市人民政府办公室印发《关于进一步加强吴兴区南浔区采矿权有偿使用工作的通知》。20日，湖州市人民政府办公室印发《关于鼓励和扶持吴兴区南浔区规模矿山企业的若干意见》，鼓励矿山企业做大做强，明确100万吨/年以上开采规模矿山企业可以采用协议出让方式。

7月30日，湖州市矿山企业综合整治动员大会召开，市四大班子领导参加。会议决定成立湖州市矿山企业综合整治领导小组，抽调人员集中办公。第一次提出全市要下定铁的决心、落实铁的措施、采取铁的手段、严守铁的纪律，以“四铁”精神整治矿山，标志着湖州市矿山企业全面综合整治的开始。

8月12日，湖州市人民政府印发《关于开展矿山企业综合整治的实施意见》的文件。13日，湖州市人民政府发布《关于开展矿山企业综合整治的通告》，全面取缔无采矿许可证开采的矿山企业和无营业执照经营的石料加工厂（场），关闭采矿权出让到期和受让资源量已开采完毕的矿山企业，关闭对周边环境影响大又无力进行生态环境治理的矿山企业等。湖州市矿山企业综合整治工作全面开启。

9月24日，湖州市人民政府办公室印发《关于进一步做好矿山企业综合整治工作的通知》。要求加强各项措施，加快矿山企业综合整治进度，确保整治质量，按期完成整治任务。

9月26日，湖州市人民政府同意组织开展《湖州市矿山生态环境保护与治理专项规划》编制工作，为全国首个编辑废弃矿山生态环境治理专项规划市。

2004 年

4 月 15 日，市委、市政府召开全市矿山整治工作会议，发布包括坚持不批新矿、对矿山企业控月定量供应炸药、加大矿山关停力度等 10 条措施，全面推进矿山整治工作。

4 月 17 日，湖州市政府领导调研废弃矿山生态环境建设。考察“百矿示范”仁皇山、堂子山、湾山、肖皇山等废弃矿山生态治理工程，召开废弃矿山生态建设座谈会。要求要不断统一对废弃矿山生态建设规划的认识，完善废弃矿山生态建设规划，抓紧工作进度，为建设生态湖州作贡献。

4 月 23 日，湖州市政府印发《关于加强矿山自然生态环境建设工作的通知》。明确建立露天矿山生态治理备用金制度，适当调整治理备用金的收取标准 50 元 / 平方米，对拒不缴纳或无力缴纳备用金的矿山，要依法严肃查处，直至关闭矿山并注销采矿许可证。还明确废弃矿山自然生态环境治理资金通过提高采矿权出让金中生态修复使用比例、废弃矿区生态治理产出地块出让收益部分资金、政府部门行政事业性收费部分资金、政府财政补助部分资金、民间资金参与等多途径、多渠道解决。

4 月 25 日，全国政协人口资源环境委员会副主任陈洲其一行来湖州调研矿山地质环境保护与治理产业化问题，考察湖州仁皇山矿山生态环境治理工程现场，听取了湖州市政府关于湖州市矿山生态环境建设工作的汇报，肯定湖州以建设生态市为目标的矿山自然生态环境建设工作。

4 月 29 日，全省矿山自然生态环境保护与治理工作现场会在湖州召开。各重点市、县人民政府分管领导、各市国土资源局、环保局领导参加会议，会议代表参观了湖州市仁皇山、堂子山、肖皇山、湾山等矿山生态环境治理现场。湖州市人民政府做了典型交流发言。会议分析了当前矿山生态环境保护与治理工作面临的形势和任务，对今后一个时期的工作做了部署和安排，要求各地借鉴湖州等地矿山生态环境保护与治理的成功经验，扎实推进浙江省的矿山生态环境保护与治理工作。

8月2日，湖州市领导对市区矿山生态复绿工程的建设情况进行调研。市领导一行实地考察了太史湾、肖皇山等矿区，提出要进一步明确矿山整治目标，严格预算，加强长效管理，让废弃矿山永久地披上绿装。

8月20日，《湖州市区矿山自然生态环境保护与治理规划（2002—2012年）》批准实施，标志着湖州市区矿山生态环境保护和治理将按照规划有步骤、有计划地开展矿山生态保护和废弃矿山治理，对推进湖州“生态市”建设进程将有着重大的意义。

9月11日，湖州市人民政府发布了《湖州市人民政府关于加强采矿权转让管理的通告》，明确了采矿权转让的条件、程序、权限及非法转让的处罚等。通告对加强采矿权的管理，保障矿产资源国家所有权，维护湖州市正常的矿产资源管理秩序有重要意义。

10月22日，湖州市人民政府办公室印发了《关于进一步明确市有关部门在矿山企业综合整治工作中职责的通知》，明确市级有关部门在矿山企业综合整治工作中的职责，推进矿山企业综合整治工作的规范化和制度化，形成依法行政、综合整治、落实责任、齐抓共管的局面。

10月27日，湖州市人民政府印发了《关于推进矿山企业综合整治工作的意见》，对推进矿山企业综合整治工作提出了坚持不审批新矿；压缩矿山开采规模；加大力度调整矿山开采布局；加强采矿权设置管理；完善采矿权出让合同；规定采矿权出让期限；坚持按批准规模定量供应炸药；加强对开采量的实测工作；规范矿石加工机组的设置和管理；强化矿车运输管理；加快废弃矿山治理进度；全面落实安全生产措施；清理整治矿运码头；依法征缴税费和规费；加大对违法违规行为的查处力度；推进采矿权出让全面市场化运作等十六项意见。

2005年

2月6日，湖州市人民政府办公室印发《关于2005年全市矿山企业综合整治工作的意见》。进一步深化矿山整治工作，加快推进生态市建设，切实解决矿山企业生产经营中存在的突出问题，明确了工作目标、措施和要求。

6 月 9 日，湖州市人民政府召开全市废弃矿山复垦复绿现场会，要求加快废弃矿山治理力度。

8 月 15 日，时任浙江省委书记习近平同志到湖州市安吉县天荒坪镇余村考察调研，首次明确提出“绿水青山就是金山银山”发展理念。

9 月 13 日，湖州市《废弃矿山复垦复绿治理中残留矿产资源处置的意见》，明确废弃矿山治理中产生的矿产品由县政府公开处置，收入纳入财政统一管理，专款专用。

10 月 8 日，省“百矿示范”项目——仁皇山矿区和湾山矿区治理工程通过省厅组织的验收，一致认为，湖州这两个治理工程在全省具有先行性、典型性、示范性。

12 月 5 日，湖州市新开元碎石有限公司、湖州鹿山坞矿业有限公司、嘉华石矿（湖州）有限公司东林镇平山矿区、浙江三狮水泥股份有限公司石灰石矿（长兴）四家矿山被列为首批省级绿色矿山创建试点。

12 月 26 日，湖州市人民政府办公室印发了《关于创建绿色矿山的实施意见》，在全国首次提出创建绿色矿山，明确了绿色矿山的基本条件、创建的资源利用集约化、开采方式科学化、生产工艺环保化、企业管理规范化、闭坑矿区生态化五化标准和实施步骤，明确适当增加规模，简化有关手续，提前返还备用金和实施规费补助的扶持政策，明确 2005 年 12 月至 2006 年 12 月为试点阶段，全市选定 6—8 家矿山企业进行绿色矿山创建试点；2007 年 1 月至 2009 年 12 月为全面实施阶段，全面实施绿色矿山创建工作。

2006 年

2 月 18 日，《关于创建市级绿色矿山试点工作的通知》印发，决定在湖州新开元碎石有限公司(省、市级)、嘉华石矿(湖州）有限公司(省、市级)、浙江三狮水泥有限公司石灰石矿(省、市级)、湖州鹿山坞矿业有限公司(省、市级)、长兴县永城矿业有限公司（市级)、德清县龙头山石料有限公司（市级)、安吉县高禹红庙膨润土矿（市级）开展绿色矿山建设试点，积极探索绿色矿山建设的措施和办法，为具有湖州特色的矿业发展新路子提供样板和示范。

3 月 22 日，湖州全市矿山整治工作会议召开，要求坚持不懈抓好矿山整治，为建设生态湖州、美丽湖州、实力湖州做出贡献。选定 7 家矿山企业先行试点，正式启动绿色矿山建设工作。

4 月 22 日，《湖州市矿产资源总体规划（2005—2015）》经浙江省政府批准实施。在《湖州日报》刊文解读新一轮湖州市矿产资源总体规划。

5 月 30 日，浙江省绿色矿山创建方案专家论证会在湖州召开。全省首批（三家）绿色矿山创建方案通过浙江省国土资源厅组织的专家论证。全省 12 家绿色矿山试点企业及所在地市县国土资源局领导近 50 人观摩了创建方案专家论证会。湖州新开元碎石有限公司、嘉华石矿（湖州）有限公司和鹿山坞矿业有限公司 3 家企业创建绿色矿山方案通过专家评审是我省第一，标志着我省创建绿色矿山进入了实施阶段，绿色矿山的实施全面提升我省矿业开发水平。

8 月 4 日，湖州市政府召开矿山整治工作座谈会，强调实现矿山布局调整有进展、复绿工作有新形象、环境治理有新突破、安全生产有新成效、矿业管理有新加强。

10 月 18 日，湖州市人民政府办公室印发《关于湖州市区废弃矿山生态环境治理项目实施办法的通知》，明确废弃矿山治理实施项目管理，明确项目立项、施工、竣工验收及资金使用等。废弃矿山生态环境治理项目实行项目法人制、公开招投标制、项目监理制、财务竣工决算制；项目资金主要来源为残留矿产资源处置收益、不再返回的矿山生态治理备用金、废弃矿区复垦产生的部分收益、上级补助等；项目实行质量保证金制度。

2007 年

2 月 7 日，湖州市人民政府召开湖州市矿山整治领导小组会议，全面总结前四年全市矿山企业综合治理工作，湖州市基本实现了矿产资源开发利用与生态环境协调发展，研究了下一步的工作重点。

3 月 20—21 日，湖州市整顿和规范矿产资源开发秩序工作通过省验收。

3 月 24 日，湖州市矿山整治工作会议召开，提出全面落实好责任指标、工作人员、工作时限和责任追究制度，按照机构不变、人员不少、力度不减、工作不松的要求，强力推进矿山整治工作。

6月10日，湖州鹿山坞矿业有限公司、湖州新开元碎石有限公司两家“省级绿色矿山”创建试点企业全省率先通过考核验收，为浙江省的“绿色矿山”创建工作提供了样板，起到了很好的示范作用。

同月，湖州新开元碎石有限公司受到国土资源部表彰，荣获全国矿产资源合理开发利用先进矿山企业称号。

8月23日，湖州市政府召开矿山整治工作领导小组会议。明确新一届政府继续以“四铁”的精神扎实做好矿山企业综合治理工作。

9月17日，湖州市人民政府印发《关于进一步推进矿产资源开发整合工作的通知》，要求运用经济、法律和必要的行政手段，通过收购、兼并、联合等方式，推进矿产企业依法开采的矿产资源及矿山企业的生产要素重组，全面提升矿产资源开发利用规模化、集约化水平。目标是到2008年，全市矿山年平均生产规模达到25万吨以上；优化矿山布局结构，全市矿山总数控制在344个以内；加强矿山安全生产，矿山亡人事故年均下降20%；改善矿山生态环境，建成40个省级“百矿示范”工程，争创省级绿色矿山8家以上，全市应治理废弃矿山治理率达到70%以上。

2008年

1月4日，《关于建立矿产资源开采监管责任制的通知》印发，创新建立了“一矿一责任人，两月一监测，半年一报告”矿山开采监管制度，首次引入矿山实测机构监管矿山开采。

1月11日，《湖州市进一步推进矿产资源开发整合工作实施方案》批复实施，确定德清县洛舍镇沙村矿区、吴兴区妙西镇龙泉坞矿区开展矿山集中开采区建设省级试点。

3月14日，湖州市召开全市矿山整治工作会议。会议提出矿山整治的主要目标是优化矿山布局，抓好减点减量；加快废矿治理，抓好生态修复；完善环境治理，改善矿区环境；加大工作力度，推进矿产资源整合；加强工作指导，完成绿色矿山建设试点；强化安全监管，落实安全生产措施。

3月19日至20日，湖州丰华矿业有限公司等四家矿山的省级绿色矿山创建方案通过了省专家组的论证。我市列入第二批省级绿色矿山创建试点的六家矿山创建方案全部通过论证，进入实施阶段。

6 月 23 日至 24 日，全省绿色矿山创建工作现场会在湖州召开。总结交流近几年绿色矿山创建试点工作经验，研究部署进一步推进全省绿色矿山创建工作。实地考察了湖州市新开元碎石有限公司鹿山坞矿业有限公司、康城石矿（湖州）有限公司等三家省级绿色矿山企业；对新开元碎石有限公司等 10 家首批省级绿色矿山进行了授牌；湖州市、长兴县等国土资源局和湖州新开元碎石有限公司、浙江三狮水泥股份有限公司长兴石灰石矿等 4 家省级绿色矿山企业分别介绍了在创建绿色矿山过程中的经验体会。要求全省全力推进绿色矿山创建工作。提出到 2010 年全省建成绿色矿山 150 座以上。

8 月 5 日，湖州市杨家埠镇中宝山废弃矿区治理工程、道场扁旦湾废弃矿山治理工程、道场乡九里山废弃矿区治理工程三个省“百矿示范”项目通过省“百矿示范”验收。通过查阅验收资料，实地查看项目现场，并对植被恢复、土壤情况进行实测，一致同意三个项目通过验收。

9 月 3 日至 5 日，湖州市国土资源局通过实地勘查、查阅台账等方法，对市区道场、埭溪、菱湖、白雀等四个中心所贯彻落实“一矿一监督”制度情况进行了检查，并抽查了部分矿山企业。

2009 年

1 月 10 日，湖州市矿产资源开发整合工作通过浙江省政府考核验收。省政府矿产资源开发整合工作考核验收组听取汇报，检查吴兴区妙西镇龙泉坞整合矿区省级开发整合试点矿区、东林镇石母岭矿山闭坑矿区及部分省级绿色矿山现场，核对矿产资源开发整合工作完成情况，通过考核。考核组要求湖州矿产资源管理要坚持以科学发展观为统领，以规划为龙头，打造绿色矿业强市，继续保持在全省乃至全国领先。

5 月 20 日，湖州市人民政府办公室印发关于《湖州市鼓励绿色矿山创建实施办法》的通知，进一步规范获得省级或市级绿色矿山称号的矿山企业可享受优惠政策的实施。对绿色矿山企业出让金可按合同分期缴纳；给予一次性资金补助；按应缴总额 60% 交纳矿山自然生态环境治理备用金；免交综合保证金，已缴纳的给予退还。政策极大地鼓励了矿山企业加大环保、技改投入，对促进湖州生态市建设具有重要意义。

7—8 月，采矿权招标拍卖挂牌出让制度执行情况专项清理，主要清理规划性文件、采矿权出让、违法违规案件和采矿权出让所得等四个方面。

9 月 10 日，全国矿业权实地核查试点现场会在湖州市长兴县召开。长兴县作为全国矿业权实地核查四个试点区之一，自 2008 年 8 月至 2009 年 4 月，完成了县域内矿业权实地核查，彻底查清了辖区矿业权分布现状，进一步更新完善了采矿权登记数据库。会议认为，长兴县国土资源管理工作基础扎实，矿业权实地核查工作走在了全国前列，为全国推进矿业权核查工作提供了经验、树立了典型。

2010 年

2 月 8 日，《关于加强矿区范围界桩、标识设置及管理的通知》，明确局矿管科、所、矿山、施工单位四方责任、有效防止矿区范围界桩及地面标识的破坏、越界开采等违法行为。

2 月 8 日，《关于市级以上绿色矿山企业采矿权出让金缴纳的规定（暂行)》，明确市级以上绿色矿山可分期缴纳该采矿权出让金。

2 月 8 日，《湖州市区矿政资金管理若干规定（暂行)》，明确采矿权出让工作所涉采矿权起挂（拍）价、投标、竞买保证金、保留价、综合保证金、治理备用金、矿产资源补偿费、采矿权使用费、超量开采出让金计算等规定，减少自由裁量权。

2 月 11 日，《关于深入推进矿产资源勘查开发整合工作的通知》，明确整合重点、范围和时间，确定七个重点整合区，分三个阶段推进矿山企业生产要素重组，全面提升矿产资源开发利用规模化、集约化水平。

6 月 3 日，湖州市政府印发《关于加强建筑石料加工机组管理的实施意见》，明确矿山建筑石料加工机组的管理原则、办法。

6 月 15 日，《关于调整湖州市区矿山企业矿产开发利用监管责任人的通知》，明确矿产资源开发利用日常监管工作责任，国土资源（中心）所建立健全矿山档案、台账，做到“一矿一档一人”。

7月6日，省厅督查德清县三合乡建筑石料矿区整合推进情况，要求科学合理、公平公正出让采矿权。

9月28日，湖州敢山煤矿废弃矿井调查与治理项目签约，敢山煤矿废弃矿井调查与治理项目是浙江省最大的废弃矿井治理试点项目。项目由省煤炭地质局实施，市委书记孙文友参加10月开工仪式。

10月11日至12日，省厅调研矿产资源规划编制及矿产资源勘查开发整合等工作。要求湖州在科学发展观的指导下，按照生态市建设要求，努力实现矿产资源开发与环境保护协调统一。

10月26—28日，国土资源部、中国矿业联合会首批“国家级绿色矿山”评选工作会在湖州召开。会议贯彻落实《关于贯彻落实全国矿产资源规划，发展绿色矿业建设绿色矿山工作的指导意见》精神，推选首批“国家级绿色矿山”试点单位。湖州市鹿山坞矿业有限公司、湖州新开元碎石有限公司获评首批“国家级绿色矿山”试点单位，并代表签订《绿色矿山公约》。

2011年

2月28日，湖州市政府召开全市矿山企业环境专项整治工作大会，全市151家矿山负责人。

3月23日，湖州市政府同意对市区采矿权出让基价标准做适当调整，这是2003年基价建立后首次调整。

4月2日，全市矿山整治大会召开，要求“减点、控量、集聚、生态”的要求和“停小留大、停劣留优、以留补停”的工作思路，推进矿山关闭整合，确保安全生产，推进环境专项整治。

7月6日，发布《湖州市人民政府关于严厉打击非法开采矿产资源行为的通告》。湖州市政府召开全市为期6个月打击非法开采矿产资源行为专项行动部署会。

10月11日，湖州市矿业权交易中心成立。

10月14日，《湖州市人民政府办公室关于印发矿山整治专项行动工作方案的通知》，提出“停小留大、停劣留优、以留补停”的工作思路，落实“规范、巩固、深化、提升”整治要求，稳步推进“减点、减量、集聚、生态”

的工作目标。

11 月 1 日，《湖州市矿业权交易管理工作细则》印发。全市范围内矿业权交易一律进入省、市两级交易平台。

11 月 14 日，正县级湖州市矿山企业综合治理办公室设立，主要职责贯彻落实市委市政府和市矿山企业综合整治领导小组决定、决议和意见，负责指导、督促、组织、协调全市矿山企业综合整治工作。

11 月 25 日，湖州市人大、市政府召开市、县区矿山整治工作督查会，强力推进矿山专项整治。

2012 年

2 月 22 日，“湖州市矿山企业综合整治工作领导小组”更名为“湖州市矿山企业综合治理工作领导小组”。

10 月 9 日，《关于德清县闭坑矿地综合开发利用试点工作方案批复》印发，省《批复》创新提出 8 条鼓励意见。德清砂村闭坑矿地为全省首个闭坑矿地综合开发利用试点，开始了废弃矿山生态修复新阶段。

10 月 17 日，中共湖州市委办公室、湖州市人民政府办公室印发《湖州市“四边三化”行动实施方案》，开展山边洁化、绿化、美化行动。

2013 年

1 月 28 日，湖州市政府办公室召开《湖州市市级绿色矿山管理办法》征求意见会。

2 月 25 日，湖州市委、市政府召开动员大会，全面部署“三改一拆”和“四边三化”推进工作，要求全面推进“山边”洁化、绿化、美化工作。

2 月 28 日，湖州市政府召开全市矿山治理暨“四边三化”专项行动推进会，全市矿山企业董事长、矿长参加。

3 月 5 日，湖州市委、市政府领导到德清调研矿地利用工作，要求严格按照矿地利用规划抓好试点工作，做好产业平台建设。

3 月 11 日，《关于进一步加强市区矿产资源补偿费征收管理工作的通知》印发，明确补偿费申报办法、计算方式、销售收入确定、补偿费征收费率、开采回采率的确定等。

3 月 22 日，省厅调研德清闭坑矿地综合开发利用试点工作，要求切实把矿地综合开发利用与推进城镇化有机结合起来，推动面上矿山整治工作。

3 月 26 日，部地质环境司调研湖州废弃矿山治理工作。

4 月 11 日，湖州市政府召开市本级无矿山加工机组取缔协调会，全面整治无矿山加工机组。

4 月 11 日，陈铁雄厅长考察湖州开发区敢山煤矿废弃矿井治理工程现场。指出，湖州市废弃矿地资源十分丰富，要进一步强化政策研究，大力开展废弃矿地开发利用工作。

4 月 17 日，湖州市委书记马以调研矿山治理工作。

4 月 18—19 日，部地质环境司再次调研废弃矿山治理工作。

4 月 18 日，讨论《湖州市生产矿山洁化、绿化、美化工作标准(试行)》。

4 月 19 日、23 日和 25 日，湖州市人大组织山体保护和水质改善专项检查，市人大常委会主任要求加大矿山综合治理工作。

4 月 26 日，湖州召开创建国家生态市暨大气复合污染防治工作动员大会，对创建国家生态市、全面开展大气污染防治等重点工作进行动员部署。

5 月 3 日，湖州市政府主要领导调研矿山治理工作。

5 月 7 日，省厅印发《关于支持湖州市开展部工矿废弃地复垦利用试点的函》，对湖州矿地利用给予三条差别化支持政策。

《关于进一步落实矿山自然生态环境治理备用金收取管理办法的通知》印发，明确备用金计算依据和标准、核定程序和收取办法、清算、变更和处置以及监督管理。

5 月 10 日，部工矿废弃地复垦利用试点工作方案由省政府报部。

5 月 10 日、24 日，湖州市委、市政府专题研究全市矿山综合治理工作。明确《从严治理矿山六条决定》，制定出台《关于进一步加强矿山综合治理的若干意见》，提出矿山综合治理六方面工作。

5 月 20 日，湖州全面启动矿山企业环境整治、矿车道路清洁运输整治、无矿山加工机组整治和涉矿码头整治等四大专项行动。

5 月 27 日，湖州市政府召开全市矿山综合治理工作会议，市政府主要领导参加，表彰 2012 年市级绿色矿山，部署矿山综合治理工作。

6 月 8 日，湖州市矿协《关于着力推进矿山生态环境建设的决议》。号召全体矿山企业提高思想认识，完善建设规划，加大科研投入，提升绿色矿山建设成果。

6 月 13 日，《市政府办公室关于印发湖州市市级绿色矿山管理办法的通知》印发。

6 月，长兴锦龙矿业有限公司凉帽山石灰岩矿、湖州浙宝冶金辅料有限公司长兴县鹰洞山熔剂灰岩列为部公布第三批国家级绿色矿山试点单位，全市有 6 家“国家级绿色矿山”试点单位。

6 月 25 日，《湖州市人民政府关于调整“十二五”期末采矿权出让计划的通知》，明确“十二五”规划末计划采矿权数 54 个，开采规模 6798 万吨 / 年（其中建筑石矿山采矿权数 32 个，开采规模 4733 万吨 / 年）。

6 月 26 日，部开发司调研净采矿权出让和砂石黏土开发管理工作，考察绿色矿山—新开元碎石有限公司和康诚石矿（湖州）有限公司。

8 月 9 日，湖州市委、市政府召开全市治水大会，对水环境综合治理工作进行动员部署。

8 月 12 日，湖州市政府办公室印发了《关于进一步加强矿山综合治理的若干意见》。提出严格控制矿山开采总量、全面控制机组加工产能、严厉打击非法违法行为、全面规范涉矿项目管理、全面加强矿车运输管理、全面实施船舶航运管制、全面整顿矿山运输码头、全面征缴矿山税收规费、全面管控采矿权重新出让等九条矿山综合治理意见。

9 月 10 日，《关于进一步加强矿产资源管理工作的通知》印发，提出认识矿产资源管理的重要意义、严格执行矿产资源总体规划、严格控制矿山开采规模、大力推行绿色矿山建设、严厉打击矿产资源违法行为、加强涉矿资金征收管理、加快废弃矿山治理进度、加强采矿权市场建设、强化矿山储量管理、拓展矿政管理服务新领域等十条意见。

9 月 11 日至 14 日，全国矿产资源勘查开采管理处长培训会在湖州召开。认为湖州市砂石土矿管理已形成“湖州模式”。与会代表现场考察了国家级绿色矿山创建试点单位湖州新开元碎石有限公司。

11 月 13 日，陈铁雄厅长调研德清县闭坑矿地综合开发利用试点工作，强调坚持规划引领，“宜建则建、宜耕则耕、宜林则林”，以闭坑矿地综合开发利用试点工作为突破口，扎实推进土地节约集约利用。

11 月 21 日，全市绿色矿山创建工作大会召开，会议解读了《湖州市市级绿色矿山管理办法》，全市矿山企业董事长、矿长参加。

11 月 28 日，《湖州市人民政府办公室关于进一步加强船舶管理防止环境污染的通知》印发，按照“五水共治”的要求，建立船舶和矿山码头“废水、废油、废渣”的三废收贮处置系统。

11 月 29 日，《湖州市人民政府办公室关于印发湖州市采矿权设置暂行规定》，规定采矿权设置应征询采矿权所在地市、县区人大代表、政协委员意见。

2014 年

2 月 7 日，湖州市委、市政府召开全市治水治气推进大会，要求加强矿山整治。

3 月 26 日，湖州市政府召开矿山企业综合治理工作领导小组会议。

4 月 15—16 日，召开全市绿色矿山创建和矿山企业码头整治提升现场会。

4 月 30 日，湖州市、长兴县局在全省“四边三化”矿山生态环境保护与治理工作现场会上作绿色矿山建设和废弃矿山治理工作典型介绍。

5 月 28 日，全市矿政管理业务培训会召开，加强矿产资源法律法规宣传培训，增强矿山企业依法办矿理念。

5 月 30 日，全市涉矿运输船舶“三废”治理推进会召开，推进涉矿运输船舶生活污水收贮装置和矿山企业码头湿地公园接收装置安装工作。

6 月 9 日，《湖州市矿业权网上交易有关制度》《湖州市矿业权网上拍卖挂牌的公告、须知、成交确认书等格式文本》印发，明确了湖州市矿业权网上交易系统业务管理员管理制度和湖州市矿业权网上交易风险防范及应急预案，规定公告、须知、成交确认书等的格式文本。

9 月 17 日，湖州市政协主席调研矿山综合治理工作。

10 月 11 日，国土资源部发文，湖州列为部工矿废弃地复垦利用试点。

10 月 21 日，市政府在 16 届中国国际矿业大会绿色矿山建设论坛作了题为“政府主导　企业主体　两山互动　全力推进绿色矿山建设”的典型发言，地方政府代表仅湖州一家。

10 月 30 日，陈伟俊市长调研矿山综合治理工作，考察湖州新开元碎石有限公司和湖州通元石料有限公司等绿色矿山。

12 月，全市启动国家工矿废弃矿地复垦利用试点工作。

2015 年

1 月 29 日，浙江省人大常委会副主任袁荣祥实地调研湖州通元石料有限公司、湖州新开元碎石有限公司、泰玛士矿业有限公司、湖州南方矿业有限公司等绿色矿山企业。

3 月 1 日，《新华每日电讯》《人民日报》头版刊发新华社副社长慎海雄《十年接力绘美丽浙江　生态红利惠千万群众——“绿水青山就是金山银山”在浙江的探索和实践》，“绿水青山就是金山银山”理念与矿山治理工作的渊源。

3 月 3 日，湖州市委、市政府召开全市生态文明建设暨治水治气治矿工作推进会。首次并列治矿、治水、治气。

3 月 18 日，湖州市政府召开全市矿山综合治理工作会议，部署矿山综合治理三大专项行动。

3 月 20 日，《湖州市矿山粉尘防治专项行动实施方案》印发，部署开展矿山粉尘防治专项行动。

9 月 28 日，《关于扎实推进矿山粉尘防治工作的通知》印发，要求提高思想认识，严格按要求进行监测和验收，确保完成矿山粉尘防治任务。

2016 年

3 月 25 日，全市生态文明建设暨治水治气治矿工作推进会召开。会议表彰了生态市创建工作和 2015 年度全市生态文明建设、治水、治气、治矿工作先进集体和个人。

3 月 28 日，全市矿山综合治理工作会议召开。市政府授予 12 家矿山企业为“市级绿色矿山企业”。

6月5日，湖州市委书记裘东耀批示：“近年来，我市的矿山治理工作取得显著成效，下一步要以践行‘两山重要思想’的行动自觉，从紧从严，依法依规，一以贯之抓好矿山治理，做到决心不变、目标不变、措施不变，一抓到底。”市长陈伟俊批示“从严从紧管理的调子、举措不能变”。

6月6日，湖州市政府召开全市矿山综合治理工作推进会。市四套班子领导参加会议，市委副书记、市长陈伟俊讲话，各县区政府（管委会）主要领导、分管领导，市级有关部门、单位主要负责人，涉矿县区有关职能部门主要负责人、矿治办领导班子成员，各涉矿乡镇（街道）党委书记，各矿山企业主要负责人等180余人参加。矿山企业主《倡议书》呼吁矿山企业响应市委市政府号召，建设绿色矿山，做“两山理念”践行者。

7月15日，黄旭明副省长批示：“湖州市坚持抓矿山治理，不断取得新的成效，做得很好”。

8月2日，《中共湖州市委湖州市人民政府关于从紧从严依法规范管理矿产资源十条规定的通知》，提出科学编制矿产资源规划、严格控制采矿权出让、切实加强矿山开采动态监管、全面规范涉矿工程项目管理、巩固提升绿色矿山建设成果、规范全额征收矿产资源税费、加快矿山生态修复治理进度、切实加强交通运输管理、严厉打击非法违法行为、严格责任追究等十条从严从紧依法依规管理规定。

8月10日，《关于加强矿产资源储量监管的通知》，要求严格落实“一矿一责任人、“两月一监测、半年一报告”、矿山开采量备案、矿山开采量管控制度、中介机构工作责任和工作人员责任追究制度。

8月17日，湖州市矿产资源管理政策宣讲会召开。宣讲解读市委、市政府《关于从紧从严依法规范管理矿产资源十条规定》和《湖州市涉矿工程项目矿产资源管理办法（暂行）》，部署G20峰会环境质量保障工作。

9月22日，湖州新开元碎石有限公司在第十八届中国国际矿业大会做“绿色矿山建设实践”的发言。

11月，湖州列为绿色矿业发展示范区，写入《全国矿产资源规划（2016—2020年）》。

12 月 1 日，国土资源部副部长赵龙调研绿色矿山建设工作，赵龙副部长充分肯定湖州全域推进绿色矿山建设、积极争创全国绿色矿业发展示范区的做法和成效。

2017 年

1 月 19 日，市政府召开矿山企业综合治理工作领导小组会议。

3 月 13 日，湖州《绿色矿山建设规范》地方标准发布。《规范》从范围与定义、内容与要求、认定与监管三大块七大方面明确 50 项标准，可操作、可复制、易推广，标志着湖州绿色矿山建设标准体系全面确立。

3 月 16 日，湖州市矿协通过《关于加强行业团结自律，全力推进绿色矿业发展示范区建设的决议》《关于响应市委市政府号召严控矿山开采总量的倡议》。

3 月 24 日，湖州全市生态文明建设暨治水治气治土治矿工作推进会召开。

3 月 28 日，《湖州市人民政府办公室关于湖州市涉矿工程项目矿产资源管理办法（暂行）的通知》印发，依法规范管理工程项目涉矿开采，工程涉矿开采需报市政府同意。

5 月 1 日，国土资源部副部长凌月明在全国绿色矿山会议上点名表扬湖州工作。

5 月 5 日，矿山复绿工作列为湖州市政府当前需抓紧落实的 26 项重大事项之一。

5 月 25—26 日，“2017 中国矿业循环经济暨绿色矿山”论坛在北京召开，论坛以“发展绿色矿业、建设绿色矿山”为主题，贯彻落实六部委《关于加快建设绿色矿山的实施意见》，湖州市政府介绍首个绿色矿山建设地方标准。

6 月 19 日，中国自然资源报热点聚焦栏目刊发《聚焦我国首个绿色矿山地方标准》。

6 月，湖州绿色矿业发展示范区建设方案报国土资源部。

6 月 27 日、28 日、30 日，光明时政、图片、视频《砥砺奋进的五年》栏目刊发《湖州：十年治矿满山绿 产业再造获新生》全面介绍湖州推进废弃矿山治理和生态修复。

6月28日，《湖州市人民政府关于印发深入开展矿山复绿专项行动实施方案的通知》印发，提出“一年启动，两年攻坚，三年清零”，三年完成重点区域56处废弃矿山生态修复。

10月，废弃矿山生态修复“样板工程”——仁皇山废弃矿山治理项目入选中宣部、国家发改委、军委政治工作部、北京市委联合主办的“砥砺奋进的五年”大型成就展。

12月1日，2017中国矿业全产业链大会暨中国矿产资源与材料应用创新联盟成立大会在北京举行。湖州作绿色矿山建设典型介绍。

12月8日，《关于启用绿色矿山标志的通知》印发，启用湖州市绿色矿山标志，制作绿色矿山标志旗，发放至绿色矿山企业，激发企业荣誉感和社会责任感。

12月18日，湖州市矿山系统学习贯彻十九大精神培训会召开，市政府领导为绿色矿山授旗。

2018年

2月17日、3月5日，湖州市委、市政府研究矿山复绿工作。

3月20日，市生态文明建设暨治水治气治土治矿工作会议。

3月23日，市委书记马晓晖调研两路两侧废弃矿山生态修复，考察南太湖产业集聚区长兴分区废弃矿区生态修复项目召开。

3月26日，《湖州市人民政府办公室关于扎实推进矿山复绿工作的通知》提出加快推进、集中攻坚、提前完成，采取强化限批管理等六条措施，强力推进“两路两侧”重点区域矿山生态修复。

5月3日，《湖州市绿色矿山建设三年专项行动实施方案》印发，实施绿色矿业示范区“175计划”（一个总体目标、七项重点任务和五个示范工程），高水平全面建设绿色矿山，走出一条湖州特色的“环保建矿、科技强矿、生态美矿”的“绿色矿业”之路和“转型升级、综合利用、产业融合”的绿色发展之路。

6月6日，《关于做好矿地综合开发利用采矿权试点的通知》确定湖州7

个试点采矿权。

6月，人民日报、新华社等以《国内最长耐高温“空中运输走廊”试运行 全封闭输送带实现零排放》等为题报道了湖州市绿色矿山建设成效。

6月15日，《解放日报》以《湖州：“后矿山时代”正收生态红利》为题报道湖州市矿山生态修复工作。

6月27—28日，“2018中国矿业循环经济暨绿色矿业发展”论坛在湖州召开，会议的主题是“为经济发展助力、为绿水青山增彩”。湖州市作了《两山引领　政府主导　全域推进　矿地融合——湖州绿色矿业发展的实践与展望》的发言。全国国土资源系统、绿色矿山试点单位等代表1100多人参加，观摩新开元、康诚两家绿色矿山和南太湖长兴分区废弃矿地综合治理项目、湖州南方矿业大煤山矿边开采边治理项目。

7月18日，《关于通报湖州市地方标准〈绿色矿山建设规范〉实施效果评价情况的函》，高度评价《规范》实施一年来成效。

7月19日，《关于做好矿地综合开发利用采矿权试点工作的通知》，市局提出十条做好矿地综合开发利用采矿权试点工作的意见。

8月12日，《经济日报》头版头条以《浙江德清：以“两山”理念治理矿山》为题报道湖州市矿山治理工作。

8月13日，市委书记马晓晖专题调研治矿工作，实地踏看湖州新开元、康诚石矿，吴兴区埭溪镇板庄山、长兴县李家巷二矿废弃矿山治理项目，强调“湖州作为‘两山’理念诞生地，要持续加大矿山治理力度，提高绿色矿山建设水平，守护好山清水秀的自然生态，不断护美绿水青山、共建生态文明”。

8月17日，湖州市政协召开双月协商座谈会。市、县政协委员及群众代表围绕“推进我市矿业绿色化发展”建言献策。

8月29日，全市矿山系统政策培训会召开。

9月25—26日，全省矿业绿色发展现场会在湖州召开。会议主题“推动矿业绿色发展，促进生态文明建设”。市、长兴局和新开元碎石有限公司做典型发言。考察南太湖长兴分区废弃矿地综合治理、湖州南方矿业大煤山矿边开采边、太湖龙之梦乐园废弃矿山生态修复项目。

10月3日，央视以《炮声停了以后》为题，全面讲述了湖州市矿山生态建设、矿地利用做法和经验。

10月18—20日，长兴县在第二十届中国国际矿业大会“地勘服务新领域：思路与实践”论坛作南太湖长兴分区万亩废弃矿地综合治理项目典型发言。新开元碎石有限公司在绿色矿业论坛作企业绿色矿山建设主题发言。

11月15日，2018中国—东盟矿业合作论坛暨推介展示会召开，湖州市在矿业绿色发展政策与实践研讨会上做了主题发言，介绍湖州矿业绿色发展的背景、取得的成果及全域推进绿色矿山建设的典型经验和做法。

12月11日，中国自然资源报以《走矿产开发与生态文明协调发展新路子——浙江省湖州市推进矿业绿色发展纪略》为题报道湖州市推动矿业绿色发展的做法。

2019年

2月16日，中国自然资源报以《拓展高质量发展空间——浙江省湖州市废弃矿地修复治理纪实》为题介绍湖州废弃矿山生态修复工作。

4月30日，湖州市矿协四届会员大会发布《关于坚决响应〈打赢蓝天保卫战三年行动〉全面加强矿山粉尘防治的决议》。

5月7日，《关于贯彻落实〈浙江省矿山地质环境治理恢复与土地复垦基金管理办法（试行）〉的通知》，明确矿山地质环境治理恢复备用金和土地复垦费清理处置、矿山地质环境治理恢复与土地复垦基金的建立和计提等。10月基金全面建立。

6月11日，湖州市政府印发《湖州市严厉打击盗采盗挖矿产资源行为专项行动方案》，开展为期4个月的全市严厉打击盗采盗挖矿产资源专项行动，对2016年以来非法盗采盗挖矿产资源、涉矿工程违法以及矿山企业违法开采等违法行为开展专项清理。

6月，提前半年完成重点区域56处废弃矿山生态修复。

7月31日，全国矿山生态修复新机制新技术交流推进会在江苏省镇江市召开。市政府代表主题报告，从地方实践的角度介绍了湖州露天废弃矿山生态修复的经验做法。

10 月 21 日，全市矿山企业矿山管理政策工作培训会召开。

10 月 25 日，部在安徽淮北召开部分省市矿山生态修复暨煤矿沉降区治理座谈会，湖州做典型发言，介绍湖州露天废弃矿山生态修复工作主要做法和取得的成绩，大会发言稿部编呈阅件送部领导阅。

12 月 3—4 日，浙江省国土空间生态修复工作座谈会在长兴召开。长兴县作《以矿地生态修复推动高质量赶超发展迈入新境界》的典型发言，实地考察了长兴县生态修复工程和南太湖废弃矿山生态修复项目。

12 月 10 日，部在安徽省铜陵市召开全国绿色矿山现场交流会。市政府作“两山引领　政府主导　全域推进　矿地融合——湖州市推动矿业绿色发展的实践”的典型发言，全面介绍湖州十多年来绿色矿山建设历程、做法及成效。

12 月 24 日，湖州 24 家绿色矿山首批进入全国绿色矿山名录库。

12 月 30 日，安吉县用“五联单”实现矿产品原料流通领域“一票式”管理列为厅改革创新案例。

附录二　主要新闻报道选

湖州二十年的绿色矿业发展探索，取得了一些成绩，引起了社会各界广泛关注，各媒体对湖州探索做了大量的宣传介绍，这里选择有代表性的九篇报道。

1.《规划龙头舞起来——湖州市矿产资源规划实施纪实》（浙江《国土资源》杂志 2005 年第 5 期）

2.《精心组织　力求实效，全力推进绿色矿山建设》（浙江《国土资源》杂志 2008 年第 7 期）

3.《进国家规划　属全省唯一，湖州建设全国绿色矿业示范区》（人民网、《湖州日报》等，2017 年 1 月 13 日）

4.《标准领跑　擦亮“生态名片”——聚焦我国首个绿色矿山建设地方标准》（中国国土资源报《热点聚焦》2017 年 6 月 19 日）

5.《湖州：十年治矿满山绿　产业再造获新生》（光明网、光明时政、光明图片、光明视频》【砥砺奋进的五年专题报道】2017年6月27日、29日、30日）

6.《浙江德清：以“两山”理念治理矿山》（《经济日报》2018年8月12日）

7.《金山银山铸成记——以后炮声停了》（中央广播电视总台，2018年10月3日）

8.《拓展高质量发展新空间——浙江省湖州市废弃矿地修复治理纪实》（《中国自然资源报》2018年12月8日）

9.《“绿水青山就是金山银山”发展样本：余村的后矿山时代》（《新京报》2019年8月5日）

规划“龙头”舞起来——湖州市矿产资源规划实施纪实

（浙江《国土资源》杂志2005年第5期）

“上有天堂，下有苏杭，天堂中央，湖州风光”。湖州以其独特的江南风情，令历代文人墨客为之倾倒。元代诗人戴表元曾经写下“行遍江南清丽地，人生只合住湖州”这样的诗句，来赞颂这座有着二千多年历史的江南名城。

湖州地处长江三角洲中心，占地总面积5817平方公里，人口256万，辖德清、长兴、安吉三县和吴兴、南浔两区。改革开放以来，湖州一改传统的“鱼米之乡，丝绸之府”发展格局而焕发出勃勃生机，经济和社会发展态势一路强劲：2002年，全市财政收入达到38.5亿元，人均国内生产总值16500元，城镇居民人均可支配收入11388元，农村居民人均纯收入5052元。

湖州“五山一水四分田”的自然造化，赋予了其丰富的非金属建材矿产资源。目前全市共发现矿产60余种，正在开发利用的有23种。浙江省国土资源厅厅长王松林曾就湖州的矿产资源问题谈道：“湖州拥有丰富的矿产资源，是我省重要的建材生产基地，同时也是省内的矿业大市，矿业在湖州市的经济社会发展中具有重要的地位。”

湖州市委、市政府十分重视矿产资源的开发利用和矿山自然生态环境的保护工作．已在国土资源部的关心支持下，于全国率先开展了矿产资源规划的编制和实施工作。通过几年的努力，在矿山布局和矿业结构调整、采矿权有偿使用和矿山生态环境保护治理等方面取得了显著成效。2002 年，湖州市矿石年产量占到全省的 20%，矿业产值占全省 22%；同时 80% 以上的矿产品销往外地，如上海市的基本建设所需石料 80% 以上来自湖州，由此奠定了湖州矿业在长江三角洲南翼的重要地位。

然而，湖州市的矿业发展之路并不是一帆风顺的。以前由于缺乏系统规划，矿业开发存在着布局无序、开采无度、生态破坏、资源浪费等诸多问题，与湖州经济社会可持续发展极不协调。要改变这一现状，就必须充分发挥政府宏观调控作用，以合理规划为重要抓手，正确处理保障发展和保护资源的关系，最大限度地发挥资源的经济效益、社会效益和环境效益。

关于湖州市矿业开发的规划问题，规划是实现经济社会可持续发展战略的需要，是充分发挥市场配置资源基础性作用的前提条件，是推进依法行政的客观要求；编制和实施好规划，是为了有效保护和合理利用矿产资源，更是实践“三个代表”的具体行动。基于此，湖州市从 1998 年开始编制矿产资源保护与开发利用规划，国土资源部与省国土资源厅对此十分重视，并将湖州市列为试点市。至1999年6月，《湖州市矿产资源保护与开发利用 规划》被批准实施，三个县的规划也相继编制完成，湖州市由此在全省范围内率先建立了市级规划体系。同时，为了使资源优势转化为经济优势，矿业开发与环境保护协调发展，湖州市在规划中首次提出“禁采区关 停，限采区收缩，开采区集聚”的思路，划定了 8 个规划 ：禁采区、7 个规划开采区和 7 个矿产资源开发利用基地，从而调整矿业布局，优化矿业结构，提升矿业层次，改善生态环境。

矿产资源规划的实施进程

制定规划难，实施规划更难，其难就难在利益的调整。对此，湖州市人大常委会副主任吴文江认为：规划就是法，执行规划就是执法，违反规划就是违法，人大要监督规划的全面实施。

规划权威性的树立

政府主导。为此湖州市建立了政府主导、部门配合、上下协调的工作机制和组织保障机制，明确了市、县、乡政府及相关部门的职责，规划实施的担子由一家 挑变成大家挑。

制度配套。为全面推进规划的实施，湖州市先后出台了《湖州市矿产资源保护与开发利用规划管理实施办法》《湖州市矿业布局和结构调整实施细则》《湖州市矿产资源综合利用实施细则》等规范性文件，各县也相继出台了相关实施细则，使规划实施制度化。

基础扎实。湖州市积极探索规划实施的途径，把规划延伸到乡镇，在完成县级矿产资源规划编制后，又在重点乡镇开展规划实施方案的编制。到2001年底，全省第一个乡镇规划实施方案通过评审并组织实施，规划目标在乡镇得到具体落实。

手段综合。湖州市在规划实施中不单靠行政手段，而是综合运用法律的、行政的、市场的手段调整：布局以行政手段为主，调控总量以市场手段为主，优化结构以政策引导为主，查处违法行为以法律手段为主。

规划实施的突破口

规划的实施，如同一场攻坚战，而找准攻坚的突破口就是成功的关键。对此，湖州市国土资源局具体做法：一是根据规划控制新办矿山，不符合规划不办，不具备开采条件不办，达不到规模不办，不缴纳出让金不办；二是根据规划关停小矿山，凡被规划划定禁采范围的矿山，分期分批由政府收回采矿权，矿山关停由国土资源部门发布注销采矿权公告，而后政府开展联合执法，人大进行执法检查，政协组织视察，逐一突破难点。坚持无情关停，有情操作的原则，扎实稳妥地做好工作。规划实施四年来，全市共退回新办矿申请200多份，关停小矿山396家，在取得良好成绩同时，更带来显著效应。如：2002年6月6日，浙江省德清县公开拍卖一个矿石采矿权，出让建筑石料资源量208万吨，起拍价150万元，成交价1062万元，创下当时同类采矿权拍卖价的全国最高纪录，这正是“控制新办矿山、关停小矿山”带来的效应。

矿产资源规划的实施举措

①大力推行采矿权的有偿使用制度。采矿权从无偿取得到有偿使用，是一项重大改革。规划的实施，矿山布局的调整，为采矿权有偿使用创造了新的更大的空间。湖州市抓住机遇，积极因势利导，大力推行采矿权使用制度改革，从1999年开始到2002年，全市所有普通建筑砂石采矿权均实行了有偿出让。采矿权有偿出让推动了小矿山的联合兼并和迁移，同时采矿权的

出让收益 又增强了政府的宏观调控能力。近两年来，市、县两级 政府用于小矿山关停的600多万元资金来自采矿权出让收益；矿山集中地区基础设施和公益事业的建设资金主要 来自采矿权出让收益；全球地质遗迹长兴国际“金钉子”剖面保护区建设资金主要也来自采矿权出让收益。

②矿山生态环境保护与治理。矿山生态环境保护与治理是规划实施的另一出重头戏。关于正在开采矿山生态环境的保护，废弃矿山环境的治理，以及矿山保护与治理资金的来源问题，湖州市在几年来的规划实施中探 索出了一系列新机制：一是全面实施矿山生态环境备用 金制度，由采矿权人履行矿山生态保护的职责。如香港嘉华集团湖州石矿等矿山企业自行出资，边基建、边开采边治理，已经成为正在开采矿山的示范点；二是市场化运作、企业化管理、多元化投入。市政府专门成立 矿山生态环境建设专业公司，负责关闭矿山的环境治理。废弃的堂子山矿区，就是由政府采取招标方式确定施工单位，在专业公司管理下实施，该工程被列入省级矿山生态治理示范工程。此外，安吉县还结合了创建全国生态示范县工程，采取上面补一点、政府拨一点、企业出一点的办法筹措治理资金。目前，湖州市已基本形成三种矿山生态环境治理模式，即土地整理和工业 园区建设相结合的“综合型”，单纯复垦复绿的“生态 型”以及边基建、边开采、边治理的“环保型”。

③矿山企业设备与技术的升级更新。矿山企业设备简陋、技术落后、资源浪费、效益低下是通过规划实施要解决的又一个突出问题。湖州市在规划的引导下，科技兴矿、珍惜资源、提高资源利用水平已成为矿业发展的战略举措。规划实施过程中，市、县政府分别出台了扶持政策，多渠道筹措资金，引进新技术、新设备，发展深加工，开发新品种，拓展矿产品的延伸产业，促进矿业升级，引导企业向“高、深、新、特”方向发展。

长兴县李家巷地区石灰石原矿价格每吨2。元，新明华化工建材有限公司通过深加工生产轻钙粉，每吨最高价格达到2000多元，矿产品附加值提高24倍。德清县奥伯建材有限公司是节约资源综合利用的又一典型，该公司成功地将尾矿制砖，变废为宝，不仅提高了资源利用率，而且促进了矿山生态环境的改善。

矿产资源规划的成果与体会

1. 收获的成果

从 1999 年规划实施至今的四年来，湖州市的矿产资 源开发利用成果显著，实现了五大转变：

①矿山布局由“遍地开花”向开采区集聚转变。全市矿山从 1998 年底的 868 家（不包括砖瓦用黏土、黄砂、矿泉水企业）减少到 2003 年底的 612 家，关停小矿山 256 家，其中禁采区 74 家，交通沿线 56 家，风景旅游区 41 家。

②矿山规模由“小作坊式”向规模化转变。单个矿山全市平均规模从规划编制前的 4. 9 万吨提高到 2002 年的 11. 8 万吨，其中规划确定开发区的平均开采规模已超过 25 万吨。新开元、嘉华等企业成为国内规模最大的石 料生产企业，规模企业已成为全市矿业经济的主力军。

③矿山开采技术由原始向现代转变。1999 年以 来，全市矿山投入技改资金 15 亿多元，更新改造了落后 的工艺设备和开采技术，提高了资源利用效率，减少了 资源浪费。

④采矿权使用由无偿向有偿转变。2002 年，全市共出 让采矿权 431 个（含黄砂），其中招标、拍卖和挂牌出让 16 家，采矿权合同出让收入 1.94 亿元，到位资金 1.4 亿元。

⑤矿山生态环境由”黄色”向“绿色”转变。近几 年来，湖州市矿山边开采边复垦复绿，创办绿色矿业已 成为大家的自觉行动，到 2002 年底，全市共投入资金 200 多万元，治理矿区面积已达 3000 多亩。

2. 得出的体会

实施矿产资源规划是一项全新的工作，湖州市通过四年的探索，得出四点体会：①实施规划必须建立一个权威的组织领导机制。湖州市是国土资源部党组工作联系点，矿产资源规划实施 是联系点的主要内容。为此湖州市成立了专门的班子，由市政府领导及有关部门负责人组成领导小组，明确各有关部门在规划实施中的职责，并在县、乡政府建立相 应的工作机构，通过这样的机制来保障规划的实施。

②实施规划必须建立一个良性的投入运作机制。无论是布局结构调整，还是矿山生态环境治理，都需要资金的投入。为此湖州市采用“四两拨千斤”

的资金运作方式建立起一个良性投资运作机制，充分调动各方面积极性，促使规划的有效实施。

③实施规划必须建立一个明确的目标责任机制。实施规划是各级政府的职责，市政府与各县（区）政府签订国土资源管理目标责任书，将实施规划的主要指标纳入其中。政府有关部门各司其责，并将规划实施的责任 延伸到乡镇。通过这样明确的目标责任机制将规划的实 施落到实处。

④实施规划必须建立一个有效的矿产资源宏观调控 机制。规划的实施，既要靠政府主导这只“有形的手”，又要靠市场引导这只“无形的手”，二者互依互 存、相得益彰，从而确保规划实施的顺利进行，最终实 现规划目标。

总之，规划的实施要与党的十六大关于我国全面建 设小康社会的宏伟目标紧密结合，围绕可持续发展这个 中心，在实施中不断加强完善，使其适应经济社会快速发展的要求。为此，湖州市将进一步调整布局，充分发挥市场在资源配置中的基础性作用。面对当前现状，紧紧抓住上海申博成功和“长三角”经济一体化的历史机 遇，坚持与时俱进、开拓创新的思维，以建设生态城市 和山水园林式城市为战略目标，使湖州的矿业发展在规划的引导下健康发展，从而为实现湖州经济社会的跨越式发展奠定坚实基础。（作者：吕晓澜、龚西征、李凤）

精心组织　力求实效，全力推进绿色矿山建设

（浙江《国土资源》杂志 2008 年第 7 期）

湖州市的绿色矿山建设在省国土资源厅的大力支持和有力指导下，在市委市政府的高度重视下，坚持以科学发展观为指导，以建设生态市为目标，严格按照“资源利用集约化、开采方式科学化、生产工艺环保化、企业管理规范化、闭坑矿区生态化”的要求，加强领导，精心组织；坚持标准，规范程序；明确政策，加强扶持；先行试点，扎实推进；绿色矿山建设取得明显成效。目前，全市共有 19 家矿山企业开展省、市级绿色矿山创建工作，已有 5 家矿山企业被批准为市级绿色矿山，4 家矿山企业被省国土资源厅授予“省级绿色矿山”称号，占全省省级绿色矿山的 40%。通过绿色矿山创建，我市的矿产资源综合利用率显著提高，矿山生产安全事故大幅下降，矿区生

态环境明显改善。初步形成了矿业经济与环境保护相协调、经济效益与生态效益相统一的良好局面，探寻出一条“政府主导，企业主体，科学规范，稳步推进”的绿色矿山建设的新路子。

一、绿色矿山建设的基本做法

1. 加强领导，统一思想。为解决矿产资源过度开发给生态环境带来的严重影响，2003 年 7 月，湖州市委市政府从建设生态市的战略高度，作出了以“四铁精神”开展矿山整治的重大决策，建立了以市委常委常务副市长为组长，分管国土资源、环境保护的副市长为副组长，各县区和市国土、环保、安监、公 安、水利、林业、工商、交通、监察、经委、贸粮、电力等部门分管领导组成的矿山整治领导小组。领导小组下设办公室，从相关部门抽调一批常驻人员，负责对全市矿山整治工作的综合、协调和督查。各县区也建立了相应的组织机构。

多年来，市委市政府十分重视矿山生态环境建设，始终把创建绿色矿山、改善生态环境作为建设生态市的一项重要内容来抓，从全面落实科学发展观和构建和谐社会的政治高度，充分认识创建绿色矿山的重要性和必要性，使各级领导和广大干部充分认识创建绿色矿山，既是落实科学发展观、建设生态文明的客观需要，也是实现矿业经济可持续发展的内在要求；既是建设现代化生态型滨湖大城市的重要内容，也是切实改善生态环境的有效举措；既是坚持以人为本执政理念的具体体现，也是广大人民群众的迫切愿望。在高度统一思想的基础上，市政府每年召开一次全市矿山整治工作会议，下发一个指导性文件，并与各县区签订矿山整治目标责任书，将矿山生态环境建设和创建绿色矿山作为主要内容，列入各级政府年度工作考核和生态市建设考核的范围，进一步明确任务，落实责任，确保了绿色矿山建设扎实有效地推进。

2. 精心组织，抓好试点。为扎实有效地推进绿色矿山创建工作，我市按照省厅的统一部署和要求，积极开展了创建绿色矿山试点工作。一是出台实施意见。市政府制定下发了《关于创建绿色矿山的实施意见》，明确了创建绿色矿山的指导思想和总体目标以及绿色矿山的基本条件、创建标准和工作措施，为绿色矿山创建工作提供了依据。二是选好试点企业。为确保绿色矿山创建试点工作取得成功，我市按照“证照齐全、管理规 范、诚信守法、规模经营、自愿申报”的原则，先后选定两批矿山企业进行绿色矿山创建试点。第一批已有湖州新开元碎石有限公司等 4 家矿山企业获得“省级绿色矿山”称号，第二批试点企业正在组织实施中。三是优化创建方案。创建方案的优劣事关绿色矿山创建工作的成败。各试点企业认真按照《浙江省绿色矿山创建指南》的要求，紧紧围绕创建绿色矿山的“五化”标准，紧密结合矿产资源开发利用实际，委托具有相关资质的单位编制绿色矿山创建方案。创建方案经市有关部门预审后，再聘请有关专家组成专家组进行评审，通过后批准实施。四是加强工作指导。各有关部门认真履行职能，积极开展对绿色矿山创建的工作指导。国土资源部门围绕矿产资源开发利用方案，指导企业实施科学开采、综合利用资源、努力提高矿产资源的开发利用率；环保部门从改善矿区生态环境入手，按照“环保化开采、清洁化加工、无尘化运输”的要求，指导矿山企业强化生态保护和环境治理；其他相关部门根据各自职责做好指导工作。五是认真组织验收。为确保绿色矿山创建质量，我市建立了由市矿整办、国土、环保、水利、林业、安监、财政等部门和采矿、林业、工程、环境方面的专家组成的验收组，负责绿色矿山验收工作。验收时，组织现场踏勘，认真查阅有关资料，核实各项指标落实情况，召开验收评审会，经验收专家组评议通过后，报湖州市矿山整治领导小组审批。对没有按照创建方案要求实施的试点企业，不予通过验收。

3. 坚持标准，力求实效。绿色矿山建设既是一个动态过程，也是一个不断深化、追求完美的过程。我市在创建绿色矿山过程中，坚持“五化”标准，结合矿山实际，拓宽创建思路，拓展创建内容，深化创建成果，取得了积极的成效。一是在创建标准上坚持一个“严”字。各试点企业严格按照《浙江省绿色矿山创建指南》确定的“五化”标准，始终把矿产资源开发利用率、资源经济效益、矿区绿化覆盖率和矿区生态环境治理率作为主要指标，要求矿产资源综合利用率达到 95% 以上，废渣、尾矿的处置率达到 100%。二是在创建内容上力求一个“实”字。创建绿色矿山的目的就是要规范 矿山企业的开采行为、提高矿产资源利用效率、改善安全生产条件、保护矿区生态环境。为此，我市重点指导试点企业改进生产工艺，优化产品结构，增加产品的科技含量，提高产品的附加值。要求试点企业严格实行自上而下分水平台阶式开采，做到采剥合理，实施边开采边复绿；督促试点企业完善废水治理设施，确保规范运行，生产废水经治理后实现循环利用，切实抓好水洗泥砂的综合利用；按照分级治理的要求，完善粉尘治理措施，加工机组必须实施局部封闭、布袋除尘措施，全面落实矿区道路硬化和保洁措施。同时加强矿区的绿化美化工作。三是在创建方法上注重一个“活”字。我市矿山企业分布较广，基础条件各不相同，列入试点的矿山企业创建条件也存在较大差异。因此，始终坚持因矿制宜、分类指导、固强补弱的原则开展创建工作。湖州鹿山坞矿业有限公司针对矿石加工扬尘污染问题，采用车间封闭、布袋吸尘措施，回收粉尘用于制砖，既解决了粉尘污染问题，又提高了资源的综合利用率；康诚石矿（湖州）有限公司针对石料运输瓶颈，设计建造皮带输送长廊输送石料，既提高了运输效率，又减轻了道路运输粉尘污染；湖州新开元碎石有限公司采用 PLC 自动化生产控制系统，提高了劳动生产率和产品质量；同时，采用碎石砂回收替代天然砂技术提高资源利用率，进行废水废泥再利用课题研究和设施改造，增强了治理效果。

4. 创新机制，扎实推进。绿色矿山建设是一项系统工程，涉及多部门、多学科，标准高、要求严，必须创新机制，加强协调，充分调动试点企业的积极性，才能确保创建工作的顺利推进。一是建立激励机制。对列入试点的绿色矿山企业，在获得绿色矿山资格后的三年内可享受适当增加规模、简化有关手续、提前返还备用金、实施规费补助等优惠政策。绿色矿山企业在矿区矿产资源储量和生态环境承载能力允许的情况下，开采规模可适当增加；绿色矿山企业在原矿区重新受让采矿权时，在开采规模增加量不超出原开采规模 30% 情况 下，可不再重新编制矿产资源开发利用方案、水土保持方案和环境影响评价报告；绿色矿山上交的矿山自然生态环境治理备用金，可分年度按治理进度提前返还；行政主管部门收取的各类规费，可按一定比例返还。二是建立协调机制。在市矿整办的综合协调下，市国土、环 保、安监、水利、林业等部门定期召开绿色矿山建设工作协调会，研究分析绿色矿山建设推进中的新情况，及时解决存在的重点难点问题，按照职能分工，抓好推进工作。三是建立工作前移机制。为加强对绿色矿山创建工作的监督管理，及时发现和解决创建工作存在的问题，国土部门把绿色矿山建设作为目标考核责任制的内容延伸到基层国土资源所，由基层国土资源所实施零距离监管，督促矿山企业抓好绿色矿山建设工作，有效保护生态环境，提高矿产资源管理水平。四是与开发整合相结合。我市在开展绿色矿山创建的同时，积极抓好矿产资源开发整合工作，对“小、散、乱”矿区进行分区规划整合，矿山布局进一步优化。到 2010 年，我市建筑石料矿山总数将控制在 146 个以内，为全面推行绿色矿山建设创造有利条件。同时要求到 2009 年，所有年开采规模在 30 万吨以上的矿山企业，都必须开展绿色矿山创建工作，两年内达不到绿色矿山要求的一律予以关闭。

二、创建绿色矿山的体会

1. 领导重视、形成共识，是推进绿色矿山建设的关键所在。对矿山自然生态环境建设重要性和必要性的认识，我市经历了一个从不自觉到自觉的转变。多年来，由于认识上的偏差，重开发轻保护，导致矿业开发 与自然生态环境保护之间的矛盾日益突出，资源浪费、河道淤积、道路损坏、安全生产事故时有发生。为解决矿产资源开发利用与生态环境建设之间日益突出的矛盾，市委市政府作出了开展矿山整治的重大决策，把绿色矿山建设作为矿山整治的主要内容，反复强调绿色矿山建设的重要性、必要性和紧迫性，形成了健全的领导工作体系和考核工作体系，统一了各级各部门的思想认识，明确了矿山企业的绿色矿山建设主体责任，为扎实推进矿山生态环境建设奠定了基础。

2. 明确主体，落实责任，是推进绿色矿山建设的重要前提。绿色矿山建设，既是各级各有关部门的重要职责，更是矿山企业保护生态环境的责任和义务。只有明确主体、落实责任，才能做到各司其责、形成合力，加快推进绿色矿山建设。为此，按照“政府主导，企业主体”的思路，市政府出台了创建绿色矿山的实施意见，要求市国土、环保、水利、安监、林业等有关部门按照各自职责，加强工作指导，加大工作力度，协调解决绿色矿山创建中遇到的困难和问题，督促矿山企业高标准完成创建任务。同时明确矿山企业为创建绿色矿山的责任主体和第一责任人，整个创建工作在政府部门的督促指导下，由矿山企业负责组织实施。由于主体明确，责任落实，矿山企业的社会责任意识显著增强，矿山生态环境建设的资金投入明显加大，加快推进了绿色矿山建设。

3. 完善机制，激发活力，是推进绿色矿山建设的基本动力。创建绿色矿山既是建设现代化生态型滨湖大城市的客观需要，也是矿山企业自身发展的内在要求，涉及矿山建设的方方面面，需要投入大量资金。只有建立健全激励机制，充分调动矿山业主的积极性，才能激发活力，产生动力，确保绿色矿山创建工作的顺利推进。几年来，我市针对绿色矿山建设制定出台了适当增加规模、简化有关手续、提前返还备用金和规费补助等方面的优惠政策。同时提高了采矿权的准入门槛，对达不到绿色矿山建设标准，既不愿投入资金开展绿色矿山 创建工作，又不履行矿山自然生态环境保护与治理义务的矿山将逐步予以关闭。通过建立优胜劣汰的激励机制，激发了矿山企业开展绿色矿山创建的活力，有力推进了绿色矿山创建工作。

4. 依法行政，加强监督，是推进绿色矿山建设的有力保障。保护矿山自然生态环境既是矿山企业的法定义务，也是各级各有关部门的共同职责。只有坚持依法行政，加强执法监督，才能保障绿色矿山建设的有序推进，确保取得实效。因此，各级国土资源部门加强了对 矿山自然生态环境治理备用金的征收管理，督促矿山企业按规定足额缴纳治理备用金。有关部门加大了对绿色矿山创建的督查指导力度，督促矿山企业依法组织生产，严格按方案实施创建工作。同时建立了矿产资源依法开采公示制度，设立矿山企业公示牌，接受社会监督。由于各级各部门坚持依法行政，加强监督，有力保障了绿色矿山建设的稳步推进。

三、下一步绿色矿山建设的打算

1. 进一步统一思想认识。要进一步深化对绿色矿山建设重要性、必要性和紧迫性的认识，继续在深入推进绿色矿山建设上统一思想，在加强组织领导上统一思想，在创新工作举措上统一思想，在攻坚克难上统一思想，切实加大绿色矿山创建力度，全面开展绿色矿山创建工作。

2. 进一步优化指标体系。要及时总结绿色矿山建设的成功经验，认真分析绿色矿山建设的成败得失，按照发展循环经济、建设生态文明的要求，对照矿山企业生态环境保护的实际，加强对绿色矿山指标体系的量化研究，形成更加完备、更加优化、更具可操作性的绿色矿山指标体系。

3. 进一步加大推进力度。要继续把绿色矿山建设作为生态市建设的一项重要内容紧抓不放。加强组织领导，加大工作力度，强化部门联动，形成工作合力。要与开发整合紧密结合，通过开发整合促进绿色创建；要落实优惠政策，加大扶持力度，切实调动矿山企业创建 绿色矿山的积极性和主动性，全力推进绿色矿山创建工作。

4. 进一步完善长效机制。建设绿色矿山是一项长期而艰巨的任务，要加强工作研究，完善管理制度，细化优惠政策，建立绿色矿山建设的长效管理机制。要实行绿色矿山年审制，加强绿色矿山创建的制度化、规范化、经常化建设。（作者：龚西征）

湖州建设全国绿色矿业发展示范区　浙江唯一

（《湖州日报》2017 年 1 月 13 日）

1 月 12 日，记者从湖州市矿治办获悉，国务院近日批准的《全国矿产资源规划（2016—2120 年）》中，湖州成为建设全国绿色矿业发展示范区的我省唯一地市。

1 月 12 日下午记者来到康诚石矿（湖州）有限公司，冬雨后的矿区，显得郁郁葱葱。公司环保人员陈承荣用 PM2.5 测试仪在生产车间附近监测到的数据为 35 微克 / 立方。“我的职责之一是每周在厂区七个测量点取样数据，然后上报企业管理层和当地政府，前段时间最高值也只有 85 微克 / 立方。”陈承荣说。空气质量不比城市差，这与企业这几年投入重金建设绿色矿山密不可分。该公司总经理施兴龙告诉记者，现在无论开采、生产环节，还是运输、码头下料环节，都做足了治尘治水文章，绿植覆盖了整个厂区。 2015 年康诚石矿被国土部认定为国家级绿色矿山。“康诚”的转型，是我市矿山变化的一个缩影。作为曾经的矿业大市，我市自 2003 年以来壮士断腕坚决做好减点控量，市矿治办统计数据显示，全市矿山数量从当时的 612 个减至目前 56 个，大中型矿山占比由 2003 年的 3% 上升至 2015 年的 91%，矿山开发“低、小、散、乱”状况彻底改变，为绿色矿山建设创造了条件。据了解，目前我市所有矿山都已开展绿色矿山建设，绿色矿山建成率达到 80% 以上，绿色矿山建设水平走在全国前列。

湖州市矿治办主任、市国土资源局副局长龚西征表示，发展绿色矿业，是践行“绿水青山就是金山银山”重要思想的要求，也是提升生态文明建设水平、建设美丽湖州的题中之义。2005 年 12 月，我市在全国率先提出创建绿色矿山，2013 年起全市域推进绿色矿山建设。目前，已累计建成绿色矿山 66 个，其中省级绿色矿山 26 个，国家级绿色矿山 3 个、国家级绿色矿山试点单位 5 个，国家级数量占全省的 38%。

“在产矿山必须符合矿产资源、环境保护、安全生产等法律法规，限期达到绿色矿山要求，达不到的一律停产。”龚西征说。

2016 年，我市在总结多年探索实践经验基础上，制定了《湖州市绿色矿山建设规范》，从基本要求、资源环境、企业管理等方面提出 50 条标准要求，绿色矿山建设标准全面提升。这也是目前全省首个绿色矿山建设地方标准。

为全面推进全国绿色矿业发展示范区建设，湖州市又专门制定《国家绿色矿业发展示范区建设试点工作方案》，计划到 2020 年，建成矿业领域生态文明建设样板区、矿区环境再造试验区、资源合理利用和先进技术装备运用展示区、生态保护和矿地和谐模范区、资源开发与经济社会协调发展先行区，形成一套可复制、可推广的绿色矿业发展“湖州模式”。（湖州日报记者：韩刚）

标准领跑　擦亮“生态名片”

——聚焦我国首个绿色矿山建设地方标准

（《中国国土资源报》2017 年 6 月 19 日）

头版导读 · 视点聚焦 . 我国首个绿色矿山建设地方标准

【热点聚焦 · 核心提示】从加强环境保护到推进生态文明建设再到推动绿色发展，党和国家对生态环境保护的认识不断深入，各项改革任务扎实推进。今年 3 月，国土资源部、环保部等六部委联合印发《关于加快建设绿色矿山的实施意见》，提出力争到 2020 年，形成符合生态文明建设要求的矿业发展新模式，其中首要措施就是制定领跑标准，打造绿色矿山；细化形成操作性政策措施，激励和引导绿色矿山建设。日前，我国首个绿色矿山建设地方标准已在浙江湖州出台。在实践中，当地积极探索矿产开发与环境保护协调发展的新路子，全域推进绿色矿山建设，形成了在全国可复制、可推广的绿色矿业发展“湖州模式”。

在浙江省湖州市新开元碎石有限公司（以下简称新开元）总经理姚绍武的办公室，博古格上精致地摆着形态各异的紫砂壶。这些并不是用来收藏的名贵紫砂壶，而是用矿上石料生产的废弃泥沙制成的“紫矿砂壶”。

姚绍武介绍，废水和泥沙是石料矿企的一大污染源，为解决这个难题，新开元投资3000多万元，研发固液分离回收装置，不仅可以把生产过程中粒径0.075毫米~1毫米的细砂全部回收，原来被视为废料的粒径0.075毫米以下的泥也得以充分利用，除了烧制各类“紫矿砂壶”和杯子罐子，也可以作为高性能的复合粉来代替矿粉。

“细砂回收每年可达28.5万吨，可增收1200万元。综合下来，新开元矿产资源综合利用率达到了99.5%，尾矿利用率100%，生产废水利用率为100%。”姚绍武介绍，湖州市在《绿色矿山建设规范》（以下简称《规范》）中也要求：“矿产资源综合利用率达到95%以上，固体废物处置率达到100%。”

近年来，浙江省湖州市大力推进全域绿色矿山建设，于2014年成为国家6部委联合发文明确的生态文明先行示范区。2016年，国土资源部将湖州列为全国绿色矿业发展示范区建设试点。

实践中，湖州市将标准体系建设作为基础性工作，于今年3月发布实施《绿色矿山建设规范》，这不仅成为全国首个绿色矿山建设地方标准，更成为湖州市生态文明建设标准体系中不可或缺的组成部分。

为什么要率先制定地方标准？

为何发布全国首个绿色矿山建设地方标准？湖州市有关负责人表示，这首先是践行绿色发展新理念的生动写照。

早在2005年，时任浙江省委书记的习近平同志在湖州安吉余村调研考察时，首次提出了“绿水青山就是金山银山”的重要论断。从那时起，湖州市重新审视并深刻认识到，矿产资源是金山银山，生态环境是绿水青山，经济发展到一定程度时，就必须以新的理念在“金山银山”与“绿水青山”之间作出新价值判断，指导新时期的实践。

当前，湖州市被国家确定为生态文明先行示范区，也要求从立法、标准、体制上搭建生态文明制度的“四梁八柱”。“湖州将发挥标准的指导作用，实现2020年全市绿色矿山建成率100%的目标。”今年5月召开的2017中国矿业循环经济暨绿色矿山论坛上，湖州市矿山企业综合治理办公室主任龚西征介绍《规范》时表示，该市将绿色矿山标准体系建设作为基础性工作，将继续探索形成可复制、可推广的经验。

据介绍，《规范》分七个方面50项指标，涵盖了矿山企业开发利用矿产资源全过程，以定量为主，有着很强的操作性。如“资源环境要求”中，引用了环境空气、地表水环境、噪声排放等行业国家标准，量化指标包括固体废弃物处置率达到100%，矿山粉尘浓度小于1毫克/立方米，绿化覆盖率达到可覆盖区域面积的80%以上等。

龚西征表示，这同时是湖州市建设“东部经济发达地区矿产资源管理的典范”的责任担当。湖州地处长三角中心区域，太湖南岸，辖德清、长兴、安吉三县和吴兴、南浔两区，总人口261万，2016年实现地区生产总值2243亿元。虽已探明矿种有61种，但资源开采利用主要是面向长三角建设需求，以建筑石料为主，吴兴区、德清县是开采大户，安吉县的膨润土资源、长兴县的水泥石灰岩资源需求很大。资源开采利用必须通过标准规范，强化矿区生态环境保护与恢复，做到边开采、边治理，修复、美化开采区的地表景观。

“在浙江这样的经济发达地区，在生态建设和环境要求很高的地区，湖州市率先出台了绿色矿山建设的地方标准，这给全国的绿色矿山建设工作提供了借鉴，带来了信心。”中国矿业联合会会长彭齐鸣表示。

怎样建立地方标准？

如果说《规范》是湖州十多年来绿色矿山探索建设的实践结晶，那么矿山企业的实践为这部地方标准的制定提供了成功范例。

湖州市国土资源局吴兴分局副局长毛启明介绍，《规范》制定过程中，不少标杆性矿山企业深度参与，从操作层面提出了重要建议。

“标准编制过程是一个互动过程。政府按照有关生态文明建设和绿色发展的各级文件精神提出要求，通过企业实践，再反馈建议，往复修改最后形成标准。”毛启明说。

有的标准一开始政府提得偏低，而企业可以做得更好，标准就相应调高。如矿山粉尘防治方面，起初标准是环境保护方面的笼统要求，矿山粉尘浓度量化为 10 毫克 / 立方米，目的是通过这一标准促使企业建好粉尘防控措施，封闭加工区厂房，完善喷淋和绿化设施。但在实施过程中发现，不仅是新开元等标杆企业达标不在话下，连其他矿企也都可以不再提高技术就能轻易达到。于是，根据新开元等企业的经验和建议，再次提高了标准，最终定为 1 毫克 / 立方米。

“很多指标的制定必须经过企业的摸索。如果行业标杆企业也做不到，那么标准出台后，也可能是不切实际的；标杆企业能做到的，还须统筹考虑其他企业，适当再放宽一些。”毛启明说，一开始的初稿更为详细，但因各县区和标准规范部门综合考虑，在确保绿色发展的底线上，做了统筹平衡。如山区有些小型石料矿山，市场辐射范围就是周边乡镇，不可能像规模以上的矿山企业，有实力投入大型设备来达到更高的环保要求。

龚西征表示，在经历了前期摸索、试点先行、以点带面、全域推进四个阶段后，目前，湖州绿色矿山建成率达到 84%，已建成各级绿色矿山 66 个，其中国家级绿色矿山 3 个，国家级绿色矿山试点单位 5 个，省级绿色矿山 23 个，国家级绿色矿山在全省占比 38%。

地方标准如何推而广之形成体系？

业内人士指出，标准从市一级上升到省一级，乃至国家标准，还要循序渐进。

“省一级的绿色矿山标准可能会比地级更放宽一些，因为各个地市之间也不平衡。地市标准直接上升为省级标准，就不一定切合实际。从这个意义上讲，理想的地方标准肯定是高于国家标准的。国家标准所取的是各地的最大公约数。即便省内平级的市县，标准移植过去也还要结合实际，不能简单地照搬照抄。”绿色矿山论坛上，听取了湖州经验后，一位业内人士这样表示。

专家指出，考虑到绿色矿山的内涵，标准体系比一开始想象的要复杂很多，因为不同部门、机构，用不同的视角会有不同的看法。

比如，环保机构强调，生态体系的恢复不应仅看表面绿化，矿山地质环境保护要求把破坏的土地再恢复，而从生态学角度出发，恢复原貌有看得见的也有看不见的，还要关心有多少动物和植物，如果生物多样性改变了，就很难恢复生态原貌了。以社会视角看，远离社区的学者看矿业活动与矿区附近居民看法也不同，社区居民也许不曾注意生物多样性，但对影响他们生活便利、健康安全的活动有着切身体会。

此外，还有政府的视角。地方政府关注本地经济发展，中央政府更关注可持续发展，中央政府看得更长远些，地方政府可能更具体实际些。

企业本身在不同的地区和发展阶段的想法也不一样。经济高度发达地区，企业有较强的经济实力和技术手段达到较高标准，而若在不发达地区以同样标准去要求，企业可能因无力支付高成本而无法生存。

“6 部委的《关于加快建设绿色矿山的实施意见》还要求，创新绿色金融扶持政策，那么金融机构也会很关注这一问题，因为建矿成本和社区维护成本，都是投资者要考虑的重要因素。”彭齐鸣补充道，因而在制定绿色矿山标准时，要充分考虑国情、地情和多方面因素，所有这些元素加在一起，构成的才是一个标准体系。

在今年 5 月举行的绿色矿山建设动员部署会上，国土资源部副部长凌月明指出，绿色矿山标准体系建设，就是要地方先行、行业跟进，力争经过三到五年的实践，逐步总结形成全国性的行业标准。

标准引领绿色矿山建设有何好处？

“当前，有眼光的矿企都意识到绿色发展的重要性，不走绿色发展之路没有前途。”彭齐鸣说。

2011 年~2014 年，国土资源部分 4 批遴选出国家级绿色矿山试点单位共 661 家，其中包括煤炭、黑色金属、有色金属、黄金、石油、化工、非金属以及其他特殊矿种等，树立了一批绿色矿山建设的典范。除了践行绿色理念，不少矿企代表并不讳言，加入试点，加大投入、提高标准达到绿色矿山要求，也是希望得到有关财税支持、金融扶持，能“既有名又有利”。这个目标很实际，也道出了国家建设绿色矿山格局的抓手。

“挂上国家级绿色矿山的试点后，最起码是个很靓的名片，企业地位总会与别人不同。”有矿企代表坦言，他们心里期待着成为国家级绿色矿山之后，可以在税收、资源配置等方面获得不同于一般矿山企业的优惠。而各类中介咨询机构的代表也表示，待标准落地后介入绿色矿山服务工作，接口就更明确。没有标准，优惠政策无法落地。对此，彭齐鸣指出，标准建设是绿色矿山建设的核心。

“以后，绿色矿山不是说找个专家组评审一下看谁达不达标，这不是依法行政。依法行政的基础就是标准。标准已经不是一个简单的技术性文件，而是一种技术法规，各项工作都以这个说话。所以，下一步要高度重视，并全力以赴推进绿色矿山标准建设。”彭齐鸣表示。

如果说较高层级的标准要逐步寻求最大公约数，那么各地积极探索形成一定时期、一定范围之内的标准，就是坚实的起步。据悉，中矿联正组建一个绿色矿业发展联盟，其宗旨之一就是牵头形成一个广大矿企都能接受的方案，作为绿色矿山建设的团体标准。

“标准可以分地区，浙江和青海的标准应该不一样。还可以分类型，非金属矿山和金属矿山也应该不一样。只要这个平台上的成员足够多，足够有代表性，总能找出一个方案。具体模式就是中矿联牵头，其他组织和协会加入建立平台，国土资源部及其他有关部门作指导和监管。”

如果有了这个标准，国家级绿色矿山试点单位，已入库的按这个标准评估检查，后续申报的按照这个标准入库挂牌。靠标准统筹新老矿山，同时不断完善标准，矿企和机构关心的问题将会可迎刃而解。

凌月明也表示，绿色矿山标准，在国家层面将纳入国家标准制定计划，最终形成国家标准、行业标准、地方标准、团体标准相互配合，主要行业全覆盖、有特色的标准体系。

绿色矿山标准另一方面的重大意义在于，虽然只涉及国内矿山企业，但对于国际产能合作、“一带一路”建设至关重要。“今后，矿业企业走出去一定是代表中国的标准出去，我们要争取中国的标准国际互认，那么我们把绿色矿山标准做起来之后，在国际上会树立良好形象，对矿业企业参与‘一带一路’沿线产能合作会有很大的帮助。”彭齐鸣说。

如何推动形成绿色发展方式?

从加强环境保护，到推进生态文明建设，再到推动绿色发展，党和国家对生态环境保护的认识不断深入，各项改革任务扎实推进。建设绿色矿山，是加快推进矿业领域生态文明建设的重大举措，是矿产资源管理改革的有力抓手，按照《全国矿产资源规划（2016~2020年）》，到2020年，我国将基本建成节约高效、环境友好、矿地和谐的绿色矿业发展模式。

湖州市《绿色矿山建设规范》实施以来，有力推动了当地矿业向高效集约转变，改善了生态环境，促进了矿地和谐，加强了企业自律，调动了行业积极性，形成了显著的社会效益。

在去往新开元的路旁，规划整齐的农村新居精巧而别致。当年，新开元碎石有限公司刚入驻时，矿区涉及的3个自然村，都是老房子。“我们的绿色矿山建设与周边新农村建设形成共建机制，为村里提供住房建设石料，提供就业岗位，资助小学、养老院等公益机构，宗旨就是矿地和谐。”姚绍武说。

通过技术创新，新开元的精品石料，被广泛地应用于沪杭周边的高铁工程以及上海金茂大厦、环球金融中心等重点工程。谈及绿色发展方式，姚绍武说，今天很多人回归极简主义，比如盖房装修已经不用壁纸，力求简约，其中一种更先锋的居家、办公理念是，毛坯房墙上不再打石膏，直接就抹水泥，而这是新技术下的水泥产品，不毛糙，色调细腻、自然、柔和，直接入住省去了繁复，这种风格的需求一些创客空间正在不断增加，这也是他们产品的方向。

可见，矿业绿色发展要上升到发展方式的绿色化，正式用制度创新、科技创新来优化矿产资源配置，提高矿产资源利用水平，必须以标准领跑，努力构建科技含量高、资源消耗低、环境污染少的绿色矿业发展模式，实现资源效益、经济效益、社会效益、生态效益有机统一，以绿色发展赢得矿业发展明天。（中国自然资源报首席记者：乔思伟）

湖州：十年治矿满山绿　产业再造获新生

（光明网光明时政、光明图片、光明视频 2017年6月27、29、30日）

【砥砺奋进五年专题报道】

编者按：大力推进废弃矿山的治理和生态恢复，不仅是贯彻落实“绿水青山就是金山银山”新发展理念的生动实践，也是生态文明建设的一项重要内容。浙江省湖州市自 2003 年起，通过社会参与、产业融合等多种措施，因地制宜走出了老旧、废弃矿山环境综合治理新模式。去年底，国务院批准的《全国矿产资源规划（2016—2020 年）》中，湖州被列为全国建设绿色矿业发展示范区。

废弃矿坑里崛起的生态村庄

傍晚时分，从空中俯瞰“东衡中心村”，村子中间那座绿荫葱葱的山头上，数以千计的白鹭陆续返巢在枝头飞舞嬉闹，犹如一场盛大的“聚会”。与此相隔不到 100 米的地方，在废弃矿坑上新建的村委办公楼、健身广场、农贸市场和能容纳 300 多户居民的连排别墅一起，组成了富有时代特色的花园式村庄，前来调研参观的人络绎不绝。这是日前记者在浙江省湖州市德清县洛舍镇东衡村采访时，通过无人机航拍看到的美丽画面。

十几年前，东衡村是远近闻名的石材生产基地。鼎盛时期，采矿企业达到了 18 家。然而，粗放式的过度开采，也慢慢改变着周边的一切。原本翠绿的山头，开始裸露出大小不一的采切面；频繁的爆破和采石机械作业的轰鸣声，赶走了在此繁衍生息的鸟类与动物；来来往往的重型运输车辆扬起的粉尘，弥漫在空气中难以散去；裹挟着泥浆的污浊之水，开始四处横流………

谈起东衡村的过去，该村党总支书记章顺龙的脸上露出了一股五味杂陈的表情。他说，采石场扩张带来的环境问题越发突出，尤其是空气中的粉尘，最严重的时候村民们连窗户都不敢打开。一时间，做好“防尘工作”成了生活在这里的人们最要紧的事。为了改变日益退化的环境，从 2003 年开始，当地政府下定决心整治矿山问题。截至 2009 年底，东衡村 18 家矿场全部关停。

矿场关闭了！本该松口气的人们，心情又惆怅了起来。章顺龙说，矿场停了，村里失去了主要的收入来源，从原来的两三百万元，一下子跌到了不足 20 万元。除此以外，3000 多亩废弃矿山的如何在利用和生产，又成了东衡村人和政府心里的头等大事。2011 年，在当地政府引导下，东衡村全面推进农村土地综合整治。截至目前，东衡村通过平整土地，拆旧复垦等措施共产生水田 1714.56 亩。在这里，几年前还是山石裸露，采石矿坑满目疮痍的痕迹已然无法找到，生态和宜居成了这里的新名片。与此同时，以“钢琴小镇”为功能定位的千亩产业园，也正从这里迈向新的征程。

从资源输出到生态修复的产业重构

通过生态复绿、景观再造、土地开发、复垦耕地、矿地村庄、搭建平台 6 种模式，让废弃矿山从资源输出后转身环境治理和生态涵养，像东衡村这样案例在湖州还有很多。在紧邻湖州市中心的仁皇山废弃矿区治理工程现场，记者看到，因开采塌陷的矿坑经改造成了与景观亭阁相配套清水池塘，以乔木、灌木、优质花草相结合的绿化结构，已将这座治理面积高达 16 万平方米的废弃矿区，变成了层次明显的矿山公园，成为湖州市民休闲健身的场所。

“生态是湖州最主要的特色，我们的一切的工作都在围绕这个轴心在转。”湖州市矿山企业综合治理办公室主任、市国土资源局副局长龚西征告诉记者，湖州是“两山”重要思想诞生地，全面推进老旧、废弃矿山的治理，因地制宜，根据废弃矿山的特点植入相匹配的产业，用新的产业体系与发展理念进行环境修复和生态涵养。也就是说，矿山治理既要解决当下的紧迫性问题，更要考虑产业植入和循环的可持续性。

在杭宁高速、申加湖高速及 104 国道交汇处的堂子山矿区，总治理面积高达 25.5 万平方米的废弃矿场，经改造后，被规划为永久性绿化用地，并于 2015 年建成浙江最美的“生态驾校”。通过轻型无人机的空中遥摄，昔日满目疮痍乱石成堆的矿山已被桂花树、榉木、红枫、红叶石楠、松树和灌木整体覆盖。绿化区域内，新建的水泥路面上，十几辆大型客、货教练车，正在模拟高速公路、隧道等交通设施中有序行进。

湖州长运汽车运输集团董事长谢中华对记者说，矿山治理是一项惠及多方利益的系统工程。治理后的矿区不仅消除了山体滑坡和塌陷等次生灾害隐患，还变成了大型车辆驾驶培训与考试基地，解决了湖州大型运输车辆驾考培训与考试场地空缺的问题。现在的这里，只见树林不见山了！放眼望去，横竖成排、成片的树林和植被不仅美化了环境，还增加了城市绿肺功能。培训车辆在树林中行驶，不仅解决了噪音隔离问题，就连排放的尾气也都能就地“消化”。

“作为堂子山废矿复绿项目的营运主体，我们即是参与者，也是受益者，更是环境修复和生态涵养的守护者。企业需要在生态保护与产业发展中找到相互依存的平衡点。除了驾考培训，下一步，我们还将建设好少年儿童交通安全、矿山生态宣教，新能源（纯电动）汽车体验园为一体的基地，把矿山治理的成果用好，把生态涵养发展理念落实得更到位”谢中华说。

模式创新 让湖州敢说治矿最有底气

将矿山治理作为生态文明建设的重要基础和关键突破，把工作目标分解到每一个可操作、能实现的细节，从系统层面综合把控，以保证每个环节扎实推进，形成整体支撑。龚西征告诉记者，矿山治理是一个环环相扣的工程，一个环节出问题，将影响其他工程进度。以至于需要经常动用无人机定期定时对项目全场进行航拍，进行数据比对及时发现问题。湖州自 2003 年开始，全面推进矿山综合治理以来，年治理率增加从 15% 到 60%，靠的就是系统把控，分层管理。

据了解，2016 年湖州实现了矿山治理的又一次数量突破，全年共完成老旧、废弃矿山复绿 32 座。今年，新一届市委、市政府进一步加大工作力度，把矿山复绿列为当前需抓紧落实的 26 件重大事项之一。按照计划，今年底，湖州还要完成 28 座废弃矿山治理。在德清县乾元镇城北村，今年 3 月完成复绿工程交工验收成信谊第二石料厂，记者看到呈梯次结构的山坡上，大部分区域已经长出了 1 尺多高的“苏丹草”和灌木。陪同采访的工作人员告诉记者，现在的这片地还处在养护期，两年后，它们就能实现自然恢复与生态循环功能。

在德清县乾元镇城北村的另一处——大友转水湾石料厂矿山治理工程现场，工人们正在如火如荼地进行有土地复整、山体防护网加固，以及草种和附着基土喷涂。而与此相隔不到 10 公里的德清县洛舍镇砂村，十几台挖掘机和运输车正在“集中开采区矿地”上紧张的作业。这个近万亩的废弃矿山，已成为莫干山高新技术产业开发区核心承载地，一批重大项目开始陆续进驻。其中包括，总投资计划总投资 200 亿元，一期占地 1350 亩，以全球首座“汽车生态小镇”为功能定位，被誉为浙江省特别重大产业项目乐视生态汽车项目。

“为整治废弃矿山，我们将其与土地复垦、村庄整治、新农村建设、旅游资源开发、景观建设等结合起来，既消除了矿山边坡安全隐患，又改善了生态环境，实现生态、安全、土地三大效益。”龚西征说，正是有这样的一个好想法，让湖州走出了最有底气的矿山治理模式。今年 3 月，湖州发布国内首个《绿色矿山建设规范》地方性标准。从矿山建设、生产规模、地表水环境、噪声排放、粉尘浓度、废弃物处置等指标量化等开采源头进行综合能效跟踪管理。这是湖州十几年来矿山治理的经验积累，更是政府围绕“两山”理论，下定决心搞生态建设，谋求绿色经济发展的体现。

一手抓老旧、废弃矿山综合治理和生态修复，一手抓矿业经济与环境保护协调管理，双管齐下让湖州赢得绿色矿业发展的良好局面。统计数据显示，截至目前，湖州已经完成废弃矿山治理 304 个，其中省级示范工程 43 个，累计治理复绿 1.6 万余亩，复垦耕地 2.4 万余亩，形成可建设用地 2.3 万余亩。去年底，国务院批准的《全国矿产资源规划 2016—2020》中，湖州被列为全国建设绿色矿业发展示范区。（光明日报记者：季春红、吴建勋）

浙江德清：以“两山”理念治理矿山

（经济日报 2018 年 8 月 12 日，第一版头条）

德清曾经是一个矿山富集的资源型地区，以出产优质建筑石材凝灰岩闻名。10 多年过去，石头还是那些石头，但矿山开采却已经走上了一条绿色发展、生态平衡之路，以“两山”理念指导矿山治理和经济发展。

从采矿到治矿

德清石矿起步于 20 世纪 90 年代，快速发展的经济热潮使得周边城市对建筑原材料的需求日益攀升，遍布在德清群山之中的凝灰岩石非常抢手。

“卖石头也能挣钱。”一时间，德清人热火朝天忙于采矿，装满矿石的大货车一辆接一辆从山间驶出，装上运输船，北至上海，南至杭州。鼎盛时期，面积 935.9 平方公里、人口只有 43 万的德清拥有 193 家矿山企业。

矿山带动了德清经济，然而无序开采也埋下了隐患。随着时间推移，生态破坏、环境污染、安全隐患等问题逐渐显现，曾经满是植被的群山绿树开始消隐，裸露着被铁铲、炸药与挖掘机刨开的“伤口”。

德清县委副书记敖煜新说，经济发展是不是必须要生态环境让路？鱼与熊掌能否兼得？德清人开始思考。

“绿水青山就是金山银山”的“两山”理念为德清实践提供了指引。德清痛下决心整治经年沉疴，扭转矿山行业“低小散乱差”状态，改变退化的生态环境。

2012 年 4 月，德清成立矿山综合治理领导小组，承担全县深入推进矿山综合整治工作；2013 年 8 月，德清出台《德清县矿山整治实施方案》《德清县普通建筑石料采矿权设置出让实施方案》，将矿山治理作为生态文明建设的重要基础和关键突破，矿山整治全面铺开。

德清根据矿山企业用电量、炸药使用量、出港量来测算开采量，对即将到量的矿山企业提前预警，督促其按核定规模开采；对已到年核定量的矿山企业，立即采取停止供电、停供炸药的“双停”措施，实行年内停产休整。

按照“到期到量一律关停”的原则，2013 年和 2014 年，德清共注销采矿权 23 宗。通过设置出让鼓励、引导矿山联合或兼并重组，促使资源向优势矿山企业集聚，满足经济建设发展需要。至此，最多时达 193 家的矿企，关闭整合为目前的 9 家，山区恢复了昔日的宁静，绿色覆盖下的新产业开始显露活力。

从黄色到绿色

在掩藏于群山深处的浙江卫国矿业有限公司采矿区，山道平整，一台挖掘机正在边坡作业。与边坡底层开采区裸露出的黄土形成鲜明对比，在边坡顶层，绿草已经茵茵。“德清实行绿色矿山建设，必须‘边采边治’，开采的同时就要进行复绿复耕。”德清县矿山综合治理办公室副主任归建勇说。

浙江卫国矿业有限公司总经理郑福祥告诉记者，这种“边采边治”的采矿方式叫台阶式分层采矿。工作队先修筑一条上山公路，并将公路开拓至运输平台，采装设备在运输台阶上进行铲装。自上而下，一层开采完，马上就可以进行修复，覆上熟土栽树、种草。等到最底层开采完毕，最先开采的顶坡已经芳草萋萋。

“过去，矿企都是‘猴子式采矿’，工人爬上边坡，打孔、放炸药，把山体炸得千疮百孔。这样粗犷的开采方式，安全性很差，崩塌、滑坡、泥石流时有发生。”郑福祥说，与“猴子式采矿”不同，台阶式分层采矿边开采边复绿，谁开采谁治理，不欠新账，实现了资源开采和生态修复同步。

“矿业治理重在保护与发展之中找到一条可持续发展的道路，在堵死破坏生态环境行为的同时，为绿色可持续发展提供空间。”德清县矿山综合治理办公室主任邱芳荣说。

温州人王刚是一家矿山修复公司的项目部经理，2014 年跟随公司来到德清，主要负责矿山复绿。王刚告诉记者，复绿是个“技术活”，实施起来并不简单。首先要在坡面挂上铁丝网，防止水土流失；再用泵车喷上含有化肥、种子的机制土，挂管道，铺水泵；最后，挂防晒网，天气适宜的话 20 来天绿草就能破土而出。

方法复杂，成本也不小。郑福祥算了一笔账：每开采一平方米，仅复绿成本就要 80 元左右。从 2014 年至今，公司仅投入复绿资金就超过 2000 万元。

不过，郑福祥认为值得，“作为废矿复绿项目的营运主体，我们既是参与者，也是受益者，更是环境修复和生态涵养的守护者。需要在生态保护与产业发展中找到相互依存的平衡点”。目前，德清矿山企业已经全部启动边坡生态治理，治理面积达 18 万平方米。

从减法到加法

在德清西部的矿山之间，时不时会出现一片经济作物林，生机勃勃。

归建勇说，栽种这些经济作物林的土地原本是采矿后留下的宕面，近几年，通过回填平整、覆耕植土，将一个个宕面重新复垦为耕地，当地村民种上了果树，既改善了生态环境，又能增加经济效益，一举两得。

“矿山治理既要做减法，解决当下的紧迫性环境问题；也要做加法，考虑产业植入和经济发展的可持续性。”邱芳荣表示，德清将矿山治理与土地复垦、村庄整治等结合起来，确立了“宜建则建、宜耕则耕、宜林则林”和“统一规划、分期实施、试点先行”的基本思路，制定了矿地利用专项规划，根据废弃矿山的特点植入相匹配的产业，用新的产业体系与发展理念进行环境修复和生态涵养。

洛舍镇东衡村曾是远近闻名的石材生产基地，采矿企业一度达 18 家。东衡村党总支书记章顺龙说，采矿带来的环境问题日益突出，空气中粉尘弥漫，村民们连窗户都不敢开。2009年，东衡村关停18家矿场，留下了4000多亩废弃矿山。

矿场关闭了，空气变好了，但村里也失去了主要的收入来源，村集体经济如何再发展？4000多亩废弃矿山如何再利用？2011年，东衡村全面推进废弃矿山综合整治。对部分面积适中、区位便利的矿地区块，规划用于新农村建设，打造“矿地村庄”和“钢琴小镇”众创园。

如今，几年前还是山石裸露，有的矿洞深达50米的废弃矿区已经不见踪迹，一些塌陷的矿坑已复垦为水田，乔木、灌木、花草种植其间，“钢琴小镇”众创园已投入使用，55家小微企业入驻其中，为当地增加就业岗位近2000个。

像东衡村这样，通过生态复绿、景观再造、复垦耕地等方式，让废弃矿山资源再利用正在成为德清的普遍实践。据统计，截至2017年底，德清县废弃矿地已利用面积9004亩，其中复垦耕地2416亩，开发建设利用5545亩，复绿治理1043亩。（《经济日报》记者　瞿长福　李华林）

《金山银山铸成记——炮声停了以后》

（中央广播电视总台《走遍中国》栏目2018年10月3日）

旁白：炮声一响，黄金万两

位于太湖南岸的长兴县发家史是一声声开山炸石的炮声中“炸”出来的。

长兴一直是浙江省矿业大县，境内石灰石硅灰石等矿产储量居全省之首。是加工建筑石子、水泥和石灰的理想矿石。

周卫兵（长兴县委书记）：长兴县矿产资源比较丰富，20年前，大大小小的矿山在1430平方公里的长兴县的土地上有600多处，当时的全县遍地开花、炮声隆隆，硝烟弥漫。

旁白：20世纪80年代后，中国高速发展的经济，需要大量的建筑材料，长兴成为长三角的建材供应基地，据不完全统计，上海浦东新区开发所用的建筑用材有近三分之一来自长兴，采矿一度占到长兴财政总收入的三分之一。

薛锦辉（中央电视台记者）：靠采矿，长兴人掘到了“第一桶金”，但同时也留下了一座座满目疮痍的矿山，长兴的天不再蓝，水不再绿。21 世纪初，长兴人用壮士断腕的决心，开始了一场青山保卫战。一面关停大批矿山，一面对废弃矿山进行治理和改造。

旁白：李家巷镇是长兴矿产资源最丰富，也是开发最早的地区，石灰石储量达 3 亿吨，是全国最大的重质碳酸钙基地。除此之外，这里还有硅灰石、太湖石、石英石和方解石等大量矿藏。

青草坞村位于采矿的核心区，村民陈钦招，20 世纪七十年代就在矿山工作，当过矿长，是当地最早一批靠开矿富起来的村民。2001 年，他就花了 50 万元盖起了别墅。

陈钦招（青草坞村村民）：当时我们作为矿老板，村民也是很羡慕我们的，比如说我们如果到长兴县县城里面去，人家一介绍我们，这是李家巷的，开矿的，他们就会感觉土豪，有钱，就这样。

旁白：靠开矿和办石粉加工厂，青草坞村家家户户都盖起了别墅，成为远近闻名的富裕村。今天的青草坞芳草萋萋，鸟语花香，但是七八年前这里缺失另一番景象。

陈钦招（青草坞村村民）：上面是炮声隆隆，下面是烟雾弥漫，走过青草坞好像走过一道“封锁线”，人家以为在打仗呢。

旁白：青草坞变成了“粉尘坞”，富裕了的村民为此付出了沉重的代价。

2011 年，金永良来到了李家巷镇时，适逢全县开始大力整治矿山。

金永良（李家巷镇委书记）：我当年来到这里工作的时候，这一片密密麻麻的都是石粉加工厂，当时在我们镇里面有 235 家粉体企业。就这个村子而言有 170 多家，曾经这个地方就是一个石粉厂。

旁白：李家巷的矿石是加工石粉的上好石材，石粉被广泛用于涂料、油漆、日化、塑料和橡胶等行业，作为填料和复合材料。

薛锦辉（中央电视台记者）：大家看到我身后这一片池水了吗？这个地方以前是一个很深很深的矿坑。现在这里面的积水最深有多深？

陈钦招（青草坞村村民）：积水最深的地方大概有六七十米，当时我们这里有五六家矿山企业，我是在最西边的地方开的，没开采之前，这里是个山，这个山比那边还要高。现在通过三十几年的开采之后，现在就挖成这样了。

陈钦招（青草坞村村民）：那个时候听到政府要把矿山关掉，也就是把我们的饭碗砸掉了，所以说我们几个矿老板经常聚在一起，想对策，想办法，跟政府怎么较劲。

旁白：难题摆在了金永良面前，也摆在了长兴县各有关部门的面前。用了两年时间，李家巷镇忍痛关闭了 235 家石粉厂。为此，金永良的头发掉了很多，人也苍老了许多。

薛锦辉（中央电视台记者）：这个关厂关矿的过程艰难么？

金永良（李家巷镇委书记）：这个过程不仅仅是用“艰难”两个字就可以形容的，我们很多的老百姓，就维系在吃这个“石头饭”，所以说一下子把他这个饭碗给打破了，我们很多老百姓也感到无所适从了。

旁白：凤凰涅槃，关矿关厂后的李家巷镇，开始了产业结构的调整。这是李家巷镇的一片低山丘陵，由于特殊的小气候，这里产出的茶叶一直受到当地人的青睐。但 2008 年，离茶园不远处采矿作业开始了。

薛锦辉（中央电视台记者）：当时那个矿山在什么地方？

张小红（李家巷镇玉山果生态农业开发中心经理）：就对面那条山脉，直线距离在一公里的位置，看在看过去已经复绿了，就是那个浅绿色的，是复绿好的矿山。

旁白：但在那些年，开矿导致了茶叶的严重污染和滞销。

张小红（李家巷镇玉山果生态农业开发中心经理）：当时这边矿山开采的时候，反正天天都是那个大车运来运去的，然后整得一个粉尘，我们茶园一个星期之后，基本上茶树上面都是白茫茫一片，所以客户都不敢带进来

旁白：矿山关闭后，茶园又恢复了生机，茶叶的价格一年比一年高，今年的春茶供不应求。随着开矿炮声的渐渐停歇，村民们发现，眼前的青山仍然是一座座金山和银山。

经过关停和整治，长兴县目前只留下了 19 家矿山，在长兴县矿山综合治理办公室，我们看到了目前仍在开采的这 19 家矿山企业档案，未来在开采合同时间到期，或达到额定的开采总量后，这 19 家矿山都将先后被关停。

随着矿山的关停，一个更大的难题摆在了当地政府面前，这些大量的废

弃矿山怎么办？

薛锦辉（中央电视台记者）：20世纪七八十年代，中国的经济高速发展，大量的基础设施建设，使得建筑用材需求大增，全国有矿石的地区，都经过了大规模的开采，他们都是跟长兴一样，都是青山满目疮痍，如何治理，这样的问题同样也摆在了大家的面前。经过十几年的治理，长兴县给我们交出了一份怎样的答卷呢？

旁白：这是长兴城内一座开放式的山体公园——齐山植物园。每天清晨和傍晚，这里总会聚集大量市民来此健身。

今天很少有居民知道，这里当年曾是一个采石场，如不经人指点，公园里已经找不到当年采矿的痕迹。詹福根参与了当年公园建设的全过程，他带我们来到了公园的深处。

詹福根（长兴县城投集团工程师）：这里就是原来的齐山矿坑，假山池塘就是原来的矿藏，这个矿坑很深的。

旁白：由于废弃的矿坑位于山体的中心部位，2004年，在齐山植物公园建设时，并没有对矿坑进行规划设计。

詹福根（长兴县城投集团工程师）：后来我们在外围全部建设好以后，发现矿坑不处理不行，必须要想办法给它处理的更加漂亮一点，才能跟整个公园相匹配。后来请了设计单位重新设计重新施工，公园建设之初，也没有按照矿山复绿思路去考虑，是从公园建设角度思考的。

旁白：采石场经过改造，被巧妙的融入公园的景观之中，并吸引了大量当地人来此锻炼建身，让詹福根和施工队意想不到的是，这些不经意间的改造，成为长兴废弃矿山治理的滥觞，公园建成后，成为浙江省废弃矿山整治的样板。引来省内许多市县有关部门参观学习。

这样意外的矿山治理改造还出现在局长兴城区27公里的金钉子地质公园，长兴金钉子地质公园不仅在中国，在世界地质学界都具有至高的地位。在这里，考古人员发现了2.5亿年前的岩层和古生物化石，而这一发现要归功于采石。

何燕（长兴金钉子管理处工作人员）：开矿的时候，发现里面有很多的化石，经过科学家研究发现，这里面的化石都属于两亿多年前的海洋生物化石，而且很多都是第一次出现的，也就是国内首次出现的，甚至是世界上第一次出现的新物种。

旁白：金钉子是一个十分专业的地质学名词，要了解金钉子，必须先了解地球的生物进化。

在地球46亿年的进化史中，大致经历了四个时代。

元古代，这是人肉眼看不到的隐形生物时期；古生代为海洋生物时期；中生代为陆地爬行生物时期，和新生代的哺乳动物时期，那么这几个时代的交接点，地质学上称之为金钉子。代与代之前的分界线一共有3条。最高级别的金钉子全球只有3颗，一颗在加拿大，一颗在突尼斯，还有一颗就在中国长兴的煤山。

何燕（长兴金钉子管理处工作人员）：几乎每一个金钉子，他都见证了一次生物的大灭绝，地球在46亿年中，一共有五次生物大灭绝，恐龙大灭绝发生在6500万年前的白垩纪末期，但是这并不是最严重的一次，事实上地球的46亿年历史当中，其中有一次灭绝量达到了95%，也就是说，地球上几乎所有的声明消失殆尽了，那这次生物大灭绝是发生在什么时候呢？两亿五千万年前，也就是古生代末期。

旁白：长兴的金钉子正式见证了地球历史上最严重的一次生物大灭绝事件。长兴采石的一次意外收获，给地球进化的研究做出了巨大贡献。2001年，长兴被国际地质科学联合会正式确定为地球进化史上三个最重要的断代界线之一。随着金钉子的确认，采石场被列为国家地质公园加以保护。2005年又升格为国家自然保护区，与金钉子保护区有重叠的矿区全部被关停。金钉子地质公园也成为长兴因地制宜改造废弃矿山的又一样板。

薛锦辉（中央电视台记者）：把矿山改造成地质公园是一种偶遇，但是大多数矿山都远离城市，不能把它们都改成市民公园。接下来，我们去看看那些散落在乡村里的废弃矿山，看看长兴人是怎么治理改造它们的。

旁白：投资200亿元的龙之梦乐园，正在太湖边如火如荼的建设，这是一个规模近4倍与上海迪士尼的超级乐园。规划有7家星级酒店、动物世界、海洋世界、嬉水世界、欢乐世界等13大主题乐园。一个太湖古镇，万人国际马戏城，1万间客房的养老公寓，3万平方米的会展中心和5000亩的湿地公园。龙之梦乐园，除了巨无霸之外，还有一个夺人眼球的亮点，乐园是健在一个废弃的矿坑群上。废弃的矿坑群陈湾石矿一共有 7 个矿坑，民国时期当地村民就在这里采石。这是最大的 1 号矿坑。今年 73 岁的王水林在这里做过搬运工和安全质检员。说起当年的石矿，王水林仍是一脸自豪。

王水林（陈湾村村民）：以往叫陈湾石矿是“小上海”，其他地方没有电，陈湾石矿 1958 年就通电了，其他地方一九六几年才通电。

旁白：2000 年前后，矿山关闭，采石区内陈湾和碧岩两个自然村的村民失去了主要的生活来源。年轻人只好外出打工。来自上海的童锦泉是龙之梦乐园的开发者。他用视频记录了 3 年前来到这里的场景。

童锦泉（龙之梦乐园董事长）：现在这个航拍上面，还看得到这个村子的存在，现在都拆掉了，我记得我当年来的时候啊，村民把我的车子堵上，过了几天我又去的话，前面的村也发生这个情况，村民恳切地说，我们期待好几年了。

旁白：这样的期待也感染了童锦泉，项目签约后，村民的搬迁异常顺利。

童锦泉(龙之梦乐园董事长)：我是 2015 年 10 月 2 日跟当地政府签约的，基本上 2016 初，1000 多户村民全部开开心心的搬走了。

旁白：村民们搬走了，但如何处理这些废弃的矿坑，成为童锦泉必须面对的一个巨大难题。

童锦泉（龙之梦乐园董事长）：那么好的水质，那么好的水面的颜色，很难找到的，如果说是一潭水组合到这个旅游度假区去的话，这个产生的作用是无法估量的。

旁白：今天的一号矿坑已矗立起了一栋漂亮的钻石酒店，童锦泉并没有按常规区填埋这个深大 80 米的矿坑，而是巧妙地把它跟建筑融在一起。就像一颗翠绿的明珠，积水后的矿坑和酒店相融，成为一道靓丽的风景。这是 2 号矿坑，童锦泉仍然没有采区填埋的方式去处理，他打算把这里改建成一个游船码头。

童锦泉（龙之梦乐园董事长）：以后的船都从桥底下驶向太湖，十项我们整个度假区的水系，让游客静静地欣赏太湖及江南水乡的美景。

旁白：对废弃矿坑的利用，童锦泉的智慧远不止这些，这个半圆形的建筑是国际马戏城，正在施工的区域是一个地下四层的大型停车场。这里原来也是一个矿坑。

薛锦辉（中央电视台记者）：我已经发现不了矿坑的痕迹了。

童锦泉（龙之梦乐园董事长）：今天你看不到，因为我挖掉了一部分，在原来的基础上，我有往下挖了一点。

旁白：在童锦泉的眼里，这些废弃的矿坑一个个都是宝贝，正是这些废弃的矿坑成就了龙之梦乐园。

由于龙之梦乐园的进驻，许多外出打工的村民陆续回来了，当地政府为附近的村民免费举办了保安全、客房服务员、餐厅服务员、园林绿化、维修电工和保洁员等10个职业技能培训班。外出打工快20年的张培明，参加了花卉种植培训班。

薛锦辉（中央电视台记者）：上了这个课之后，对以后有什么打算？

张培明（小沉渎村村民）：我们这边在发展龙之梦，如果说有可能的话，可以到里面去做这种花艺这种工作。在家门口上班毕竟近一点嘛。

旁白：村民的回归是长兴县废弃矿山治理的又一意外收获。

正在进行治理改造的废弃矿山叫虹东矿，这是一个回填复耕工程，在2013年关闭前，这里已经形成一个面积五百亩的巨大矿坑。

薛锦辉（中央电视台记者）：可以想象吗，我们现在是走在一个曾经是十几米深矿坑的地方，但是现在在这里我们已经基本看不到当年采矿的痕迹了，可以看到周围有平整的水田，偶尔还能听到几声清脆的鸟鸣声。其实废矿治理有很多种方式的，为什么这个地方采用的是回填复耕的方法呢？

刘俊（长兴县和平国土资源所所长）：这个地方我们也是综合考虑的，长兴县整个废弃矿山点非常多，但是我们这个点 它这个点开好以后，这个高程和周边的一个地理环境，是高程比较接近，那这个是我们的考虑它做水田的第一个要求，就是地势方面的一个要求。第二个方面就是我们考虑到今后种水田必须有这个水源保障，那我们刚好在这个山的背面有一个水库。

旁白：回填复耕技术已非常成熟，因为是水田，对表层的泥土就有特殊的要求。由于回填面积大，40万立方米的表层泥土成了一个棘手的难题。

刘俊（长兴县和平国土资源所所长）：刚好我们县里面在实施五水共治，西苕溪在进行一个清淤，然后我们这边有这个土壤的一个需求，那边清淤的话又有大量的泥土产生，但并不是所有的土壤都适合做水田的表土层，后来我们对土壤这个与你进行了一个检测，确保它没有这个重金属残留，第二个，它没有其他的一些有毒有害的污染，第三方面，土壤的这个肥力能够达到我们的要求。

旁白：经检测和多方论证，西苕溪的淤泥可以作为水田的表土层，既解决了西苕溪 70 万立方米淤泥无处堆放的难题，也解决了虹东矿回填复耕表土层的难题，并为工程节省了 1000 多万元。

到年底回填复耕工程就将完工，目前已有多家农业公司前来洽谈，打算经营这片良田，在废弃矿山的治理改造中，长兴人展现出了超强的智慧。

旁白：这是长兴县面积最大的连片废弃矿山，面积有近万亩，原来有 13 家企业在这里采矿作业。

邵东（南太湖产业集聚区长兴分区园区推进办主任）：我第一次来的时候，这一片都是一些废弃的矿坑，都是一些很深的深坑，还有边上都是一些比较危险的险坡。十分荒凉，道路都没有，杂草丛生，当时来这边对我来说也是比较震撼的。

旁白：由于该区块地势不平，连片性较差，裸崖、孤峰、险峰大量存在，矿坑积水、地表坑洼情况严重，治理改造采取了“园在林中、林在园中”的思路。计划打造成一个绿色智能制造产业园。

邵东（南太湖产业集聚区长兴分区园区推进办主任）：我们现在分为 5 个开挖区和 5 个回填区，回填区就是原来的一些废弃矿山的矿坑，开挖区主要是一些山峰、险峰，把整个山坡高峰削平，填到回填区内。

旁白：这个投入 4 亿多元的废弃矿山改造项目，正力争成为全国废弃矿山综合治理示范区，到时，眼前的废弃矿区将变身为“山水相依、绿带相连、产园相融”的绿色智能制造产业园，成为一块宝地、一块福地。

周卫兵（长兴县委书记）：我们主要是按照总书记提出的“绿水青山就是金山银山”，按照这个理念，我们提出了 16 字 4 句话的方针，叫“宜建则建、宜林则林、宜景则景、宜耕则耕”，通过矿山治理，天又恢复了原来的蓝蓝的天，我们的山里又郁郁葱葱，从原来的卖矿山、卖森林，到现在的卖风景，这才是我们想要的“两山”理念在长兴大地上的真正实现。

旁白：经过关停整治，曾占长兴县生产总值三分之一的矿产资源，现在只占 5.2%；这需要勇气和魄力。经过十几年的努力长兴成功实现了废矿资源向土地资源、旅游资源、生态资源、林业资源的转化。在废矿利用的数量、治理改造的多样性上，长兴现已走在了浙江省的前列，废矿治理让长兴的山重新披上了绿装。

拓展高质量发展新空间

——浙江省湖州市废弃矿地修复治理纪实

（《中国自然资源报》2019 年 2 月 16 日）

太湖之滨的江南名城浙江省湖州市，是“两山”理论的诞生地、全国首个地市级生态文明先行示范区，近年来积极探索金山银山与绿水青山的有机融合，伴随着绿色矿业的兴起，一项事业——废弃矿山治理正在这一方土地上焕发出活力。截至目前，湖州市完成废弃矿山治理 354 个，省级示范工程 43 个，累计治理复绿 2.1 万余亩，复垦耕地 3 万亩，开发可建设利用土地 3.8 万余亩。

举生态旗，持之以恒开展废弃矿山治理

地处长三角中心区域、太湖南岸 5800 多平方公里的湖州，自然条件优越，有“五山一水四分田的”自然造化，历史上有“丝绸之府”“鱼米之乡”之誉，而且采矿历史悠久，宋朝时就有采石业。

在现代化加速发展阶段，湖州采矿业一度成为地方支柱产业之一，GDP 百亿元以上。湖州主要开发矿种为建筑石料、石灰岩。湖州石料品质好，因邻近上海、苏南消费市场，又有长嘉申水路低成本运输的优势，因而采矿业迅猛发展，成为华东建材基地。与许多地方一样，发展进程中，矿产开发的小、散、乱、低以及过度开发，带来生态破坏、环境污染等问题，“上海一座楼，湖州一个坑”形象地反映了砂石开采给当地生态环境的改变，影响了人民群众的生产生活，损害了湖州青山绿水的形象。

时代呼唤绿色开发！世纪之初，在浙江省委省政府开展建设生态省、打造绿色浙江的大潮中，湖州启动了生态市的建设，开展了矿山整治，探索矿山自然生态环境建设：在采矿山，大力推进绿色矿山建设，2005年湖州在全国最早开展探索建设；历史遗留的废弃矿山，开展废弃矿山治理。

湖州市委常委、常务副市长杨六顺说，湖州是“两山”理念的诞生地，也是浙江省唯一的全国绿色矿业发展示范区，“10余年来，我们一张蓝图绘到底，一茬接着一茬干，坚定不移举生态旗、打生态牌、走生态路，将新发展理念融入矿产资源开发利用全过程”。

如何在管理中予以引导？湖州矿政管理部门在全国率先编制了矿产资源保护与开发利用规划，最先提出“禁采区关停、限采区收缩、开采区集聚”分区管理理念，这为以后的矿业发展空间管控起到了奠基作用。湖州第二轮矿产资源规划也确定了矿山生态环境保护的方向等，在保障经济发展对建材需求的同时，力图把采矿对生态环境的影响降到最小。之后在省厅指导下，结合当地以砂石土矿为主的实际，加强了矿山整治和规划管理，加强矿山生态环境治理。“十二五”湖州市对矿山实施“减点控量、集聚生态”的管理，“十三五”确立“生态优先、总量控制、自用为主”的管理。

湖州在浙江省率先开展废弃矿山治理工作：2002年起探索废弃矿山治理工作的运作机制和资金筹措机制，选择代表性的废弃矿山保永、洋东、鹿山、李家巷、长兴三狮、安吉毛坞塘等矿区开展试点；2003年又编制《湖州市区矿山自然生态环境保护与治理规划（2003—2012年）》，实施了仁皇山、堂子山、湾山矿区等10个治理项目；2004年仁皇山废弃矿区治理列入省百矿示范工程，吹响了有步骤有计划地推进废弃矿山治理的进军号角。

滴水穿石，持之以恒，废弃矿山治理脚步不停：2012年推进“四边三化”矿山生态环境治理；2017年来湖州组织开展了矿山复绿3年攻坚行动，力推“两路两侧”废弃矿山治理，组织实施省矿地综合利用采矿权试点；2018年新完成重点区域废弃矿山治理31个，完成边坡治理面积259万平方米、宕底治理面积390万平方米。

谈到10多年来的废弃矿山治理，湖州市国土资源局副局长龚西征说，我们一张蓝图绘到底，见到了效果。现在生态环境好了，地多出来了，废弃矿区的地灾隐患消除了。开展废弃矿山整治主要实现3个目的：生态、土地、安全。

把废弃矿地整治成建设用地，服务产业转型升级

那么，废弃矿地具体是如何整治的呢？

湖州废弃矿地利用的一种类型是，把废弃矿地整治为建设用地，服务于地方产业转型升级，如湖州南太湖产业集聚区长兴分区绿色智能制造产业园废弃矿地综合治理、陈湾石矿综合利用项目、德清砂村集中开采区矿地综合利用项目等。

不久前记者在长兴县吕山乡废弃矿地综合治理项目现场看到，运输车辆来来往往，施工机械正在开挖、碾压、平整场地，一派火热的景象。

长兴县南太湖国土资源所所长丁卓杰介绍，这个园区规划总面积 9107 亩，其中废弃矿地面积近 5000 亩，四至范围：东至杭宁高速，南至吕山乡金村道路，西至戚吕公路，北至新 318 国道。这个地方交通位置非常优越，路打通后，距湖州高铁站 8 分钟车程。从 2010 年开始，这个区快陆续关闭了 14 家矿山企业，产生了较多的矿山废弃地。因历史上开采等原因，这里形成了“两山”“两水”等地貌特征，裸崖、孤峰、深坑积水等等，有安全隐患，地势不平，连片较差。据介绍，该区域 2010 年时还有 10 多家矿山，近年来陆续关掉。最后一家是南方水泥的自备矿山，开的是水泥灰岩，2017 年初采矿权已出让。为了绿色发展、为了打造绿色智能制造产业，长兴县委县政府下了大决心决定到 2019 年予以关掉。做法是，通过谈判，由管委会把采矿权收购回来。同时为了企业的生产，给予两年过渡期，过渡期满后矿山彻底关掉。2017 年 10 月，长兴县对区块启动了生态环境修复和废弃矿地综合治理。

按照南太湖产业集聚区长兴分区管委会副主任沈建忠的说法，“修复治理三大原则：能保留的山体尽量保留，不再破坏新的山体；存量建设用地充分利用；基本农田不碰。”

沈建忠说，目前这个规划的万亩大平台作为浙江省矿地综合利用试点来推进。废弃矿区的综合治理严格按照宜建则建、宜绿则绿、宜景则景的思路开展。宜建则建：这里过去有存量建设用地 4285 亩，要充分挖掘。怎么挖掘？施工中就是削峰填谷，场地平整，把坑坑洼洼的地方填起来，孤峰削掉，把边上一般农田调规调掉，把建设用地充分腾出来，这样大数可出来6000亩建设用地。宜绿则绿：白鹤岭、二矿、白鹤岭东区这3个点边坡修整、治理覆绿，原始的植被予以保留。宜景则景：老虎洞等以前历史上开采的深坑，虽然水景很美，但从削峰填谷的角度看，很大很深的坑去填经济成本太高，下一步要作为公园来建设。

废弃矿地综合治理要作好综合“文章”。“这里有座山，过去，两个乡镇从山的南面、北面相互开山采石，到了分水岭大家都不管了，废弃了。治理方式不一样，过去矿山治理是留边坡的，现在用于项目是要削峰填谷的：过去老矿山复绿，这里也复绿那里也复绿，最后的到了搞建设，又平掉了。所以，必须想明白了再弄，统一规划，而且规划必须在前，这是个很核心的事情。”沈建忠说。“废弃矿地生态修复治理要与整个大规划结合，与道路、与市政配套建设结合。否则，以后的建设将难度大，动不动就会付出大成本”。

据介绍，该园区已引入吉利汽车大数据中心项目。废弃矿地修复治理前景令人憧憬。“整个场地包括东、西平台两个部分，东平台是吉利汽车配套产业园。这里是西平台，正在建设过程中，场平将2019年10月完工，完工后就会出现以建设用地为核心的近3000亩的大平台”。沈建忠说。

废弃矿地综合利用为区域发展赢得了较大发展空间。

德清县是浙江最早开展矿地利用的县。2012年9月，德清砂村集中开采区矿地综合开发利用项目正式启动，整治范围达7307.88亩，共平整矿地5780亩，该区域已作为莫干山高新技术产业开发园北部园区，目前引进了乐视、中车集团的项目。德清县矿治办副主任陈杰认为，开展矿地利用，地弄出来了，为全县发展腾出了空间，赢得了较大的发展空间。

废弃矿山治理应综合利用山水林田湖资源。在另一处废弃矿山旧址——陈湾石矿废弃矿坑旧址，在沿着过去采石留下的废弃矿地旁，矗立起一串酒店群。“这个地方叫陈湾，该地民国年间就开矿。沿着这个山脉全是开矿的，20世纪90年代末期矿山关停，前前后后治理过两三次，在废弃矿山治理的基础上，引入2015年社会资本后，把采矿地周边的景观、山水湖田资源利用起来，正在打造一个旅游度假综合体。”长兴县太湖图影旅游度假区国土资源所所长王袁剑介绍。2012年启动对陈湾石矿废弃矿坑治理，最终形成了太湖水、湿地水与矿坑水互相映衬的“三水一崖”自然景观。2015年陈湾石矿生态治理后的山水景观吸引了上海长峰集团投资建“太湖龙之梦乐园”，整个项目投资约251亿元、设计年接待游客3000万人次，届时太湖之畔将新增一个崭新的旅游去处。

把废弃矿地整治成生态用地，服务群众美好生活追求

废弃矿地治理的另一种类型是，复垦整治成生态用地，打造成城市公园、居民休闲地等。如湖州仁皇山公园、长兴齐山植物园、长兴金钉子地质遗迹保护区、开发区堂子山浙江最美生态驾校等。

“这个山叫仁皇山，原来山上有些稀疏的灌木、小松树，边上是市行政中心。过去是个露天石矿，开采宕口后是个深坑，经过治理修复，现在这里成为城市公园，是免费的。”市矿治办张少杰介绍。

在紧邻湖州市中心的仁皇山公园，作为当年省百矿示范工程之一的仁皇山矿区生态环境治理项目现场，已很难看到当年矿区的模样，昔日采矿留下的矿坑、陡峭的边坡、稀疏的山林，经修复治理改造，变成了一座乔灌草结合、景观亭阁清水池塘点缀、绿意盎然的城市公园。

仁皇山矿山治理项目是浙江省内首个矿山生态环境治理示范项目。据湖州局介绍：20世纪80年代开始，当地村民在这里连年劈山取石开矿，使矿区形成一坡到底，坡角陡峭达70度以上，高差可达70米；开采坑口塌陷严重，宕面危岩多，宕底凹凸不平犬牙交错，边坡极不稳定，崩塌时有发生，给安全带来很大隐患；景观受损，土地荒芜，严重影响了城市生态环境与城市品位。

2001年市政府关停矿山，实施禁采。2003年仁皇山废弃矿山治理项目列入省“百矿示范”工程，开始实施矿山生态环境治理。工程采用“台阶式削坡卸荷、生物护坡、场地平整”的综合治理方法。在确保边坡稳定前提下，通过削坡、反压坡底等手段形成3个台阶，总体坡面角小于50度。坡东侧依山势修筑上山台阶；采用客土喷播、厚层基质、苗木种植复绿对坡面绿化；削填结合，对矿区宕底平整整理，治理面积约16万多平方米。

有山有水、山水相依的江南秀美景色回来了：昔日满目疮痍、乱石成堆的矿山不见了，通过修复治理，种植了湿地松、栾树、雷竹、柏树、水杉、海桐、黄杨等乔灌木，以及高羊茅、岩肤木、麦冬草、狗牙根、百三叶、画眉草等草种，变身为一座乔灌草结合、自然生态环境优美的公园；通过治理，平整废弃矿山土地 122 亩。从东坡拾级而上，坡面下部苍松成林，坡上灌木郁郁葱葱，林间空气清新，山顶极目眺望，湖城景色尽收眼底。

长兴县结合二叠—三叠层型界线地质遗迹自然保护区建设，关停了 3 个石子加工厂，总投资 1.7 亿元，建成了金钉子保护区和地质博物馆。这几年，金钉子保护区每逢假期游人如织，被评为国家“4A”级景区和自然资源科普基地，成为青少年了解地质知识、增强保护地球意识的天然课堂。

把具备条件的废弃矿地复垦成耕地，助力农业发展

湖州废弃矿地利用另一种类型是，将废弃矿地复垦为耕地，如德清县东衡村结合当地实际，综合开发利用采矿废弃地并优先用于垦造水田；长兴县和平虹东矿复垦耕地项目等。

德清县曾有 160 多处矿业用地，随着经济转型升级和生态文明建设的推进，全县大部分小型矿区陆续关闭，由此也产生了 4 万多亩采矿废弃地。如此大面积采矿废弃地如果采取单一的治理模式，治理难度大，地方财政也负担不起。为此，德清县确立了“宜建则建、宜耕则耕、宜林则林”的基本思路。对远离城市、交通不便、周边地区农业发达的地区，将矿地复垦成耕地。东衡村的矿地造水田就是一例。

东衡村过去采石，采的是一种作高速公路路基的页岩。从 20 世纪 70 年代到 90 年代鼎盛时期，采矿企业多达 18 家。然而采矿给这里如画的田园带来矿山生态问题，来来往往的矿山运输车辆扬起的粉尘在弥漫，裹挟着泥浆的污水横流……面对受损害的生态环境，当地政府下定决心整治，2009 年底东衡村的矿场全部关停。对地类权属明确、适合复垦利用的区块，纳入农村土地综合整治工程。2011 年在当地政府引导下，东衡村农村土地综合整治项目启动，分 5 期进行，截至目前，东衡村废弃矿地共产生水田 1714.56 亩，矿地村庄 150 亩，利用复耕矿地异地置换建设了东衡村众创园打造钢琴小镇。

如何保质保量地将矿地垦造为水田？德清县的做法是：采用三道严格的工序。第一道：削峰填谷，平整场地。由于德清废弃矿地宕面高低不一，高的成为“峰”，低的形成“谷”，积水成湖。矿地复垦时实施“削峰填谷”，把“峰”上的石料或宕渣填到“谷”“湖”中，形成平整区块，逐步形成规模可利用的矿地。第二道：表土剥用，回填造地。专门制定政策，保障耕作层优质表土剥离再利用。近年来该县共剥离优质表土 44.3 万方，覆盖整治矿地面积 831 亩。下层为生土，上层是熟土，让新垦造的耕地具备较强的水土涵养功能。第三道：移土培肥，提升地力。德清水网密布，河道纵横，河泥肥沃。德清县在推进“五水共治”过程中，开展大量河道清淤工程，用泵机将河泥吸灌到就近的水田项目，田块表层覆盖了 40 厘米厚的干河泥，增加水田的肥力。最后，按照田成方、树成行、路渠配套的要求进行建设。此外，德清还适时监测土壤质量，确保新垦造水田的质量。

……

回顾过往的历程，市国土资源局副局长龚西征说，这些年废弃矿山地整治通过多年努力，改善了矿山生态环境，有的地方比原来的更优美；增加了土地资源，减少了对湖州东部地区成百上千年形成的优质耕地的占用，发展空间得到了拓展，也消除了安全隐患。

采访中记者感到，昔日给人们带来“负效应”、在各地被视为“负效应”的矿山废弃地，在今日的湖州通过人们的智慧与劳动正在发生着蜕变，正在也必将继续给人们的生产与生活带来更多的美好！（中国土资源报记者：丁全利）

短评：绿色发展的典范

高　原

湖州的修复治理废弃矿山可圈可点，突出之处在于理念前瞻、规划引导、因地制宜。

在发展实践中，湖州较早地认识到绿水青山等良好生态系 统的重要价值，因而举起了生态立市的大旗，且久久为功，坚持不懈，把生态优先、绿色发展理念贯彻到包括矿产开发等经济社会发展诸多领域，如强力治污、调整产业结构推进转型升级、综合整治矿山等。在矿业领域他们重点抓了两件事：正在生产的矿山大力推进绿色矿山建设；过去遗留下来的废弃矿山开展修复 治理，核心是发展绝不以牺牲良好生态为代价。这一点，湖州认识到位、行动到位。

矿山开发对生态环境带来很大影响，特别是矿山开采后留下来的“残山剩水”，在许多地方被视为“负效应”，须付出巨大努力才可转化为有用之物。湖州最早有组织地系统地开展了废弃矿山治理工作，其中一个有效做法是政府将其列入规划予以安排。通过规划的引导，保障了此项工作有序开展，扎实推进。

如何把因矿业开发等工程活动受损的山河转化为绿水青山、转化为金山银山？湖州在实践中围绕生态、土地、安全这些核心目标，因地制宜探索出把废弃矿地恢复成生态用地、建设用地、耕地等若干类型，取得了生态、经济、社会效益有机统一，促进了生产力的发展，见到了实实在在的效果。

“绿水青山就是金山银山”发展样本：余村的后矿山时代

（《新京报》2019 年 8 月 5 日）

头版导读：70 年中国答案，“两山理念发源地迎来后矿山时代”。

【编者按】经历多年治矿改造，如今，余村已是远近闻名的 3A 级旅游景区，从“卖矿石”变成了“卖风景”“卖文创”，而“绿水青山就是金山银山”这句话，也刻在余村村头的一块大石头上，迎接八方来客。

浙北安吉县余村，三面环山，村口一块石碑矗立，刻着“绿水青山就是金山银山”。

20 世纪八九十年代，余村靠着优质的矿石资源成为安吉“首富村”，却也付出了环境污染等代价。

这不仅是余村的挑战。1949 年新中国成立以来，尤其是改革开放以来，中国经济数十年持续增长，不少地方面临资源与环境的压力，遭遇“成长中的烦恼”。

2005 年 8 月 15 日，时任浙江省委书记的习近平来到安吉余村考察，对余村主动关停矿山的做法给予高度评价，并提出“绿水青山就是金山银山”的科学论断。

“两山”理论因矿而起，却早已超越了矿业，上升为治国理政的基本方略和重要国策。

“我们既要绿水青山，也要金山银山。宁要绿水青山，不要金山银山，而且绿水青山就是金山银山。”2013 年，习近平对“两山”重要思想进一步完善，阐释如何辩证看待经济社会发展（金山银山）与生态环境保护（绿水青山）的关系。

【长报道】

57 岁的葛元德身上有两道伤疤，一道在下巴，像卧着条黑色蚯蚓，一道在左臂内侧，像不规则的盖章。这是早年矿工生涯留下的印记。

葛元德是浙江湖州安吉县余村村民，20 世纪九十年代，在余村仅 4.8 平方公里的土地上，有 3 个矿山、一个水泥厂，俗称“一厂三矿”。村里和葛元德一样的矿工有两三百人。

5820 平方公里的湖州，高峰时期有矿山超千个——不到 6 平方公里就有一个矿山。位于长三角腹地、优质的石材、发达的水运，湖州一度成为华东重要的建材基地之一。当时的湖州人津津乐道，“上海一栋楼，湖州一座山。”

“一厂三矿”让余村迅速成为安吉县“首富村”，但余村的青山绿水却在砰砰炮声和隆隆烟雾中变了样。在厂矿工作的不少村民落下了腰疼、尘肺病甚至终身伤残。

2003 年 1 月，在时任浙江省委书记习近平的推动下，浙江成为全国第 5 个“生态省”建设试点省。同时，湖州启动全市矿山整治，余村厂矿从 2003 年起陆续关停。2005 年 8 月，习近平视察余村时指出，“过去我们讲既要绿水青山又要金山银山，实际上绿水青山就是金山银山。”

经历多年治矿改造，如今，余村已是远近闻名的3A级旅游景区，从“卖矿石”变成了“卖风景”“卖文创”，而“绿水青山就是金山银山”这句话，也刻在余村村头的一块大石头上，迎接八方来客。

后矿山时代的绿色生活

葛元德现在的工作是帮儿子葛军看店。3 年前，葛军从杭州回到余村创业，主要销售手工艺竹制品和安吉特产。他在自家门前建起了一座庭院，取名“两山文创阁”。

安吉产竹，翠竹漫山遍野，这里还形成了方圆万亩的著名景点“中国大竹海”——电影《卧虎藏龙》的拍摄之地。

“你别小看竹子，全身都是宝。”5 月 24 日，33 岁的葛军告诉新京报记者，竹子的根可做根雕，笋做各种食品，竹篾编织竹帘、竹席，提取物可入药。

他从周边各村手工艺人家里搜罗竹制品，既有可收纳的竹篮、竹杯、洗帚等生活用品，也有竹雕老寿星、可悬挂的竹篾编灯等手工艺品。

文创阁自 2018 年 10 月 1 日开张，顾客络绎不绝。面对游客，葛军除了推介产品，还要讲解余村的历史文化，他专门开了间书画工作室，让游客能坐下来品茶、欣赏山水画。

作为从杭州回来的人，葛军自然不忘开淘宝店，第一个客户来自河北唐山，买走了几把竹椅。葛军的微信群有 400 多人，都是安吉各个村子的手艺人，文创生意的火爆也提高了他们的收入。

除了卖文创，余村的旅游生意还有很多。2005 年开业的春林山庄是余村第一家农家乐，老板潘春林以前也是厂矿工人，关矿后，村里组织人出去学习考察，他是其中之一。春林山庄共四层，可以同时容纳 200 多人用餐、50 人住宿，周末常常爆满。

现在余村已有 40 多家农家乐，地道的竹笋、土鸡等农家菜深受欢迎。不少农家乐老板们还在杭州、上海开起了旅游公司，专门承接大城市来客。

50 岁的胡加兴从天荒坪镇引水，把村里的小河开发成了漂流河，两岸青山，碧水潺潺，“撑一支长篙，向青草更青处漫溯。”

村里有座矿山遗址公园，是葛元德曾经工作的冷水洞矿山改造的。山体复绿、路面铺设砾石，一条十几公里的林道从北面山上蜿蜒而下，一旁便是林下经济选种园，俨然天然花园，只有半山上部分裸露的石头显示着矿山的年代记忆。

“绿水青山”终于变成了“金山银山”。

余村每天要接待数千名游客，去年累计超过 80 万人次。2018 年，余村村集体经济收入 410 万元，村民人均纯收入 41378 元，比 2018 年湖州农村常住居民人均收入高出 1 万元，比全省平均高出约 14000 元。

“上海一栋楼，湖州一座山”

学美术出身的葛军形容现在的余村是“一幅亮色调的画”，然而，在他小时候，余村还是一幅“灰色调的画”——天空发灰，河水发黑，连山上的毛竹都是枯黄的一片。

浙江地域“七山一水两分田”，余村山地多，粮食往往不够吃。葛元德的父亲、79岁的葛启山回忆，20世纪五六十年代，年份好时一个生产队能有一千块钱收入，三十几户人家，每家只能分到二三十块钱。

改革开放后，国家鼓励创办乡镇企业，余村石灰岩储量丰富，于是，村里陆续建起了石灰窑、水泥厂、砖瓦厂，葛元德十几岁就开始跟着父亲在石灰窑工作。由于质地上乘，余村的石灰岩在市场上大受欢迎。石料主要销往上海、苏南等地，不少标志性建筑如上海中心大厦、京沪高铁、磁悬浮等，都采用湖州的石料——“上海一栋楼，湖州一座山”。湖州人对此津津乐道。

大炮一响，黄金万两“在石灰窑，最早的时候挣36块钱一个月，抵得上过去一年，后来涨到500多块钱一个月。”葛启山记得，生产队用石灰去外村换稻子，一下子解决了吃饭问题。靠着在矿上跑运输，葛家1996年建起了两层楼房，是村里最早有卫生间的房子。

不仅余村，整个湖州都在开矿。65岁的张兴江是吴兴区道场乡原矿业公司总经理，他回忆，20世纪九十年代湖州开矿达到最高峰，最多有近1000个矿山，光道场乡便有37个矿山，“只要有河道、有矿山的，基本上都会开矿”。

“一厂三矿”让余村摆脱了贫困，成了安吉县“首富村”，却也使得余村在炮声中变了样。

葛元德工作的冷水洞矿山，一天大炮小炮几百次，坐在两公里外的家中都能感受到震动。水泥厂离村子不到一公里，日夜生产，直径两米五的大烟囱排放烟雾，像一条黑龙，家里的桌子两个小时就能当黑板写字。

前厂后矿，把余村夹在中间。余村原党委书记鲍新民说，“工人们从矿上下班回家，脸上全是黑的，只看见两只眼睛，自己老婆都不认识了。”61岁的村民施水根比喻，“灰尘像马奔跑在西北沙漠一样，下雨了河里的水就像米汤一样”。

安全生产也无法保障。一个矿山几十号人，有人在山上敲，有人在山下拉，那时候用的是铁镐、大锤、推车等原始工具，凿洞、放炸药、开山，把石头一车车运下来。

有个年轻人刚高中毕业，在矿山上被石头砸死了，还有得尘肺病的、留下终身残疾的。葛元德身上的伤疤便是在搬石头时，被碎石砸伤。不时还有石块飞到村里，砸坏村民的房顶。

由于地处上游，安吉县污染严重，下游区域也受到连累。1998 年，国务院发出黄牌警告：安吉县被列为太湖水污染治理重点区域。“那个时候的开采没有规划，呈现出‘小、散、乱、污’的特点。”湖州市自然资源和规划局副局长龚西征总结。

2016 年，余村对废弃矿山进行改造，矿坑底部铺上砾石，恢复植被，图为增设的采矿景观小品，显示着矿坑年代记忆。

“关停矿山是高明之举”

2002 年，浙江省提出建设“绿色浙江”；2003 年 1 月，在时任浙江省委书记习近平的推动下，浙江成为全国第 5 个“生态省”建设试点省。同时，湖州启动全市矿山整治，2003 年起，余村厂矿开始陆续关停。这在最初引起了部分村民的不解。关停厂矿后，村集体收入一下子从 300 多万降到了 20 万，这还是靠厂房出租得来的，连村干部工资都发不出。彼时龚西征在湖州市国土局工作，关矿时期他接待了数百名群众，纷纷要求政府给说法。

当时余村在厂矿工作的人有二三百人，葛元德记得，当时分成两派，有人坚决反对关矿，但也有人说开矿污染大，还是关了好。“当时思想认识不统一”，龚西征说，“矿山还是老百姓收入的主要来源，谁肯轻易关掉？”

就在大家迷茫之际，2005 年 8 月 15 日，时任浙江省委书记习近平来到余村，一段当时的视频资料显示，鲍新民讲述了关矿遇到的困境后，习近平这样答复：“生态资源是最宝贵的资源，要有所为有所不为，而不是什么看着好就什么都要，不要以环境为代价去推动经济增长……刚才你们讲下决心关停矿山，这个是高明之举，绿水青山就是金山银山，过去我们讲既要绿水青山又要金山银山，实际上绿水青山就是金山银山。”

“总书记说要知道放弃，要知道选择。”时隔十多年，在余村村委会办公室，鲍新民回忆当年情景依然激动不已。

之后，湖州关停厂矿推进顺利起来。“按照‘减点控量、生态聚集’原则，湖州关闭矿山的速度很快。”龚西征说，如今湖州的在产矿山已从 2003 年的 612 个减少到不足 50 个。

炮声停了之后，接下来该干什么？“总书记当时提到了‘逆城市化’，说经济发展到一定水平后会出现逆城市化，湖州与杭州、上海、苏州离得近，城市的人会选择住在农村、郊区。”鲍新民说。

在“两山”理论的指导下，余村充分发挥竹乡优势，发展生态旅游和文创产业，这才有了如今的“绿色生活”。

关停之后，如何治矿？

沿着葛元德家往后山走两公里多，就是他曾经工作过的冷水洞矿山。如今，这里已经成了余村的一大景点——冷水洞矿山遗址。

按照余村的整体规划，关闭矿山之后村子分为生态旅游区、生活小区和农业观光区，矿山遗址则打造成矿山花园。

2005 年，余村对废弃的矿山复耕复绿。以前裸露的山体种上绿色植被，回填矿底，铺上一层砾石。2016 年，余村对冷水洞矿山进行再次改造，增设采矿类型的景观小品，每次看到眼前“炸药开山”“抡着大锤敲石头”、手扶拖拉机等开矿的雕塑，总能一下子唤醒葛元德对那个肩挑背扛采矿年代的记忆。

龚西征告诉新京报记者，湖州是全国最早系统全面开展废弃矿山治理的地方，按照“宜耕则耕、宜林则林、宜工则工、宜景则景”的原则，湖州已累计完成废弃矿山治理 300 多个。

在湖州，还有其他废弃矿山“变废为宝”的案例。

花鸟市场经营者韦忠良一直在寻找合适的花卉种植基地。2016 年，经朋友介绍，他来到湖州三合村的华阳矿，意外发现这个“世外桃源”。

华阳矿 2009 年关闭后一度被遗弃，甚至成了垃圾场。韦忠良却一眼相中：山坡形成天然的围墙，地势高、晚上露水好，非常适合种植花草。2016 年，韦忠良与镇政府签约 30 年，承包了包括平地和周边山坡共 320 亩土地。

六七月份，韦忠良的大棚里，数十万棵兰花、杜鹃、月季、草花清香扑鼻，昔日的废弃矿山成了远近闻名的花园。

长兴县和平镇的虹东石矿，通过修复回填，形成了一片种植面积 570 亩的水田；吴兴区道场乡九里红村，在原矿坑的基础上建成了一个可以垂钓、游玩的农场；超大型游乐园“龙之梦”项目也是在废弃矿山上建起来的。

目前仍然在产的不到50个矿山，则按照绿色矿业的要求进行生产。新京报记者走访多个矿山，若不靠近，很难发现矿山就在眼前。湖州新开元碎石有限公司副总经理邹才超说，如今他去矿上走一圈，“皮鞋都不沾灰”。

“开采技术的进步、更严格的环保要求，矿山已经不再是想象中高污染行业。”煤山镇国土资源所所长潘卫锋介绍，矿石经货车运输到料口、粉碎机，通过全封闭的运输管道到水泥厂，实现原料从矿山直接到水泥厂，路边的喷淋装置随时消灭粉尘。

2005年12月，湖州市政府在全国率先提出建设绿色矿山，逐渐形成绿色矿山建设的整套规范制度标准体系。截至2018年，全市建成绿色矿山47家，建成率达到96%。中国矿业联合会会长彭齐鸣说，采矿可以彻底摈弃过去那种先破坏、后治理的陈旧模式，“矿业可以‘无痕融入’绿水青山。”

改变的不仅是矿山

在安徽、广东、甘肃、江西等地，都存在年产量上千万吨的大矿山。这些年，越来越多前来参观学习的外地采矿业人士对打造绿色矿山充满兴趣。

2018年6月，湖州举办中国矿业循环经济暨绿色矿业发展论坛，分享了多年来建设绿色矿山的理念、体系、标准，全面治理废弃矿山的经验。“矿山是一种不可再生资源，又是经济建设必不可少的元素，建设绿色矿山是矿业发展的大势所趋。”龚西征说，走持续发展之路才有出路，“转变观念是第一要务。”

观念的转变，不仅体现在矿山治理上，也体现在生活方式上。

胡加兴还记得，2007年他的漂流生意开业后，发了场大水，生活垃圾遍布河道，树枝上“彩旗飘飘”。胡加兴说，当时村民们还是习惯往河里扔垃圾。一段1998年的余村老视频显示，那时村里到处停着拖拉机，垃圾堆在路边焚烧。

2008年起，余村开始建设美丽乡村，改造村容村貌。现在，村民们会自觉将垃圾分类，集中处置，污水处理也实现了全村覆盖。

其实早在20年前，余村就尝试过发展旅游。1997年，余村投资几百万元修建隆庆庵，但因为环境差，没多少游客。如今，一位村干部计划将村里废弃的土地整成草坪，打造休闲、露营场所，“保持完好的青山绿水是现在要做的”。

“余村的变迁，与村民观念的转变密不可分。”鲍新民说。去年，鲍新民去了趟北京，他当选为全国百名改革开放先锋之一。在人民大会堂，他和习近平总书记再次握手。在国家博物馆，鲍新民看到展厅里展示着余村“绿水青山就是金山银山”的成就。

7 月的安吉，天气炎热，溪水清澈见底，上游传来漂流游客们的嬉笑声。到了傍晚，余村一片静谧祥和，昔日矿山的“砰砰”声变成了如今风吹竹林的“沙沙”声。

晚风中，葛元德感到很惬意，帮儿子看店之余，他会侍弄些花花草草，还有从矿山捡来的奇石。“上一代种田，这一代开矿，下一代创业”，他如此总结葛家三代的生活。

【亲历者说】

“环境变好了心情也变好了”

我是鲍新民，20 世纪 80 年代起，我先是当余村村民组长，后来当村委会主任，2005 年 3 月当了村支部书记。

以前余村很穷，改革开放后，村里开始发展乡镇企业，开矿办厂。小小一个余村，就开办了十几家企业。水泥厂和矿山加起来共有两三百人上班，不光解决了村里的劳动力就业，还要到外面招人。以前靠种田，老百姓一天一块钱都挣不到，厂矿办起来之后，每人每月能挣 300 多元。

老百姓富了，余村却“变了样”。首先是安全问题，在矿上工作的村里人死了五六个，90 年代有个年轻人刚高中毕业，在矿山上被石头砸死了，还有得尘肺病的、留下终身残疾的。那个时候也压根没想过污染这回事，化工厂、尼龙厂、水泥厂，污染一塌糊涂，污水流到哪里，鱼就死到哪里。

2000 年以后，我们县确立了“生态立县”，2003 年起相继关了水泥厂和矿山，到了 2005 年最后一个矿山关闭。那个时候我刚当村支书，“一厂三矿”没有了，村集体收入一下子从最高的 300 多万降到了 20 万，村干部工资都发不出来。关了之后，老百姓没有班上，收入一下子没了，来村里吵闹的很多。

2005 年是最难的时候，接下来余村走什么路，大家都没有想好。这一年 8 月 15 日，时任浙江省委书记习近平来余村考察，我把余村的基本情况跟他汇报，他说你们下定决心关掉矿山是高明之举，恢复了绿水青山就是金山银山。听了这话，我们村委会就吃了定心丸。

余村的发展路线就定下来了，走绿色发展之路，大力发展旅游业。到 2008 年国家开始进行美丽乡村建设，我们村是安吉县第一批美丽乡村。

回过头来看，之前开矿虽然赚钱，但老百姓是很辛苦的，矿山每天大炮小炮要放几百炮，灰尘大，下班后还要去地里干农活、山上割毛竹。余村真正富起来是关掉厂矿之后，老百姓做旅游生意，收入有了，上班稳定，不用依赖家里那几亩田、山，2005 年我们村老百姓人均后入 8000 块，现在有 41000 多块了。更重要的是环境变好了，心情变好了。

去年是改革开放 40 周年，全国表彰百名改革开放先锋，我是其中之一，去了北京，我第二次跟习近平总书记握手。我们余村就是在“绿水青山就是金山银山”理论的引领下走到今天的，想想真是不容易。

【同题问答】

新京报：你认为建国 70 周年最大的变化和进步是什么？

龚西征（湖州市矿治办主任、自然资源和规划局副局长）：是人的思想观念的转变，过去是“大炮一响，黄金万两”，现在无论干部还是老百姓都认识到生态环境的重要性，这不仅是经济的转型，更是人们生活方式的转变。（《新京报》记者：向凯）

附录三　与青山绿水同行

——湖州经验谈

为官一任，守土有责。湖州的青山绿水就如一本硕大的功劳簿，镌刻下那些曾经为它回归大自然付出过艰辛努力的名字——青山永驻，绿水长流。

在《绿色矿业的探索与创新（1999—2019）》即将完成时，意犹未尽的感觉愈加强烈。诚然，挂一漏万总归难免，而编辑、写作从来都是不尽如人意的。不过，我们想追问的是：为什么湖州始终能够站在绿色矿业发展的最前沿？二十年，岂止是弹指一挥间！

思考一：子路今安在？

咬定青山不放松，一任接着一任干。这不仅是锲而不舍，更是一种极其严肃的职务担当。

历史上有个“三善治蒲”的典故：子路到蒲（今河南长垣县）任职三年后，孔子到蒲考察，看到庄稼长势很好，便说“善”！进了城，见房屋完好，商贾繁荣，又说“善”！待进了官府，见空无一人，转身离开，并说了第三个“善”。随人大惑。孔子说，庄稼茂盛，说明恭正以信，故民尽其力；社会井然，说明忠信以宽，故民不偷懒；府衙清净，说明善断明察，故其政不扰。子路治理有方，我放心了。

国家强盛是生存发展的根本；人民幸福是最高的普世价值。这个道理孔子只用了三个“善”就说清楚了。所以，毛泽东说，政治路线确定之后，干部就是决定的因素。试想一下，在湖州矿产资源管理制度改革的20年间，市、县（区）、乡镇的领导干部换了一茬又一茬，如果他们“一任领导一个想法”，一张蓝图怎么能够绘到底？又怎么能建设成绿水青山的今天？

一将无能累死三军。但愿我们的干部队伍多一些像湖州那样实干的干部，少一些南郭先生！

思考二：舍我其谁？

改革，就是继往开来。创新，就是闯出新路。回顾过去的20年，湖州创造了众多的率先：矿产资源规划、矿产资源有偿使用、废弃矿山治理、矿山整治与整合、绿色矿山创建……没有这些“率先”，湖州如何能够站在矿业改革的前沿？

《孟子·公孙丑下》说：“如欲治平天下，当今之世，舍我其谁也？”这是一种崇高的精神境界。没有这种敢为天下先的精神境界，湖州怎么能够守住改革的前沿？

非常遗憾——价值观念的扭曲，使我们更多地看到的是：事不关己，高高挂起；明哲保身，但求无过；大事做不来，小事又不做；敷衍了事，得过且过……凡此种种，暮气沉沉，这样的干部，又如何能够肩负起改革发展的责任？

思考三：表达民意

体恤下情，表达民意，是湖州市委、市政府在矿产资源管理制度改革过程中始终坚持的工作作风。

矿产资源管理制度改革，牵一发而动全身，利益无处不在，稍有不慎，改革就会功亏一篑。比如，湖州有很多村集体或村民集资入股的矿山，很多农民靠山吃山历经数代人，一旦矿山关停，生活立马就没了着落，村民上访不断。湖州的做法是区别对待，拒绝一刀切。违法违规和到期到量者必须关闭；与农民生活密切相关的矿山，给予宽限期；关小并大，留优停劣，以留补停。即关掉小矿山，保留好（大）矿山。大矿山补偿关闭的小矿山；安置村民就业，鼓励村集体经济转型，逐步减轻村集体和村民对矿山的依赖。

人民群众对美好生活的追求就是我们的奋斗目标。百姓利益无小事，只有把百姓的事情办好，政绩自然就在其中了。

思考四：把政策用好、用活、用足

政策和策略是党的生命。湖州市委、市政府既是上级政策的执行者，也是发展地方经济政策的制定者。承上启下。只有吃透上级精神，才能把政策用好、用活、用足。规划分区就是非常好的实例。

我国矿山布局和产业结构都是计划经济体制的产物，在市场经济环境下必然出现很多不适。改革开放以来，国家试图改变这一局面的呼声甚高，却苦于没有一个切实可行的抓手。规划分区理念的问世，捅破了这层窗户纸。

假如规划分区是一条“路”，那么矿产资源开发的整合与矿山开采秩序的整治、绿色矿山的创建、矿业结构调整和产业转型升级、矿山自然生态环境的保护、矿产资源的综合利用等，便都是在这条路上跑的“车”。

有车便有路，有路便有某某车。这类广告词实在有点扯。没有路，车怎么跑?

思考五：绳锯木断，水滴石穿

宋代崇阳盗匪成风。一日，县令张乖崖抓住一个偷了一枚铜钱的小吏，便要杀他。小吏不服，张乖崖说："一日一钱，千日千钱；绳锯木断，水滴石穿。"

引用这个典故，想说明两层意思：一层是矿业秩序混乱非一日之寒。一日小乱，千日大乱，直至难以收拾；另一层是湖州坚持了20年的矿山开采秩序整治和治理。专项整治固然重要，但常抓不懈才能渐去顽疾，才能换来山清水秀一片祥和。

就全国而言，矿山的生态环境和矿业开发秩序依然形势严峻。倘若没有湖州的这股咬住青山不放松的韧劲，形势会依旧严峻下去。

思考六：古为今用，洋为中用

改革思变。绿色矿山原本是西方的东西，但融入了现代产业理念和中华传统文化元素，就成了地地道道的湖州经验。我们知道，湖州是"桑基鱼塘"的发祥地，生态循环是它的根本理念。湖州巧妙地把它与现代经济发展模式结合起来，探索出四种矿山生态复垦模式，废弃矿地成为炙手可热的宝地。

郭德纲有个相声段子：你以为拿痰桶炒菜就是创新？话糙理不糙，却道出了创新的本意：创新既不是胡来，更不是标新立异。它是在深厚文化积淀上的有助于生产力进步的再创造。

但愿湖州经经验能够给人们带来深刻的启发。

思考七：观大局，看长远

为政者，要观大局，看长远。不能只见大树，不见森林。我们在梳理湖州20年矿业绿色发展探索发现，每五年是一个台阶；规划之间都具有承上启下因果关系，直至第四轮规划期末，建成绿色矿业发展示范区，成为全国矿业领域生态文明建设的样板区、矿区生态环境修复试验区、资源合理利用和先进技术装备展示区、生态保护和矿地和谐模范区、资源开发与经济社会协调发展的先行区的改革预期。

行政区域的壁垒、追求 GDP 的冲动，以及对地方优势过分的孤芳自赏，都是容易造成“短视”和“错觉”的客观存在。湖州之所以能够在建筑石材市场趋向火爆的时刻敢于壮士断腕，就是认准了经济发展必然要走上生态优先的轨道。

思考八：利益共同体

经济一体化就是要造就利益共同体。我们国家在倡导世界经济一体化的同时，也正在通过长三角经济圈、京津冀经济圈、珠江三角洲经济圈，以及长江经济带等营造更多的利益共同体。从而弱化行政壁垒形成的恶性竞争，实现共同发展。逃离恶性竞争，自觉融入一体化，并在一体化中实现共同利益最大化，是湖州明智的选择。

我们注意到，在绿色矿山创建中，最先进入试点的，是被“列入”的。而在国家级绿色矿山建设中，试点企业是要“申请”的。从要我做，到我要做，这个过程其实就是企业从看不见利益，到看见利益的过程。当企业看不见利益的时候，政府要引导；当企业看到利益的时候，政府要把握航向，这才是政府要做的事情。

思考九：百姓利益高于一切

政府的决策首先要满足百姓利益。水能载舟，亦能覆舟。所以，毛泽东曾说，群众，只有群众，才是创造历史的动力！一个“创造”，涵盖了载舟与覆舟。

湖州矿产资源管理制度改革，起步于百姓兜里的钱越来越多，而获得感却越来越差的 20 世纪末——环境污染已经到了非治理不成的时刻。这个民意，最终成了“四两破千斤”的动力。

究竟选择 GDP，还是选择 EP？在湖州市委、市政府也不是没有掀起过波澜。毕竟在经济快速发展时期，GDP 既是脸面，更是政绩。但最终，湖州选择了后者——环境！这是百姓的利益所在，也是湖州经济发展的未来。

利者，义之和也。利益必然是建立在“义”的基础之上。这个义，便是道义。缺少了这个“义”，湖州何来一呼百应？

思考十：敬畏科学

外行领导内行是一个常谈不衰的话题。我们无意介入。但外行是可以“变”成内行的——尊重科学，敬畏科学。

绿色矿山创建提出了“五化标准”——资源集约利用化、开采方式科学化、生产工艺环保化、企业管理规范化、闭坑矿区生态化，到后来的《绿色矿山规范》。绿色矿山标准涵盖了矿业生产的全过程，而每条标准都包含了技术与设备和工艺流程的改造升级，外行显然做不到。这个标准最后被国家绿色矿山规范吸纳。

但外行做不到，并不意味着想不到；即便想不到，只要不耻下问，还是可以做到的、想到的。

有思想，敢作为；有制度，有规范，一张蓝图绘到底，这便是湖州成功的关键。

后 记

《绿色矿业的探索与创新（1999—2019）》终于付梓了，从2019年初提出设想到交稿付梓已经两年多了，工作得到湖州市自然资源和规划局的鼎力支持，列为研究课题，参加人员有龚西征、韩三为、毛启明、潘志龙、徐新泉、张杰、张少杰、赵丹蕾，由龚西征和韩三为执笔，毛启明、潘志龙、张杰参加了部分案例和附录的编写。初稿完成后，湖州市自然资源和规划局于2020年10月28日组织书稿审读会，与会专家提出许多中肯的意见，会后有关同志对书稿进行认真修改，最后由龚西征统稿。姚绍武、郭丹、程刚、张珑、熊春才也参与了有关的工作。

本书得到县、区自然资源和规划局、有关乡镇（如天子湖镇、南太湖产业聚集区长兴分区管委会、妙西镇政府、李家巷政府等）、有关施工单位(如浙江省核工业262大队、浙江省煤田地质勘探一队、浙江省隧道公司等)、有关矿山企业（如新开元、康城和南方水泥大煤山矿等）和有关矿山村（如余村、菰城村、东衡村、矽村）等单位同志的大力支持，他们或为采写提供方便，或提供素材（图片），在此表示诚挚的感谢。

本书参考和引用了有关文件、规划、统计年鉴（报）、新闻报道和研究文章等资料（图片），限于篇幅没有一一注明出处，在此向有关单位、作者表示感谢。

在本书出版之际，特别要衷心感谢的是，原国土资源部总工程师、中国矿业联合会会长彭齐鸣同志和湖州市委常委、常务副市长杨六顺同志，他们在百忙之中欣然为本书作很好的序，介绍湖州绿色矿业发展探索，推荐拙作。还要衷心感谢人民出版社编辑刘松弢同志给予悉心指导与帮助。中国矿业联合会、原国土资源部规划司、自然资源部矿保司、中国自然资源经济研究院绿色矿业发展指导中心，以及原国土资源部蒋承菘副部长、自然资源部鞠建华司长、原省国土资源厅领导潘圣明、王功逸、自然资源厅领导张金根、陈远景、邱建平、吕晓澜、宋迎新、王翠青、袁航、汤亚农、肖常贵等同志长期以来对湖州矿产资源管理制度改革创新的支持和鼓励，没有他们关心支持，湖州就不可能有绿色矿业发展的成绩，在此表示诚挚的感谢！

限于时间、人手、能力、经验、资料等原因，本书难免有疏漏和不足处，敬请广大读者批评指正。

责任编辑：刘松弢

图书在版编目（CIP）数据

绿色矿业的探索与创新（1999—2019）/ 湖州市自然资源和规划局 组织编写；
龚西征，韩三为 编著 . — 北京：人民出版社，2021.6
ISBN 978 – 7 – 01 – 023458 – 8

I. ①绿… II. ①湖…②龚…③韩… III. ①矿业经济 – 经济发展 – 研究 – 中国 – 1999-2019 IV. ① F426.1

中国版本图书馆 CIP 数据核字（2021）第 097321 号

绿色矿业的探索与创新（1999—2019）

LÜSE KUANGYE DE TANSUO YU CHUANGXIN 1999—2019

湖州市自然资源和规划局 组织编写
龚西征 韩三为 编 著

人民出版社 出版发行
（100706 北京市东城区隆福寺街 99 号）

中煤（北京）印务有限公司印刷 新华书店经销

2021 年 6 月第 1 版 2021 年 6 月北京第 1 次印刷
开本：710 毫米 ×1000 毫米 1/16 印张：17
字数：260 千字

ISBN 978 – 7 – 01 – 023458 – 8 定价：60.00 元

邮购地址 100706 北京市东城区隆福寺街 99 号
人民东方图书销售中心 电话（010）65250042 65289539